国学一本通

二十四史故事

于　元◎编著

吉林文史出版社

图书在版编目（CIP）数据

二十四史故事 / 于元编著. -- 长春：吉林文史出版
社,2012.6（2022.1重印）
ISBN 978-7-5472-1112-0

Ⅰ. ①二… Ⅱ. ①于… Ⅲ. ①中国历史－古代史－纪传
体－通俗读物 Ⅳ. ①K204.1-49

中国版本图书馆CIP数据核字(2012)第145081号

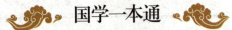

二十四史故事

出版人／徐 潜

出版发行／吉林出版集团　吉林文史出版社
地址／长春市人民大街4646号 www.jlws.com.cn
主编／崔博华
编著／于 元
项目负责／王尔立
责任编辑／王尔立 崔博华
责任校对／李洁华
装帧设计／李岩冰 董晓丽
印刷／北京一鑫印务有限责任公司
版次／2012年9月第1版 2022年1月第4次印刷
开本／720mm×1000mm　1/16
字数／280千字
印张／14
书号／ISBN 978-7-5472-1112-0
定价／55.00元

前言

"二十四史"是二十四部分别记载中国各朝历史的史书的总称。原本是二十四部单行独立的史书，历经中国历代史学家一部一部编纂而成，流传延续至今。

注重历史，一直是中华民族的优良传统，而悠长完整、次序井然的历史记载，更是中华民族的独创和伟大贡献。正是有了浩如烟海的史籍为依托，朝代的兴衰更替，历史的风云变幻，才能在后世的舞台上尽情地演绎、传唱，经久不衰。

在翻腾的历史长河中，曾出现过数以万计的史书，但是散佚了，湮没在滚滚洪流里。"二十四史"经过历史的洗礼，在众多的史书中脱颖而出，经过两千多年逐渐发展集结而成。在唐以前，中国有"四史"，即西汉司马迁所著《史记》、东汉班固所撰《汉书》、南朝范晔所写《后汉书》以及西晋陈寿所编《三国志》。这四部史书在二十四史中占有很重要的地位。沿及宋时，加上《晋书》、《宋书》、《南齐书》、《梁书》、《陈书》、《魏书》、《北齐书》、《周书》、《隋书》、《南史》、《北史》、《新唐书》、《新五代史》十三部史书，合称"十七史"。等到明朝时，又增入《宋史》、《辽史》、《金史》、《元史》，便有了"二十一史"之称。等到了清代又将很有价值的《旧唐书》、《旧五代史》增入，再加上清时编著的《明史》，便有了"二十四史"。后来经过乾隆皇帝亲自批准定名为"二十四史"，各出版家以后便将这二十四部史书合而为一进行刊刻出版，成为一部大型的中国通史。它记载了从远古传说时代的黄帝到明朝灭亡长达四五千年的历史，是中华文化宝库中的大百科全书。

"二十四史"，并不是说中国史上有二十四个朝代，中国的朝代更迭史可以用一曲歌谣来表达："夏商与西周，东周分两段，春秋和战国，一统秦两汉，三分魏蜀吴，两晋前后沿，南北朝并立，隋唐五代传，宋元明清后，王朝至此完。"而每一部史书都记录了中国一段时期的历史，有些史书更是总结性地记录了几个朝代的兴衰。它们所记叙的朝代史实前后连接，事件按年编列起来，像一条长长的链子，绵延而来，汇成一部比较完整的中国历史。春秋战国时期的金戈铁马，秦始皇嬴政的一统天下，三国时代曹操、孙权、刘备之间的豪杰争霸，唐太宗贞观之治开辟的大国气象，赵匡胤的"杯酒释兵权"，康熙乾隆年间开辟的太平盛世……这些人们耳熟能详的历史故事，正是有了史籍的记载才得以流传下来。

"二十四史"不仅记录了中国五千年的山河岁月，沧海桑田，更是中国乃至世界历史上宝贵的文化遗产。

国学一本通

目录

二十四史故事

炎黄二帝的传说

出自《史记·五帝本纪》

五千多年前，我国黄河、长江流域一带居住着许多部落，黄帝是其中一个部落的首领。

黄帝是少典氏的儿子，姓公孙，名轩辕氏。

黄帝生下来就极聪明，在襁褓中就会说话了，长大后勤奋异常，成年后足智多谋。

以黄帝为首领的部落最早住在我国西北地区的姬水附近，后来搬到河北涿鹿定居下来，开始发展畜牧业和农业。

跟黄帝同时期的另一个部落首领炎帝，是神农氏的儿子，最早住在我国西北地区姜水附近。炎帝和黄帝一样精明强干，尤其善于耕种。

原始社会的人类最初以采摘野果充饥，总是吃不饱。有一天，神农氏偶然把一把野谷子撒在地上，到了第二年，发现地面上长出嫩苗来，到秋天时结出了更多的谷子。神农氏受到启发，就教人大量种谷子。神农氏还用木头制造耕地的农具，叫做耒耜，类似后来带把儿的木锹。人们用耒耜耕地，种植五谷，收获量越来越大了。

炎帝本来是中原共主，但在黄帝时，神农氏部落渐渐衰落了。那时，各部落为了本族利益，经常互相侵伐，百姓深受其害，炎帝却无力制止。

黄帝为了拯救百姓，挺身而出，常常兴兵征讨不肯朝贡的部

落。于是，四方各部落无不佩服黄帝，公认他是一位明主。

炎帝为了壮大自己，想侵凌其他部落，于是各部落开始离心离德，渐渐归附黄帝了。

黄帝励精图治，整顿军队；顺应四时，种植五谷；爱护百姓，使远方人民也能安居乐业。

最后，黄帝率领各部落在阪泉同炎帝开战了。黄帝三战三捷，炎帝心服口服，从此与黄帝联合起来。这时，九黎族首领蚩尤十分强悍，凶猛无比。他制造刀戟弓弩，常常侵掠其他部落。

有一年，蚩尤侵占了炎帝领土。炎帝起兵抵抗，但他不是蚩尤的对手，被蚩尤杀得一败涂地。炎帝一筹莫展，逃到涿鹿请黄帝帮助。黄帝早就想为民除害了，见炎帝前来求援，便联合各部落在涿鹿和蚩尤展开了一场大决战。

蚩尤的军队虽然凶猛，但抵挡不住黄帝的军队，纷纷败下阵来。黄帝率军乘胜追击时，忽然天昏地暗，浓雾弥漫，狂风大作，雷电交加。黄帝的军队迷失了方向，无法追击敌人了。

聪明的黄帝受北斗七星永远指向北极星这一自然现象的启发，发明了指南车，用指南车来指示方向，率军奋勇追击，终于追上蚩尤，战胜了他。

于是，四方各部落一致尊黄帝为天子，取代炎帝，成为中原共主。从此，天下有不听命令的，黄帝便去征伐，让百姓过上安定的日子。

黄帝披荆斩棘，开山通道，不肯过一天安逸的日子。他东行到达渤海，登上丸山和东岳泰山；西行到达崆峒，登上鸡头山；南行到达长江，登上熊山、湘山；北边驱逐入侵的荤粥部族，与各部落召开联合大会，并在涿鹿的平原上构筑城邑。

为了经营天下，黄帝奔波往来，没有固定的居住地点。黄帝不管住在哪里，都让军队按环形驻扎在自己的周围，和士兵同甘共苦。

黄帝的官职都用"云"来命名，还设立以"云"命名的军队。黄帝设立左右大监，监察

各部落，使各部落和谐相处。

黄帝对山川进行封禅祭祀，其封禅祭祀的规模在历来帝王中规模最大。

黄帝曾经命令工匠制作宝鼎三个，分别用以祭祀天、地、人。黄帝的宝鼎是用青铜制作的，鼎在众多青铜器中被历代帝王视为第一重器，是神权和政权的象征。

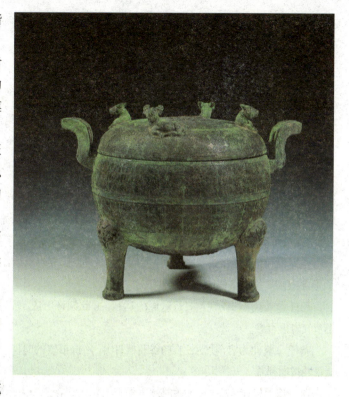

黄帝运用神蓍草来推算历法，预知节气，指导农耕。黄帝顺应一年四季的顺序和阴阳五行的定律，制定有关生死的礼仪，阐明国家安危存亡的道理。

黄帝让百姓按照季节播种百谷，种植树木，驯化鸟兽为家禽和家畜，还驯化野蜂等昆虫，有节制地利用江河湖泊和山林的资源。人们都认为黄帝有"土德"的祥瑞，所以称他为黄帝，因为土是黄色的。

黄帝迎娶西陵氏的女儿为妻，这就是嫘祖。嫘祖是黄帝的正妃，生了两个孩子。他们的后代都曾掌有天下，如尧舜就是他们的后代。

黄帝死后，葬于桥山，这就是人们不远万里常去瞻仰的黄帝陵。

黄帝的孙子继承帝位，即颛顼帝。

炎帝与黄帝联合起来后，彼此亲如兄弟，炎黄二族也亲如兄弟。黄帝和炎帝两个部落最后融为一体，在黄河流域定居繁衍，从而构成了华夏民族的主体。他们战猛兽，治洪水，开良田，种五谷，观测天文，推算历法，谱制音乐，编制舞蹈，创造了我国远古时代的灿烂文明。

炎黄二帝不打不相识，从分裂走向联合，千百年来传为美谈。炎黄二族又与中原地区的其他氏族进一步联合，形成了华夏民族，到汉朝时称为汉族。

由于炎黄二族在中原各氏族中力量最强，文明最高，因而炎黄二族成了华夏民族的代表，炎黄二帝也就成为汉族的始祖了。几千年来，中华民族都自称是"炎黄子孙"，也就是炎帝和黄帝的后代。这就是"炎黄子孙"一词的由来。

尧舜二圣

出自《史记·五帝本纪》

尧是五帝之一,他是我国古代有名的仁君。因为他爱民如子,所以百姓歌颂道:"尧对百姓的仁爱像天一样,他的智慧如神一般。走近他就像太阳一样温暖,远望他就像云霞一样灿烂。他富而不骄,高贵而不傲慢。"

尧提倡和谐,让九族亲密无间;九族亲密无间,氏族也就团结了;氏族团结,各部落便能融洽相处了。

尧任命羲氏、和氏观察日月星辰的运行,据此制订历法,然后把节气告诉百姓。

尧任命羲仲为官,让他住在旸谷迎接日出,分辨节气的时间,让百姓按时耕作。

春分那天昼夜一样长,黄昏时南方朱雀七星出现在正南方,以此确定仲春时节。这时,百姓开始到地里耕种,鸟兽也开始交尾孵化了。

尧任命羲叔为官,让他住在南方辨别节气,负责勉励百姓从事夏季农业生产,种好庄稼。夏至那天白天最长,东方苍龙七宿中的心宿于黄昏时分出现在正南方,以此确定仲夏时节。这时,百姓依然在地里耕作,鸟兽换上了稀疏的新羽和新毛。

尧任命和仲为官,让他住在西方的昧谷送太阳落山,辨别节气,管理秋收大事。秋分那天昼夜长短相等,北方玄武七宿中的虚宿于黄昏时出现在正南方,以此确定仲秋

时节。这时，百姓开始享受秋收的快乐，鸟兽的羽和毛也长齐了。

尧任命和叔为官，让他住在北方的幽都辨别节气，管理冬季储粮大事。冬至那天白昼最短，西方白虎七宿中的昴宿于黄昏时分出现在正南方，以此确定仲冬时节。这时，百姓回到温暖的室内，鸟兽都长出细软的绒毛，用以保温。

一年共有三百六十六天，尧特地设置了闰月，以便让时令和实际的四季相吻合。

尧还发布命令，整顿百官，使各种事业无不欣欣向荣。

尧80岁时，为了选好接班人，他问大臣们说："你们看，谁可以继承帝位啊？"

大臣放齐回答说："你的儿子丹朱为人开明，通达事理，可以接班。"

尧说："丹朱为人顽劣，不能做接班人。"

尧又问道："大家看谁可以接班啊？"

大臣骓兜回答说："共工广聚人才，功绩显著，可以做接班人。"

尧说："共工善于言辞，貌似恭敬却居心叵测，不能做接班人。"

过了几年，尧又问大臣说："四岳(四岳是我国尧舜时代四方部落的首领)，我在位七十多年了，你们有谁能接替我吗？"

四岳回答说："我们无才无德，会有辱帝位的。"

尧说："那就推举一个适当的人才吧。"

四岳异口同声回答说："民间有个还未成家的人，名叫虞舜，是个人才。"

尧说："我也听说了，他人怎么样？"

于是，四岳向尧做了详细的介绍。

虞舜名叫重华，他的父亲叫瞽叟，是普通百姓。

瞽叟是个盲人，舜的母亲去世后，瞽叟又娶了位妻子，生了个儿子，取名叫象。象为人傲慢，天性顽劣。

瞽叟偏爱后妻所生的儿子，常想杀掉舜，舜都设法躲过了。

舜非常孝顺，侍奉父亲和后母，善待弟弟，每天都恭恭敬敬，小心谨慎，未曾丝毫懈怠过。

舜在20岁时，因为孝顺出了名。30岁时，正赶上尧寻访接班人，四岳都推荐舜。于是，尧把两个女儿嫁给舜，从家庭内部来观察他；又让九个儿子和他相处，从家庭外部来观察他。

在舜的影响下，尧的两个女儿不敢因身份高贵而慢待舜的亲人，极有妇道。尧的九个儿子在舜的影响下愈益敦厚。舜在历山耕种时，历山的百姓都互让田界；舜在雷泽捕鱼时，雷泽的渔民都互让打鱼的地方；舜在黄河之滨制陶器时，黄河之滨出产的陶器再无粗制滥造的了。人们都拥戴舜，纷纷前去投奔他。仅仅一年时间舜所居住的地方就变成了村，两年就变成了邑，三年就变成了城。

尧听说后，特地赐给舜用细葛布做的衣裳和珍贵的木琴，还为他建造米仓，赐给他大批牛羊。

瞽叟见舜丰衣足食，分外眼红，又想杀掉他。瞽叟故意让舜到米仓顶上去涂泥，然后在下面纵火。舜发现火起，立即用两顶斗笠当作降落伞，飘然而下，得以不死。

后来，瞽叟又让舜去挖井，舜心知其计，便先在井壁上挖了一条暗道，可以从旁边出去。果然，当舜挖井时，瞽叟和象一起往井里填土，想让舜葬身井下。舜发现后，立即从暗道逃走了。

瞽叟和象以为舜必死无疑，心里暗自高兴。象对父母说："尧的两个女儿和琴归我，牛羊和米仓分给二老吧。"

于是，象来到舜的屋里住下，一边弹琴，一边想着美事。不料，一会儿舜就回来了，象大吃一惊，忙说："我正在弹琴思念哥哥呢！"舜说："是吗？这才对啊！"此后，舜继续侍奉父母，爱护弟弟，与往日无异。

尧开始试用舜担任各种官职，舜都能胜任，政绩突出，获得上上下下的一致好评。

从前，高阳氏有八个才子，世人称他们为"八恺"。高辛氏有八个才子，世人称他们为"八元"。这十六个人的后代世世保持美德和名声。舜起用八恺的后代，让他们主管农业，规范各项有关事务，没有不按照节令进行的；舜还举用八元的后代，让他们到四方传播教化，让天下做父亲的都能尽责，做母

亲都能慈爱，做兄长的都能友善，做弟弟的都能恭谨，做儿子的都能孝顺，家家和睦，社会和谐。

从前，帝鸿氏有个不成器的儿子，不仁不义，阴险毒辣，专做邪恶的事，天下人称他为"浑沌"。少皞氏有个不成器的儿子，不讲信义，讨厌忠良，喜欢并且美化恶毒的言论，天下人称他为"穷奇"。颛顼氏有个不成器的儿子，不可教育，不知好坏话，天下人称他为"梼杌"。这三个家族令世人忧虑。缙云氏有个不成器的儿子，贪酒食，争财物，天下人称他为"饕餮"，无不憎恶他，把他和上面三个恶人同样看待。

舜掌权后，就把这四家恶人流放到四方边远地方去了。从这以后，四方之门畅通无阻，再也没有恶人了。

舜多才多艺，本领高强，每当开山辟路时，即使遇到暴风和雷雨也不迷失方向。尧通过实地考验，知道舜是可以托付天下的。于是，尧告老还乡，让舜代行天子的政事，到全国巡视。

八年后，尧去世了。三年丧礼结束后，舜把政权让给丹朱，但是天下人都拥护舜。

舜给禹、皋陶、契、后稷、伯夷、夔、龙、佳、益、彭祖等二十二位贤人都封了官，让他们将尧的事业进一步发扬光大。

舜任命官员后，每过三年考察一次政绩，三次考察后决定官员的升降，远近各类该办的事都办了。

天下清平是从舜帝时开始的。

舜在位三十九年，南巡死在苍梧之野，葬于长江之滨的九嶷山，也就是零陵。

尧舜二帝是古代有名的仁君，为百姓做了不少好事。后人尊他们为圣人，称他们两人的时代为"舜日尧天"。他们功在当代，名垂后世，彪炳千秋，为我国古代明君树立了良好的榜样。

大禹治水

出自《史记·夏本纪》

禹是黄帝的玄孙，是颛顼帝的孙子。

尧帝在位时，中原发生了水灾。洪水滔天，浩浩荡荡，包围山岭，淹没高地，百姓吃尽了苦头。庄稼被淹，房子被毁，老百姓只好往高处搬。不少地方出现了毒蛇猛兽，伤人性命，百姓无法生活。

尧帝看在眼里，急在心上，立即下令寻找治水的人，四岳都说能治水。尧说："鲧为人桀骜不驯，刚愎自用，不能用他治水。"

四岳说："比较起来，没有比鲧更强的人了，先试用一下吧。"

于是尧帝听从了四岳的意见，让鲧去治水。

一晃九年过去了，洪水仍然泛滥不止，鲧治水没有成功。鲧只懂得水来土掩，造堤筑坝，拦堵洪水。结果，洪水冲塌了堤坝，水灾反而更凶了。

这时，恰逢舜代行天子政事，巡行各地，发现鲧治水无功，就把鲧放逐到羽山杀死了。天下人都认为舜对鲧的惩罚是鲧罪有应得。

尧帝去世后，舜帝问四岳说："有没有能够发扬光大尧的事业而出来做官的人啊？"

四岳异口同声地说："禹一定能够发扬光大尧的事业。"

舜于是命令禹说："你去治水吧，一定要努力干好这件事。"

禹叩头说："在下不才，还是让契、后稷和皋陶去吧。"

舜说："你大胆上任去吧。"

禹是鲧的儿子，自幼聪明过人，长大后能够吃苦耐劳。他德才兼备，仁慈可亲，言而有信。人们都说他的声音符合音律，他的举止符合法度。他事事以身作则，庄重谨饬，堪为楷模。

禹与益、后稷遵照舜帝的命令，发动百姓动工治水。他们翻山越岭，立木桩作标记，测定高山大川，为治水不辞辛苦。

禹为父亲治水未成受到惩罚而伤心，于是劳身苦思，在外面

治水十三年，三过家门而不敢入。他节衣缩食，敬奉鬼神；他住在简陋的矮房子里，省下钱财用于治水。他陆上坐车，水里乘船，泥里坐橇，山上乘辇，吃尽了苦头。他左手拿着准绳，右手拿着方尺圆规，车上载着测量四时的仪器，用以开辟了九州的土地，疏通了九条河道，修治了九个湖泽，凿通了九座大山。禹让益发给百姓稻种，在低湿的地方种植；让后稷发给百姓急需的粮食。缺少粮食的地方，就从粮食多的地方调配供给，使各诸侯的领地受益均衡。

禹改变了他父亲只知堵水的做法，用开渠排水、疏通河道的办法，把洪水引到大海中去。他和老百姓一起劳动，戴着箬帽，拿着锹子，带头挖土、挑土，累得磨光了小腿上的毛，连脚指甲都在水中泡掉了。禹由于过度劳累，伤了身体，走起路来摇摇晃晃，迈步吃力。人们尊敬禹，不以这种步伐为丑，反而美其名曰"禹步"而加以模仿。

经过十三年的努力，终于把洪水引到大海里去，地面上又可以供人种庄稼了。

禹受命治水时，新婚不久。为了治水，到处奔波，多次经过自己的家门，都没有进去。有一次，他妻子涂山氏生下了儿子启，婴儿正在哇哇地哭，禹在门外经过，听见哭声，也狠下心没进去探望。

禹巡行各地，让各地进贡适宜生产的物品，并考虑山路和水路运输的便利。

后代的人都称颂禹治水的功绩，尊称他是"大禹"。

舜年老以后，也像尧一样，物色继承人。因为禹治水有功，大家都拥戴他。到舜一死，禹就接班了。

禹年老的时候，曾经到东方视察，在会稽山召集许多部落的首领。去朝见禹的人手里都拿着玉帛，仪式十分隆重。

禹为了治水，积劳成疾。这次大会结束后，禹病死在南方，葬于会稽山下，这就是今天绍兴的大禹陵。

大禹平治水土后，将天下分为九州。人们不忘大禹之功，也将九州称为"禹域"。

禹原来有个助手叫做皋陶，曾经帮助禹管理政事，也参加过治水，立过大功。皋陶死后，皋陶的儿子伯益也做过禹的助手。按照禅让制度，禹本来想让伯益做继承人。

禹死后，把天下传给益。三年服丧完毕，益让位给禹帝的儿子启，自己退居到箕山的南面。禹的儿子启十分贤能，天下臣民都爱戴他，诸侯都离开益去朝拜启，说："我们的君主是禹帝的儿子啊。"于是，启便登上了天子之位。

这样一来，禅让制度正式被废除，变为王位世袭制。我国历史上第一个奴隶制王朝——夏朝出现了。

夏朝是我国古代第一个王朝，建于公元前2070年，亡于公元前1600年，统治了四百多年。

汤武革命

出自《史记·夏本纪》《史记·殷本纪》

公元前16世纪，夏朝的最后一个王夏桀在位时，残酷地压迫人民，大兴土木，建造宫殿，过着荒淫奢侈的生活。

大臣关龙逢劝夏桀说："不能这样下去了，这样下去会丧失民心的。"夏桀闻言勃然大怒，下令把关龙逢杀了。

夏桀狠狠地说："我就是天上的太阳，谁敢反对我，这就是下场。"百姓恨透了夏桀，诅咒说："这个太阳什么时候才会灭亡啊？我们宁愿跟你同归于尽。"

这时，黄河下游有个部落叫商，在首领汤的领导下正在一天天强大起来。

汤的祖先契在尧舜时曾跟禹一起治过洪水，是个有功于民的人。

从契到汤共八次迁都，汤定都于亳，这是遵从先王的意旨迁到了帝喾的故地。

汤是个仁慈的人，爱民如子。一天，汤外出时，看见田野里有一个人正在四面张网捕鸟，还在那里祈祷说："从天上、地下和四方来的鸟都进入我的罗网吧。"汤见了动情地说："这样做太残忍了，岂不把鸟儿一网打尽了吗？"于是，汤叫张网的人撤去三面的网，并命他祈祷说："想往左的就往左，想往右的就往右，不听命令的进入我的罗网吧。"诸侯听说这件事后，都赞叹地说："汤真是仁德如山啊，他的爱心已经推及到禽兽身上了。"

汤的贤明引起了夏桀的注意。不久，夏桀将汤囚禁于夏台，后来又将他释放了。

那时候，科学还在蒙昧状态，人们在探

索中极其相信鬼神，把祭祀天地祖宗看作最为重要的事。商部落附近有一个部落叫葛，首领葛伯不按时祭祀。汤派人责问葛伯，葛伯回答说："我们穷，没有牲口做祭品。"汤听了，立即送了一批牛羊给葛伯作祭品。葛伯把牛羊杀掉吃了，仍不祭祀。汤又派人去责问，葛伯说："我没粮食，拿什么祭啊？"汤又派人帮助葛伯耕田，还派一些老弱的人给耕田的人送酒送饭，不料葛伯在半路上把酒饭抢走，还杀了一个送饭的孩子。葛伯这样做激起了公愤，汤出面主持公义，出兵把葛部落灭了。接着，又连续攻取了几个部落。这样，商部落更加强大了。

汤说："人们看到水便可以看到自己的形象，看一下百姓的情况就可以了解国家是否治理好了。"伊尹听到这话后，赞美说："汤真英明啊！"伊尹想见汤却没有门路，就当了一名陪嫁的，背着调味用的鼎和俎，用烹调作比喻向汤谈了许多治国的道理，劝汤实行王道。伊尹一番话打动了汤，受到汤的重用，掌握了国家政权。

另有一个版本说，伊尹是一个德才兼备的隐士，汤派人聘他出山，往返五次后伊尹才应聘出山，与汤谈论治国之道，汤见他是栋梁之才，遂将国家大政托付给他。

汤为了救民于水火，和伊尹商量讨伐夏桀的事。伊尹说："现在夏桀还有力量，我们先试探一下，不去朝贡，看他怎么样。"

汤按照伊尹的计策停止了对夏桀的进贡，夏桀勃然大怒，命令九夷发兵攻打商。伊尹见夷族还服从夏桀的指挥，便让汤赶快向夏桀请罪，又恢复了进贡。

过了一年，夷族忍受不了夏桀的压榨

勒索，纷纷叛离夏桀，汤和伊尹这才决定发兵灭夏。

汤召集商军将士，亲自誓师说："我起兵灭夏，不是叛乱，是因为夏王作恶多端，上帝要我消灭他，我不敢不听从天命啊！夏王掠走了百姓的财富，刮尽了民脂民膏。夏王如此残忍，我们一定要去讨伐他。你们随我去执行上天的惩罚，我将重重地赏赐你们，决不食言。我很勇武，大家不要怕。"

誓师后，士兵一个个都充满了必胜的信心，都称汤为"武王"，也称"汤武"。

接着，汤又宣布纪律约束士兵，不许伤害百姓。

商军将士作战勇敢，夏军无心抵抗。夏、商两军在鸣条决战，夏桀的军队被打败了。

最后，夏桀逃到南巢。汤追到那里，把桀流放在南巢，一直到他死去。

临死前，夏桀愤愤地说："真后悔当初没在夏台将汤杀了，以致铸成今日之恨！"

伊尹向全国公布捷报，诸侯都表示服从，于是汤登上了天子的宝座，平定了全国。

汤废除了夏桀的暴政，写了一篇《汤诰》说："三月，商王亲自到达东郊，向各诸侯国君宣告：'你们身为诸侯，对百姓不能没有功劳。你们要努力办好你们的事情，不然我就重重地惩罚你们，你们不要怨恨我。古代夏禹、皋陶长期在外劳作，他们对百姓有功，东边治理了长江，北边疏通了济水，西边开通了黄河，南边疏浚了淮河，四条大河修好了，万民才得以安居乐业。后稷传下播种的技术，农民种植各种谷物，才得以丰衣足食。三位古人对百姓都有功劳，所以他们的后代都建立了国家。从前蚩尤作乱，上帝不保佑他，终于被黄帝灭掉。先王的话是不可不努力实现的。你们如果暴虐无道，就不许你们做诸侯，你们可不要埋怨我。'"

汤用这些话告诫诸侯，全是为了百姓，人们都说他是中国历史上有名的仁君。

夏朝被汤建立的商朝代替，历史上把商汤伐夏称为"汤武革命"。

《易·革·象辞》中说："汤武革命，顺乎天而应乎人。"这里所说的"汤"，就是中国历史上商朝的开创者，"武"指武王。因为古代统治阶级把改朝换代说成是天命的变革，所以称为"革命"。

商朝是我国第二个王朝，建于公元前1600年，亡于公元前1046年，国祚近六百年。

周武王灭商

出自《史记·周本纪》

商朝最后一个国王商纣王原是一个聪明勇敢的人，早年曾经亲自率军和东夷进行一场长期的战争，在作战中百战百胜，最后平定了东夷，把商朝的文化传播到淮水和长江流域一带，在中国历史上是有功的。但是，长期战争加重了商朝人民的负担，人民的生活越来越痛苦了。

商纣王被辉煌的胜利冲昏了头脑，变得骄横起来。他和宠姬妲己过着穷奢极欲的生活，为了享乐不管人民的死活，没完没了地建造宫殿。他在陪都朝歌造了一座富丽堂皇的鹿台，把搜刮来的珍宝都贮藏在里面；他又造了一个极大的仓库，取名钜桥，把剥削来的粮食堆积起来。他还把酒倒在池里，在上面划船，一边划船一边喝酒；把肉挂得像树林一样，。

商纣王十分凶残，用各种酷刑镇压人民。凡是背叛他或者反对他的，他就把人捉来放在烧红的铜柱上活活烤死。这种刑罚叫"炮烙"。

这时，西部的一个部落正在兴盛起来，这个部落就是周。

周本是一个古老的部落，夏朝末年在现在陕西、甘肃一带活动。后来，因为遭到戎、狄等游牧部落的侵扰，部落首领古公亶父率领周人迁到岐山下的平原定居下来。

到了古公亶父的孙子姬昌即周文王继位时，周部落已经很强大了。周文王是一个有作为的政治

鱼。老翁叫姜尚，又叫吕尚，"吕"是他祖先的封地。他是一个精通兵法的人。

周文王同老翁谈了很久，发现他就是自己要找的人，于是就请他担任了军师。

因为姜尚是文王的祖父所盼望的人，所以后来尊称他"太公望"，民间叫他姜太公。

家，千方百计要把国家治理好。他禁止喝酒，不准贵族打猎时糟蹋庄稼。他鼓励人民多养牛羊，多种粮食。他虚心接待有才能的人，有才能的人纷纷前去投奔他。

周部落的强大对商朝是个很大的威胁，崇侯虎对商纣王说："大王，姬昌的影响太大了，这样下去对商朝是不利的。"于是，商纣王下了一道命令，把周文王逮捕，关在羑里的监狱里。

周文王的大臣向商纣王献上美女、骏马和珍宝，又送了许多礼物给商纣王的宠臣，请他们释放周文王。

商纣王见了厚礼，眉开眼笑地说："光是一样就可以赎回姬昌了，何况这么多。"说罢，立刻把周文王放了。

周文王见商纣王昏庸残暴，迫害臣民，就决定讨伐商朝。但是，他缺少一位有军事才能的人帮他指挥军队作战，于是他开始暗暗访求这方面的人才。

有一天，周文王坐车到渭水北岸去打猎。在渭水之滨，他看见一个老翁在钓

太公望是周文王的好帮手，他一面提倡生产，一面积极训练军队。

周的势力越来越大，文王问太公望说："我要征伐暴君，先生认为应当先征伐哪一国？"

太公望说："应先征伐密须。"

有人反对说："密须国君厉害得很，恐怕打不过他。"

太公望说："密须国君虐待百姓，早已失去民心，再厉害也不可怕。"

周文王率军到了密须，还未开战，密须的百姓就绑着密须国君归附了文王。

过了三年，文王又发兵灭了崇国。这是商朝西边最大的属国，周文王在那里筑城建都，取名丰邑。

几年后，周族逐渐占领了大部分商朝统治地区，归附文王的部落越来越多，足有天下部落的三分之二了。

周文王死后，儿子姬发即位，这就是周武王。周武王拜太公望为师，并且让他的兄弟周公旦、召公奭做他的助手，继续整顿内政，

扩充军队，准备伐商。

第二年，周武王率军队到盟津，在那里举行了一次大检阅。八百多个诸侯闻讯后，纷纷来到盟津，请周武王带领他们伐商。周武王同太公望商量了一下，认为时机尚未成熟，于是在检阅结束后又回到了丰邑。

商纣王继续推行暴政，商朝贵族比干、箕子、微子非常担心，苦口婆心地劝他不要胡闹了。商纣王不但不听，反而勃然大怒，把比干杀死，惨无人道地叫人剖开比干的胸膛，把他的心掏出来，说要看看比干的心到底有几窍，也就是几个心眼。箕子见状，立即装起疯来，才免于一死，被罚做奴隶囚禁起来。微子见商朝已经无望，悄悄化装出走了。

周武王听说商纣王已经到了众叛亲离的地步，认为伐商时机已经成熟，就率兵五万出发，请太公望做元帅，渡过黄河向东进军。到达盟津时，八百位诸侯又率军前来会师。周武王在盟津举行誓师大会，宣布商纣王的罪状，号召大家同心协力讨伐他。

周武王和诸侯的联军士气旺盛，一路势如破竹，很快就打到离朝歌只有七十里的牧野。

商纣王接到报告，立刻拼凑了七十万人马，由他亲自率领到牧野迎战。他想，周武王只有五万多人，我这七十万大军必胜无疑。

可是，这七十万商军有一大半是临时武装起来的奴隶和从东夷抓来的俘虏。他们平日受尽商纣王的压迫和虐待，早已恨透了他，谁也不肯为他卖命。

在牧野战场上，当周武王率领联军进攻时，商军中的奴隶和俘虏纷纷倒戈，配合周军一起攻打商军。结果，商军一触即溃。太公望指挥军队乘胜追击，一直追到朝歌。

商纣王逃回朝歌，见大势已去，便于当夜躲进鹿台，先将珍宝堆了起来，在上面放了一把火，然后跳到火堆里自杀了。

周武王灭了商朝，把国都从丰邑迁到镐京，建立了周王朝。

周朝是我国第三个王朝，分为西周（公元前11世纪中期至公元前771年）与东周（公元前770年至公元前256年）两个时期。其中东周时期又称"春秋战国时期"，分为"春秋"与"战国"两部分。周朝共统治中国约791年。

周公辅政

出自《史记·周本纪》

　　为了巩固统治，周武王把自己的亲属和功臣分封各地，建立诸侯国，如太公望被封在齐国，周公旦被封在鲁国，召公奭被封在燕国。从周武王到他的儿子周成王，一共封了七十多个诸侯国。

　　如何处置商朝遗民，周武王一时拿不定主意。姜太公说："人们都说'爱屋及乌'，反过来，如果人不值得一爱，那么这个人的篱笆、围墙也就不必保留了。"他的意思是商纣王该死，商人也不能保留，要统统杀掉。周武王不同意他的做法。这时，召公建议说："有罪的杀掉，无罪的留下。"周武王仍不同意。最后，周公建议说："让商人在原地安居，耕种原来的土地，争取商人中有影响有仁德的贤人。"周公这种给商人生路，就地安置，争取贤人的政策深得周武王的赞许。于是，周武王命令召公释放被囚禁的箕子和被关押的贵族，修整商人故居，让大臣闳夭培高王子比干的坟墓，命令南宫括散发鹿台的钱财给贫穷的商民，打开钜桥的粮仓赈济饥饿的商民。

　　商朝虽然灭亡了，但是它留下的贵族和奴隶主在社会上还有一部分势力。为了安抚这些人，周武王把高纣王的儿子武庚封为殷侯，留在殷都，又派自己的三个弟弟管叔、蔡叔和霍叔去协助武庚。名义上是协助，实际上是监视，因此称为"三监"。

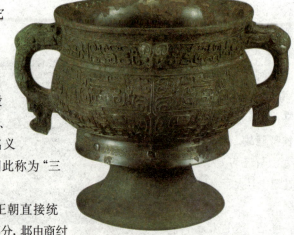

　　还有一种说法：原来商王朝直接统治的地方，武王把它分成三部分，邶由商纣王的儿子武庚掌管，卫由蔡叔掌管，庸由管叔掌管，史

称"三监"。

灭商后，由于日夜操劳，周武王身染重病。周公见状，忧心忡忡。他出于至诚，虔心向祖先太王、王季、文王祈祷说："你们的元孙得了重病，如果你们欠了上天一个孩子，那就让我去代替他吧。我有仁德，又多才多艺。你们的元孙不如我多才多艺，不能侍奉鬼神。"

祈祷后，周武王的病虽然有所好转，但不久便去世了。周武王临终前表示愿意把王位传给德才兼备的周公，并且说："这事不用占卜，可以当面决定。"周公听了涕泣不止，不肯接受。

周武王去世后，他的儿子姬诵继承王位，这就是周成王。周成王才13岁，刚建立的周王朝还不大稳固，于是由周公旦担起辅助周成王掌管国家的重任，实际上是代行天子的职权。历史上通常不称周公旦的名字，只叫他周公。

周公的封地在鲁国，因为他要留在京城处理政事，不能到封地去，就派儿子伯禽代他到鲁国去做国君。

伯禽临走时，问父亲有什么嘱咐。周公说："我是文王的儿子、武王的弟弟、当今天子的叔叔，你说我的地位怎么样？"

伯禽说："当然很高了。"

周公说："我的地位虽高，但我每次洗头时，一有急事就马上停下来，把头发握在手里去办事；每次吃饭时，听说有人求见，我就把来不及咽下的饭菜吐掉，去接见那些求见的人。我这样做，还怕天下的人才不肯到我这儿来呢。你到了鲁国，不过是个国君，可不能

骄傲啊！"

伯禽连连点头，表示一定记住父亲的教导。

周公尽心尽意辅助成王，认真管理国事，可是他的弟弟管叔、蔡叔却在外面造谣说他有野心，想要篡夺王位。

商纣王的儿子武庚虽然被封为殷侯，但是受到周朝的监视，觉得很不自由，巴不得周朝发生内乱，他好重新恢复王位。于是，他和管叔、蔡叔串通一气，联络了一批商朝的旧贵族和东夷中几个部落，发动了叛乱。

武庚和管叔等人制造的谣言闹得沸沸扬扬，连召公奭听了也怀疑起来。周成王年纪小，还不懂事，更弄不清是真是假，对辅佐他的叔父也有点信不过了。

周公见状，心里很难过。他和召公奭披肝沥胆地谈了一次话，说明他决无野心，要召公为了国家顾全大局，不要轻信谣言。召公奭被他的诚恳所感动，消除了

误会，重新和周公精诚合作，也使周成王弄清了真相。

周公在安定了内部之后，毅然亲自率领大军东征。

这时，东方有几个部落像淮夷、徐戎等，也都决定配合武庚，在那里蠢蠢欲动。周公授权给太公望，凡各国诸侯不服周朝的都由太公望征讨。不久，太公望控制了东方，周公自己则全力对付武庚。

费了三年工夫，周公终于平定了武庚的叛乱，把带头叛乱的武庚杀了。管叔一看武庚失败，自己觉得无颜见哥哥和侄儿，便自缢而死了。周公平定叛乱后，把霍叔革了职，将蔡叔问罪充军。

在周公东征的过程中，一大批商朝的贵族成了俘虏。因为他们反抗周朝，周公觉得让这批人留在原地不大放心；同时又觉得镐京在西边，要控制东部的广大中原地区很不方便。经过再三斟酌，周公决定在东面新建一座都城，取名洛邑，把商朝的遗民都迁到那里，派兵监视他们。

从此，周朝有了两座都城：西都是镐京，又叫宗周；东都是洛邑，又叫成周。

周公辅佐周成王长达七年，总算把周王朝的统治巩固下来。他还制订了一套典章制度，作为立国之本。到周成王满20岁的时候，周公把政权交还给他。

平王东迁

出自《史记·周本纪》

周宣王死后，儿子姬宫涅即位，史称周幽王。

周幽王只知道吃喝玩乐，不问政事，还派人到处挑选美女。

有个大臣名叫褒珦，劝周幽王关心国计民生，周幽王不但不听，反把褒珦关进了监狱。

褒珦在监狱里被关了三年之久，家里的亲人日夜思念他，千方百计想把他救出来。最后，他们买了一个极漂亮的姑娘，教会她唱歌跳舞，然后把她打扮得花枝招展，取名褒姒，说是褒珦的女儿，献给了周幽王。周幽王一见美如天仙的褒姒，心中大喜，立即把褒珦放了。

周幽王十分宠爱褒姒，可是褒姒自从进宫以后，对着又老又丑的周幽王，一直闷闷不乐，从无笑脸。周幽王想尽办法叫她笑，她怎么也笑不起来。于是，周幽王出了一个赏格：有谁能让褒娘娘笑一下，就赏他千金。

虢石父是个奸臣，为了讨好昏君，献上一计。

原来，周王朝为了防备犬戎的进攻，在骊山一带造了二十多座烽火台，每隔几里造一座。如果犬戎入侵，把守第一座烽火台的士兵就

把烽火点燃。第二座烽火台上的士兵见到烽火，也把烽火点燃。这样一个接一个点燃烽火，附近的诸侯见到了，就会发兵来救。

虢石父见到赏格后，对周幽王说："如今天下太平，烽火台已经好久没有使用了。请大王跟娘娘登骊山游玩，晚上把烽火点燃，附近的诸侯见了都会赶来的。当他们发现上当时，娘娘见他们扑了个空，一定会笑起来的。"

周幽王听了，拍手叫好说："好极了，爱卿真是智多星，快去安排，马上登骊山！"

虢石父毕恭毕敬地说："遵命！"

周幽王带褒姒上了骊山，在晚上点燃了烽火。附近的诸侯接到警报，以为犬戎入侵了，立即带领兵马前来救驾。不料到了骊山脚下，连一个犬戎兵的影子也没有，只听山上传来一阵阵鼓乐之声，都感到莫名其妙。

周幽王派人对前来救驾的诸侯说："贤侯辛苦了，这儿没事，不过是大王和爱妃放烟火玩，诸位请回吧！"

诸侯一听，这才知道上了当，一个个敢怒而不敢言。

褒姒见诸侯像没头苍蝇似的，跑来跑去，乱哄哄的，一下子忍俊不禁，噗的一声笑了起来。

周幽王见褒姒笑得花枝乱颤，心里别提多高兴了。回朝后，真的叫来虢石父，赏以千金。

周幽王宠爱褒姒，也溺爱她生的儿子伯服。不久，周幽王把王后申氏和太子宜臼废了，立褒姒为王后，立伯服为太子。

有一天，宜臼到后花园去玩，周幽王将笼子里的猛虎放出，打算让猛虎将宜臼咬死。宜臼人小胆大，当猛虎向他扑来时，他迎上去大吼一声，吓得老虎吃了一惊，后退几步，伏在地上一动不动了。宜臼望了望老虎，然后从容离去。

宜臼回到宫中，越想越后怕。为了躲避父王暗害，他与母亲商量好，暗暗逃出都城，投奔外祖父申侯去了。

原来，宜臼的外祖父是申国的诸侯。申侯听说周幽王废后灭子，心中大怒，立即联合犬戎进攻镐京。

周幽王听说犬戎来攻，惊慌失措，连忙下令点燃骊山的烽火。烽火虽然点燃了，但诸侯一个也未来，他们以为又是周王放烟火呢。

犬戎长驱直入，攻进镐京，杀了周幽王、虢石父和伯服，掠走了褒姒。

犬戎退走后，卫、晋、秦、郑、申、鲁、许等国诸侯拥立宜臼为王，于公元前770年在申即位，史称周平王。

因为镐京已经残破不堪，宜臼在秦国的护送下东迁洛邑，在晋、郑等诸侯国的辅助下勉强支撑残局。

因为镐京在西边，洛邑在东边，所以历史上把周朝以镐京为国都的时期称为西周，迁都洛邑以后的周朝称为东周。东周开始的这一年就是我国春秋时期的开端。

在宜臼即位的同时，诸侯虢公翰拥立周幽王的另一个儿子余臣为天子，史称周携王。这样，就出现了两周并立的局面。十多年后，支持周平王的晋文侯攻杀周携王，周王朝这才重新统一了。

周平王东迁后，因秦襄公护送有功，特地提升他为诸侯，并答应他说："犬戎攻占镐京，你率军攻击他们吧，打到哪里那里就归你所有。"不久，秦襄公大败犬戎，扩地千里，岐山以西的广大地区均被秦军攻占，秦国从此强大起来。

由于大片故土丧失，东周王朝仅仅拥有今河南西北部的一隅之地，南不过汝水，北不过沁水，东不过荥阳，西不过潼关，方圆只有六百余里。周王朝地小人少，与方圆数千里的大诸侯国相比，只相当于一个中等诸侯国而已。

周王朝大为衰落，郑、晋、齐、鲁、燕、宋、楚等大国为了争夺土地、人口和对其他诸侯国的支配权，相互之间不断爆发兼并战争，形成了诸侯争霸的局面，我国历史进入了一个大变革大动荡的时期，也就是春秋时期。

周平王在位期间，因外祖父申侯拥立有功，特赐他一些封地，并派畿内百姓去戍守。这使百姓离乡背井，十分不满。

周平王一度委任郑庄公为朝廷卿士，执掌朝政。后来，由于郑国实力雄厚，周平王对郑庄公开始怀有戒心，不想让他操纵朝政了。于是，他便乘郑国国内多事，郑庄公未上任之机，想撤掉他卿士的职务。郑庄公闻知，立即赶到洛阳，对周平王施加压力。周平王一再赔礼，郑庄公仍然不依。最后，周平王只好提出让太子姬狐去郑国做人质。不过，这样做有损于天子的体面，群臣提出了交换人质的办法：让郑庄公的儿子姬忽到洛邑作做人质，而周太子去郑国则用学习的名义。这样，郑庄公总算同意了。从这一史实可见周平王东迁后，王室势力已衰，周王名为天子，实际上要看某些大诸侯的脸色行事了。

公元前720年，周平王病逝。

三家分晋

出自《史记·晋世家》

春秋末年，各诸侯国的农奴因受不了国君的压迫，纷纷逃到大夫的封地去做佃农。这样，大夫的势力越来越大，出现了尾大不掉的局面。

晋国有四个大夫拥有的土地和佃农最多，他们是智伯瑶、赵襄子、魏桓子、韩康子。

智伯瑶为人贪婪，势力最大。有一天，他向韩康子要土地。韩康子不想给，家臣段规对韩康子说："智伯为人又贪又狠，如果不给他土地，他一定会攻打我们的，不如给他吧。他得了便宜后，还会向别人要土地的。别人不给他，他必然动武。到那时，我们既可免祸，又可伺机而动了。"韩康子说："那好，就给他土地吧。"于是，他送给智伯一个有万户人口的城邑。

智伯从韩康子那儿得到土地后，十分高兴，又向魏桓子要土地。魏桓子不想给，家臣任章对魏桓子说："为什么不给他？"魏桓子说："无缘无故要地，当然不能给他。"任章说："无缘无故要地，大夫们一定恐惧。我们给他地，他一定骄傲自满。大夫们联合起来，智伯一定会灭亡的。《周书》说：'将欲败之，必先辅之；将欲取之，必先与之。'主公还是给他土地吧。"魏桓子说："好吧。"于是，他也送给智伯一个有万户人口的城邑。

接着，智伯又向赵襄子要地，赵襄子不给他。智伯勃然大怒，率韩、魏两家的兵进攻赵襄子。赵襄子想躲出去，问家臣说："到哪里去好呢？"家臣回答说："长子离这儿最近，而且刚筑完城墙，到长子去吧。"赵襄子摇头说："长子的百姓筑城已经够累了，谁还能和我们拼死守城呢？"家臣又说："邯郸仓库充实，到邯郸去吧。"赵襄子说："邯郸的民脂民膏已经刮尽了，怎能再要他们的命呢？

还是到晋阳去吧。先父嘱咐我遇有危难时就到那儿去。尹铎治理晋阳一向宽厚，晋阳百姓会拥护我们的。"于是，赵襄子躲进了晋阳城。

智伯等三家包围晋阳，放水灌城，城中家家进水，到处都是青蛙，但百姓仍一心守城。

有一天，智伯驾车观察水势，韩康子和魏桓子在车上相陪。智伯一边观察一边说："我现在才知道水还能灭国哩。"听了这话，魏桓子用胳膊肘碰了碰韩康子，韩康子用脚碰了碰魏桓子。因为他们知道汾水可以灌魏家的安邑，绛水可以灌韩家的平阳。

观察水势结束后，智伯的家臣对智伯说："韩、魏两家必反。"智伯问道："你怎么知道的？"家臣回答说："我是根据常理推断的。如今主公率韩、魏两家之兵攻赵，赵亡之后，战祸必然轮到韩、魏两家了。我们约韩、魏两家攻打赵家，答应赵家灭亡之后三分其地。现在，晋阳马上就要沦陷了，而韩康子和魏桓子却面有忧色，这不是要反是要干什么呢？"

第二天，智伯将家臣的话告诉魏桓子和韩康子。魏桓子和韩康子说："这是谗人在替赵氏说话，让你怀疑我两家而放松对赵氏的进攻。难道我两家不想分赵氏的土地，却去干那危险而又不能成功的事吗？"魏桓子和韩康子出去后，家臣进来问智伯说："你为什么把我说的话告诉他们两人呢？"智伯问道："你怎么知道我告诉他们了呢？"家臣回答说："刚才，他们两人遇到我时，看了我一眼就急匆匆地走了，这是因为他们已经知道我了解他们的内情了。"智伯不相信家臣的话，

家臣为了避祸，请求出使齐国去了。

赵襄子派家臣张孟谈偷偷出城，对魏桓子和韩康子说："俗话说'唇亡齿寒'，如今智伯率韩、魏两家攻打赵家，如果赵家灭亡，接着便是韩、魏两家了。"魏桓子和韩康子说："你说的我们也明白，只是怕举事未成而计谋泄露，反而惹祸啊！"张孟谈说："计谋出于二位之口，入于我一人之耳，怎会泄露呢？"魏桓子和韩康子听了这话，便同张孟谈约期举事，然后打发他回城去了。

赵襄子派兵趁黑夜杀了智伯安排的守堤士兵，将堤掘开，让河水灌入智伯大营，智伯营中顿时大乱。赵襄子趁机从正面攻入智伯大营，韩、魏两家从两翼包抄过去。不多时，智伯便兵败被杀了。

赵襄子向魏桓子、韩康子说："多谢二位相救之恩，请二位收回献出的土地。至于属于智伯的土地和人，就由我们三家平分吧。"魏桓子、韩康子高兴地说："这样最好。"于是，三家将智伯的土地和人都分了。

不久，赵、魏、韩三家又想平分晋国

了。

周考王三年(公元前438年),晋哀公去世,他的儿子晋幽公即位。晋幽公软弱无能,赵襄子、魏桓子和韩康子见时机已到,便将晋国平分了,只给晋幽公留下绛州和曲沃两座城池。

周威烈王元年(公元前425年),赵襄子、魏桓子和韩康子都去世了,他们的继承人分别是赵籍、魏斯和韩虔。这三个人野心更大,已经不满足大夫的地位,想做诸侯了。

周威烈王二十三年(公元前403年),赵籍、魏斯和韩虔派人去见周王,要求封他们为诸侯,说:"三位大夫因为尊敬天王,所以才来禀告。如果天王封他们为诸侯,他们会全力辅佐天王的。"周威烈王心里想:这三个大夫兵强马壮,我不封他们为诸侯,他们也会自封为诸侯的,不如顺水推舟,做个人情吧。于是,他封赵籍为赵侯,魏斯为魏侯,韩虔为韩侯。

使者回报后,赵籍、魏斯和韩虔心中大喜,立即宣布了周王的任命,立了宗庙,并向各国通报,各国诸侯都来贺喜。他们的国家分别称为赵国、魏国、韩国。因为它们是由晋国分裂而成的,所以历史上也称这三国为"三晋"。从此,中国历史进入了战国时期。

周安王二十六年(公元前376年),到了晋幽公孙子晋靖公在位的时候,三晋国君又将晋靖公废了,把他仅有的那两座城池也分掉了。从此,晋国在历史上消失了。

一代大儒孔子

出自《史记·孔子世家》《史记·仲尼弟子列传》

孔子名丘，周灵王二十一年（公元前551年）生于鲁国陬邑。

孔子的祖先原是宋国的大夫，后世移居鲁国。父亲叔梁纥是个武官，力大无穷，在孔子3岁那年就去世了。

母亲颜征在带着孔子搬到曲阜住下来，含辛茹苦将他抚养成人。母亲和外祖父颜襄对孔子产生了深远的影响，孔子从小聪明过人，待人彬彬有礼，热爱学习。

孔子家穷，读书很用功。他十分崇拜周朝初年制礼作乐的周公，对古礼特别熟悉。当时读书人要学"六艺"，即礼节、音乐、射箭、驾车、书写、计算，孔子样样精通。

孔子品德高尚，办事认真，当过管理仓库的小吏，物资从来没有缺少过。后来，他又当过管理牧业的小吏，使牛羊长得又肥又壮，大量繁殖起来。

还不到30岁，孔子精明强干、学识渊博的名声就传遍遐迩了。

有些人见孔子品学兼优，愿意拜他为师，向他学习。于是，孔子便开始办学，当了先生。

鲁国大夫孟僖子临死前，嘱咐他的两个儿子孟懿子和南宫敬叔到孔子那儿去学礼。

后来，靠南宫敬叔的推荐，鲁昭公曾让孔子到周都洛邑去考察周朝的礼乐。

孔子35岁那年，鲁昭公被鲁国掌权的三家大夫——季孙氏、孟孙氏、叔孙氏赶走了。

孔子不愿与乱臣为伍，便到齐国求见齐景公，谈他的政治主张。齐景公待他很客气，想重用他。但是，相国晏婴认为孔子的主张不切实际，结果齐景公没有用他做官。

孔子回到鲁国教书，跟他学习的学生越来越多了。

鲁定公九年（公元前501年），鲁定公任命孔子为中都宰。

第二年，孔子做了鲁国的司空，司空是管理工程的长官。后来，孔子调任司寇，司寇是掌管司法的长官。

这时，吴王阖闾在伍子胥、孙武的帮助下大败楚国。中原一些大国都受到了威胁，首先受到威胁的是齐国。齐国自从齐桓公死后，国内一直不安定。后来，齐景公重用晏婴，改革朝政，齐国才又兴盛起来。

齐景公和晏婴想拉拢邻国鲁君和中原诸侯，重振齐桓公当年的事业，于是写信给鲁定公，约他在齐鲁交界的夹谷开会。

那时，诸侯开会都得有大臣当助手，称做"相礼"，鲁定公决定让孔子担任。

鲁定公把准备到夹谷同齐国会盟的事告诉孔子，孔子说："齐国屡次侵犯我国，这次约我们会盟，我们必须派兵防备，请把左右司马都带去吧。"

鲁定公同意孔子的建议，又派了两员大将带上一些人马随他到夹谷去。

在夹谷会议上，由于有孔子担任相礼，鲁国取得了外交上的胜利。会后，齐景公决定把从鲁国侵占的汶阳三处土地还给鲁国。

齐国大夫黎鉏认为孔子留在鲁国做官对齐国不利，便劝齐景公选了八十名歌女送到鲁国去。鲁定公接受了这群女子，从此天天吃喝玩乐，不再管理国家政事了。

孔子想劝谏他，他总是躲着孔子，这使孔子很失望。

孔子对学生说："国君不理正事，我们走吧！"于是，孔子离开鲁国，领着一批学生周游列国，希望找机会实行他的政治主张。

那时，大国都忙于争霸的战争，小国都面临被吞并的危险。整个社会正在发生动荡，孔子宣传的那一套恢复周礼的主张没人接受。

孔子先后到过卫国、曹国、宋国、郑国、陈国、蔡国，这些国家的国君都不肯用他做官。

孔子走到陈、蔡一带时，楚昭王派人请他到楚国去。陈、蔡两国的大夫怕孔子到楚国对他们不利，立即发兵在半路上把孔子截住了。孔子被困在那里断了粮，几天后楚国派来救兵，才给他解了围。

孔子在列国奔波了七八年，碰了许多钉子。最后，他回到鲁国，把精力放到整理古代文化典籍和教育学生上面。

孔子在晚年整理了几种重要的古代典籍，有《诗经》、《尚书》、《春秋》等。《诗经》是我国最早的一部诗歌总集，共收集西周、春秋时期的诗歌305篇，其中很多是反映古代社会生活的民间歌谣，在我国文学史上占有很重要的地位。《尚书》是一部我国上古历史文献的汇编，有重要的历史价值。《春秋》是根据鲁国史料编成的一部历史书，它记载着公元前722年到前481年约242年间的大事，宣传王道思想，是中国最早的编年体史书。

周敬王四十一年（公元前479年），孔子去世了。

孔子死后，他的弟子继续传授他的学说，渐渐形成了一个儒家学派，孔子成了儒家学派的创始人。

孔子的学术思想对后世影响极大，影响了我国两千多年来的历史。他提倡的仁爱思想已经成了中华民族精神文明的核心，至今对和谐社会的建设仍有积极作用。

屈原和《离骚》

出自《史记·屈原贾生列传》

屈原名平，公元前340年正月寅日生于湖北丹阳。

屈原与楚王同姓，曾担任楚怀王的左徒。

屈原见闻广博，记忆力极强，通晓治国之术，熟习外交辞令。屈原在朝廷与楚怀王商讨国事，发号施令；对外则接待宾客，应酬诸侯。楚怀王很信任他。

有个上官大夫名叫靳尚，是个奸臣，和屈原官位相当，总想争宠，心里十分嫉妒屈原的才能。有一天，楚怀王让屈原制订法令。屈原接受任务后，坐下来开始认真起草。不料，尚未定稿时，上官大夫见了竟想夺走草稿。屈原不肯给他，他就到楚怀王面前说屈原的坏话。他造谣说："是大王叫屈原制订法令的，这事大家没有不知道的。但每一项法令发布后，屈原总是夸耀自己的功劳。他说：'这事除了我无人能做。'"楚怀王听了这话，信以为真，心中大怒，从此就疏远屈原了。

屈原痛见楚怀王不能明辨是非，竟被谗言蒙蔽，让邪恶的小人危害正直的人，以致君子不为朝廷所容，因此心情十分苦闷，便挥毫写了一篇长诗《离骚》，抒发了自己内心的情感。《离骚》长达数千言，汪洋恣肆，无所不包。文中列举的事例虽然浅近，但含义却十分深远。屈原志趣高洁，多用香花芳草作比喻。他行为廉正，远离污泥浊水，游于尘世之外，不受玷辱，保持高洁的品质，

出污泥而不染。屈原的高尚品德可与日月争辉，与天地同在。

屈原被罢官后，秦国要攻打齐国。由于齐国和楚国早已结盟，秦惠王很担忧。于是，他派张仪到楚国将厚礼献给楚怀王，对楚怀王说："秦国非常憎恨齐国，而楚国却同齐国友好。如果楚国能和齐国绝交，秦国愿意献上商、于之间的六百里土地。"楚怀王一听有利可图，竟起了贪心，信任张仪，立即和齐国绝交，然后派使者到秦国去接收土地。使者到了秦国，张仪抵赖说："我和楚王约定的只是六里，没说过六百里。"楚国使者愤然回国，报告楚怀王。楚怀王大怒，大举进攻秦国。秦国发兵迎击，在丹水和淅水一带大破楚军，杀了八万楚兵，俘虏了楚国的大将屈匄，从而夺取了楚国的军事重镇汉中。楚怀王咽不下这口气，又发动全国军队深入秦地，攻打秦国。魏国见状，立即袭击楚国，一直打到邓地。楚军闻讯，忙从秦国撤军。齐王因为深恨楚国与之绝交，没有派军前来援救，楚国处境极为困窘。

第二年，秦国表示愿意割汉中之地与楚国讲和，楚怀王说："我不愿得到土地，只希望得到张仪，好解我心头之恨。"张仪听说后，对秦王说："用一个张仪来顶替汉中，这事划算，请大王让我到楚国去吧。"张仪到楚国后，用厚礼贿赂当权的大臣靳尚，通过他在楚怀王宠姬郑袖面前编造了一套谎话。楚怀王竟然听信郑袖之言，放走了张仪。这时，屈原已被疏远，不在朝中任职，正在齐国出使。屈原回国后，问楚怀王说："为什么不杀张仪啊？"楚怀王一听这话，恍然大悟，深感后悔，急忙派人追回张仪，但已经来不及了。

后来，各国诸侯联合攻打楚国，大败楚军，杀了楚国将领唐眛。

不久，秦昭王与楚国通婚，要求和楚怀王会面。楚怀王想动身前去，屈原说："秦国是虎狼之国，不可信任，还是不要去吧。"楚怀王的小儿子子兰劝楚怀王说："怎么可以断绝和秦国的友好关系呢！"最后，楚怀王还是去了。不料，楚怀王一进武关，秦国的伏兵就截断了他的归路，将他扣留，强求割让土地。楚怀王极为愤怒，不肯接受秦国的无理要求。后来,楚怀王设法逃往赵国,但赵国不肯接纳他,他只好又回到秦国。最后,楚怀王竟死在秦国,尸体运回楚国安葬。

楚怀王的长子顷襄王即位,任用他的弟弟子兰为令尹,执掌朝中大权。楚国人都抱怨子兰,因为他劝楚怀王入秦,而最后竟死在那里。屈原也为此怨恨子兰,思念楚怀王,念念不忘为祖国建功立业。他希望国君有一天能够醒悟,世俗有一天能够改变。屈原热爱祖国,想振兴楚国,这在他的每一篇作品中都表现出来。

令尹子兰得知屈原怨恨他,非常愤怒,便让上官大夫在顷襄王面前说屈原的坏话。顷襄王大怒,放逐了屈原。

屈原来到汨罗江滨,一面走一面吟咏着。他脸色憔悴,身体枯瘦。渔夫见到他,问道:"先生不是三闾大夫吗?为什么来到这儿?"屈原回答说:"整个世界都是混浊的,只有我一人清白;众人都喝醉了,只有我一人清醒。为此,我被放逐了。"渔夫问道:"圣人不受外界事物的束缚,而能随着世俗变化。整个世界都混浊,先生为什么不随波逐流呢?众人都醉了,先生为什么不喝点酒呢?为什么怀有美玉一般的品德,却使自己被放逐了呢?"屈原回答说:"我听说刚洗过头的一定要弹去帽子上的灰,刚洗过澡的一定要抖掉衣服上的土,谁能让自己清白的身躯受外物的污染呢?我宁可葬身鱼腹,也不能让自己蒙受世俗的尘垢呢!"渔夫听了,点了点头。不久,屈原听说秦军灭了楚国。他不肯做亡国奴,怀着万分沉痛的心情,写了一篇《怀沙》赋,抱着石头投汨罗江自杀而死。

屈原的生平事迹特别是政治上的悲惨遭遇,说明屈原为人高尚,不肯与恶势力同流合污,这源于他的爱国精神和正直品德。

《离骚》不仅是中国文学的经典之作,也是世界文学的瑰宝。

屈原是我国文学史上第一位伟大的诗人,《离骚》标志我国诗歌创作的一个新时代开始了。

秦相李斯

出自《史记·秦始皇本纪》《史记·李斯列传》

　　秦庄襄王三年(公元前247年)，庄襄王去世，他唯一的儿子嬴政即位，做了秦王。

　　这年，嬴政才13岁。二十六年后，他统一了全国，做了始皇帝。这不是他一人之力，是在李斯等人的帮助下完成的。

　　李斯是战国末年楚国上蔡人，年轻时曾在家乡当小吏，怀才不遇。于是，他拜当时的大学者荀卿为师，学习帝王之术。学成后，李斯到秦国找到相国吕不韦，做了他的门客。在吕不韦的手下，他尽心尽力地干，得到吕不韦的赏识，被推荐为郎官，也就是秦王的侍卫官。从此，李斯有机会向秦王进言，阐述自己的政治见解了。

　　有一天，李斯建议秦王吞并东方六国，完成统一大业。他说："以秦国之强，大王之贤，能像扫除尘埃一样消灭诸侯，完成帝业，统一天下。此乃万世一遇之机，若不急行，诸侯复强，相聚合纵，虽有黄帝之贤，也不能吞并六国了。"秦王听了李斯的见解，拍手称快，立即任命他为长史。

　　秦王嬴政十年(公元前237年)，文信侯吕不韦罢相。这时，宗室大臣向秦王进言说："从诸侯各国来我国做官的人都是为他们的国王来游说的，都是来搞离间活动的，请大王将他们全部驱逐吧。"秦王听了，觉得言之有理，于是颁下《逐客令》，把从诸侯各国来秦国做官的人一律驱逐出境。

　　李斯本是楚国人，当然也在被逐之列。他在被逐途中，给秦王上了一封谏书说："从前穆公求贤，西面在西戎找到由余，东面在宛地得到百里奚，从宋国迎来蹇叔，从晋国迎来丕豹、公孙支。穆公有了这些外国来的贤人，才兼并了二十个小国，扩地千里，称霸西戎。孝公用商鞅变法，至今国富民强，诸侯才亲近秦国。惠王用张仪之计，拆散了六国的合纵，使他们服从秦国。昭王得到范雎，加强了国君的权力，抑制了私人的势力。这四位国君都是借用外国贤人之力才得以成功的，外国贤人有什么对不起秦国的？美色、音乐、珍珠、宝玉不产在秦国，而大王却享用它们，而用人却不肯这样，不问贤愚，不是秦国人就不用，只要是外国人就赶走。这是大王重视美色、音乐、珍珠、宝玉而轻视人啊！我听说泰山不拒绝土壤，所以才那么高；江海不拒绝小河，所以才那么深；王者不拒绝人民，所以才能建立德政，成就大业，因此五帝、三王能够无敌于天下。现在，大王抛弃人民以资助敌国，拒绝宾客让他们给诸侯办事，这岂不等于送士兵给敌人，送粮食给大盗吗！"

秦王见了李斯的谏书，恍然大悟，忙收回《逐客令》，下令将李斯召回，恢复了他的职务。这时，李斯已经走到骊邑了。李斯回来后，秦王任命他为廷尉，这是秦国最高的司法官员。

秦王在李斯等人的辅佐下，历时二十余年，终于消灭了六国，于秦王嬴政二十六年(公元前221年)统一了中国。

当时，天下虽然统一了，但统一以后实行什么样的国家制度又成为当务之急了。丞相王绾主张施行周代的分封制，并且受到百官的一致支持。秦始皇一时拿不定主意，便将这件事交给李斯处理。李斯认为这些文人的建议十分荒谬，分封制是历史的倒退，不可采纳。于是，他上书秦始皇，力主推行郡县制。秦始皇采纳了李斯的建议，不封子弟为王，将全国分为三十六郡，郡以下设县、乡、亭、里，组织十分严密。郡县制开创了中国历史上行政区划的先例，影响深远。其中不少制度不

但为汉唐以后各封建皇帝所采用，而且
一直延用到今天。

李斯才智过人，辅佐秦始皇完成帝业后，又奉
命整理文字。他用小篆体编写了《仓颉篇》，作
为标准的文字范本，颁行全国。

由于李斯的卓越贡献，秦始皇任命他为丞
相，封他为通侯。

秦始皇三十七年(公元前210年)冬十月，李斯、
秦始皇的小儿子胡亥和中车府令赵高等人跟随秦
始皇出游。归程中，秦始皇在河北平原津一病不起。
临死前，他让赵高给长子扶苏写信，让他到咸阳参加葬
礼。信已写好，尚未发出，秦始皇便死于沙丘平台了。

李斯唯恐各位公子作乱，天下有变，于是密不发丧，将秦始皇装
在大车上日行夜息，要运回咸阳。一路上，百官奏事如初，只有几个人
知道秦始皇已经死了。

秦始皇死后，赵高说服李斯，另立胡亥为皇帝，将扶苏赐死。

胡亥即位后，荒淫暴虐，赋税徭役过重，百姓不堪其苦，纷纷起
来造反，弄得天下大乱。

赵高是个大奸臣，依仗胡亥的宠信为所欲为。他为报私怨，杀人
极多。他怕大臣入朝举报，便劝秦二世说："天子之所以尊贵，是因为
只闻其声，不见其面的缘故。况且陛下富于春秋，未必尽通诸事，坐
在朝上万一举止不当，必被大臣所见，加以指责。这样，如何向天下
展示皇帝的神明呢？因此，陛下不如深居宫中，让微臣和懂法令的侍
中处理政事，有事也好商量。这样，天下就会称陛下为圣主了。"秦二
世正懒得上朝，听了这话，真是求之不得，立即准奏。从此，他再也不
上朝接见大臣，政事都由赵高一人决定了。

李斯见状，对赵高十分不满，深悔当初听了赵高的话立胡亥为皇
帝。

赵高听说后，向秦二世进谗，说李斯野心极大，想裂土封王。秦
二世是个昏君，听信赵高一面之词，下令处死李斯。

秦二世二年(公元前208年)，李斯备受五刑，先处以黥刑，斩掉左
右脚趾，然后腰斩于咸阳。李斯死后，赵高还将李斯的父母、兄弟、妻
子三族人全部诛杀了。

刘邦建立汉朝

出自《史记·项羽本纪》《史记·高祖本纪》

秦始皇死后，其子胡亥继位，史称秦二世。

秦二世荒淫暴虐，赋税徭役过重，百姓不堪其苦，求生不能，欲死不得，只得纷纷造反了。

秦二世元年(公元前209年)七月，阳城人陈涉、阳夏人吴广在蕲地起兵反秦。

这年九月，刘邦、项梁、项羽、田儋分别在沛县、吴郡和狄城起兵反秦。

刘邦于周赧王五十九年(公元前256年)生于泗水郡沛县丰邑阳里村的一个小康之家。父亲刘瑞是个勤劳朴实的自耕农，为人忠厚，人称"太公"；母亲王氏在家纺线织布，乐于助人。

刘邦字季，兄弟四个，他是老三。

刘邦从小聪明多智，相貌奇伟，方面大耳，高鼻梁，双目炯炯有神。父亲见他相貌异常，知道他将来不是一般人，于是给他起名叫刘邦，邦是邦国之邦。

刘家世代务农，刘邦的父兄都在家务农，只供刘邦一人读书。

刘邦继承了父母劳动人民的高贵品质，为人宽宏大量，仁厚爱人。

秦始皇统一天下后，刘邦通过考试当上了泗水亭长，做了秦朝的官。

陈涉牺牲后，各路义军召开大会，立楚怀王的孙子芈心为王，仍称楚怀王。

不久，项梁在东阿大败秦将章邯，在定陶再次打败秦军。接着，项羽和刘邦又在

雍丘大破秦军，杀了秦相李斯的儿子大将李由。

项梁见义军节节胜利，竟开始骄傲了。结果，章邯大破楚军，杀了项梁。

章邯杀了项梁之后，以为楚军不足虑，便北上进击赵国去了。

楚怀王和诸将约定说："你们谁能先攻进关中，灭了秦国，就封谁为秦王。"当时，秦兵尚强，诸将都认为进攻关中是件危险的事，只有项羽为了给叔叔项梁报仇，自告奋勇，要入关灭秦。这时，楚怀王的老将对楚怀王说："项羽为人极其残忍，所过之地经常屠城。况且楚人陈涉、项梁都战败了，现在应该派一名长者率军入秦，不欺凌百姓，关中才能平定。刘邦为人宽厚，可派他进攻关中，不可派项羽去。"于是，楚怀王派刘邦西进，而派项羽北上去救赵国。

刘邦西进途中，路过高阳时，高阳儒者郦食其献计道："将军手下都是乌合之众，尚且不满万人。如果这样进攻秦国，岂不等于以卵击石吗？前面的陈留县是天下要冲，四通八达。陈留县令是我的朋友，我可以前去劝降。如果他不听，我可以做内应，帮助将军打下陈留县。"刘邦依计而行，不费一兵一卒便进了陈留县。

刘邦引兵继续西进，路过宛城后，谋士张良献计说："沛公不要急着进攻关中，应先打下宛城。否则，强秦在前，宛城在后，前后夹击，我军必危。"于是，刘邦下令偃旗息鼓，从另一条路绕回，天亮时将宛城包围。秦国郡守闻讯，想要自尽，门人陈恢劝道："大人，还不到死的时候。"于是，他出城见刘邦说："听说将军先入关便可称王。宛郡连城数十，如果投降必死，他们一定誓死守城。到那时，将军如何抢先入关啊？为将军着想，莫如将降者封官，令其守城，而带他的兵马西进。这样，秦国郡守必然望风而降，将军便可长驱直入了。"刘邦听了，连声叫好，依计而行。果然，前面守城的郡守听说投降可以不死，还可以继续留任，没有一个不投降的。一路上，刘邦大军秋毫无犯，秦民大喜。

汉高祖元年(公元前206年)冬十月，刘邦率大军到了灞上，逼近咸阳了。

秦王子婴闻讯，素车白马出迎，献出皇帝玉玺，投降刘邦，秦朝灭亡了。

秦朝建于公元前221年，亡于公元前206年，共历三王，统治中国仅十五年。

这时，有的将领劝刘邦杀了子婴，刘邦说："当初怀王派我西征，就是因为我仁厚。如今人家已经投降了，再杀掉人家是不祥的。"

刘邦进入咸阳后，诸将纷纷进入库府，分财分物，只有萧何到丞相府将文书地图都收藏起来。从此，刘邦对天下用兵的地理形势了如指掌了。

刘邦见秦宫里珍宝无数，美女如云，便想住下不走了。他的妹夫樊哙进谏道："沛公，你是想得天下，还是想做一个富翁啊？这里的奢丽之物正是秦朝灭亡的原因，沛公怎能享用这些呢？请沛公赶快回到城外的灞上去，不要留在宫中。"刘邦不听樊哙之言，张良急忙前来劝道："秦皇无道，所以沛公才能来到这里。如果在这里安乐，岂不是助纣为虐了吗？忠言逆耳利于行，良药苦口利于病，请沛公还是听樊将军的话吧。"刘邦听了这话，如梦方醒，立即动身回到灞上。

刘邦废除了秦朝的苛法，只给关中百姓定了三条法律：杀人偿命，伤人抵罪，偷盗治罪。秦人大喜，奔走相告，共庆遇到了救星。

刘邦还约束军队，不许侵害百姓。百姓争送牛羊酒食犒军，刘邦一概不收，百姓更加高兴了。

不久，项羽打败了章邯等人所率领的秦军，也来到关中。项羽进咸阳后，下令屠城，杀了秦王子婴。接着，放火焚烧秦宫，大火烧了三个月还未熄灭。

项羽将秦宫的珍宝和美女全部掠走，带回东方，秦国百姓大失所望。

项羽没有按照怀王的约定，将最先攻入关中的刘邦封为秦王，而是将刘邦封为汉王了。项羽借口说："汉中过去也属秦国。"刘邦未被封为秦王，心中大怒，要攻打项羽。萧何劝道："汉王是比秦王差多了，但比死却强多了呀。"刘邦问道："何至于死呢？"萧何回答说："现在攻打项羽，肯定百战百败，非死而何？"接着，萧何献计道："依臣之见，不如先做汉王，招贤纳士，以汉中为基础，占领关中，再夺天下。"刘邦依计而行，五年后终于打败了项羽，于公元前202年建立了汉朝。

司马迁和《史记》

出自《汉书·列传第三十二》

　　汉景帝中元五年(公元前145年)，司马迁生于陕西黄河之滨的龙门。

　　父亲司马谈是一个历史学家，在朝廷里担任太史令。司马谈希望儿子能够继承自己的事业，从小就对司马迁进行了严格的教育。

　　司马迁10岁时，随父亲到了长安，开始学习《尚书》、《春秋左传》、《国语》等历史典籍，在历史和文学方面都打下了坚实的基础。

　　司马迁读书特别认真，遇到疑难问题总要反复思考，寻根问底，因而学到了许多知识。

　　在父亲的支持下，司马迁决定读万卷书，行万里路。从20岁那年起，司马迁到全国各地去游历。往南，他到过淮河流域和长江流域，最远到过会稽。往北，他越过燕山，登上了长城。

　　当年，夏禹曾在越地会稽召开部落酋长大会，会稽留有禹穴古迹，司马迁特地到禹穴进行了实地考察。在庐山，司马迁探访了"禹导九江"等遗迹。司马迁还爬上了虞舜南巡时到过的九嶷山，眺望三湘的秀丽景色，并在湘水中泛舟，击棹而歌。司马迁到过屈原的流放地，曾在汨罗江畔凭吊爱国爱民的忠魂。

　　在齐鲁大地，司马迁实地考察了孔子、孟子当年讲学的旧址，参观了孔子的庙堂、车服、礼器。在中原，司马迁参观了楚汉相争的古战场。

　　每到一地，凡是古史曾经记载或传说中有名的地方，司马迁都要亲自去考察，访问当地的父老，与古籍比对验证。

　　司马迁听说战国时秦国蜀郡太守李冰修建的都江堰既能防洪，又利灌溉，便特地千里迢迢跑到四川，爬上岷山眺望，还到都江堰上实地踏勘一番。

　　司马迁听说秦始皇灭魏时曾引黄河之水淹灌魏国都城

大梁，便特地跑到大梁，观察了城墙上当年被水淹过的痕迹，向当地父老询问水淹大梁的惨状。

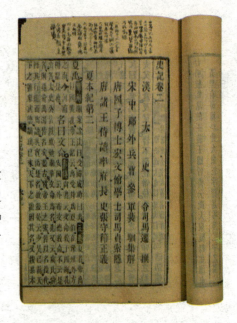

经过游历和考察，司马迁开阔了眼界，增长了知识，锻炼了观察事物的能力，积累了大量的原始资料，为后来撰写《史记》打下了坚实的基础。

司马迁36岁那年，父亲因病去世了。两年后，司马迁接替父亲做了太史令。这时，他有机会接触朝廷里的各种文书档案，并且在皇家图书馆里读到了许多珍贵的书籍，历史知识更加丰富，搜集到的史料也更多更全了。

这样，通过"读万卷书，行万里路"的人生实践，司马迁成了一位饱学之士。

司马谈生前曾编写一部史书，搜集资料后，刚写了几篇，还没有写完便病入膏肓了。临终前，父亲拉着司马迁的手再三嘱咐说："我朝建立后，海内又统一了。上有贤君，下有忠臣义士，他们的事迹都很感人。我们做太史令的如果不能把他们的业绩记下来，就是失职。我走之后，你千万不能尸位素餐，虚度年华，一定要继承我的事业，把书写完。"司马迁听了父亲的临终嘱托，不禁泪如泉涌，连连点头，接受了父亲的重托。

父亲去世后，司马迁守孝三年，尽了人子之礼。

三年后，司马迁整理好材料，开始编写父亲没有写完的史书——《史记》。

司马迁48岁那年，正当他专心致志地撰写《史记》时，一场灾祸突然降到他的头上。司马迁有个好朋友，是西汉名将李广的孙子，名叫李陵，是员猛将。汉武帝很赏识李陵，派他去征讨入境骚扰的匈奴。由于后援部队误了行期，致使李陵孤军深入，被几十倍的匈奴大军包围了。李陵率军血战，以一当十。由于双方兵力悬殊，苦战几天几夜后，李陵终于力尽被擒。这时，有人传说李陵投降匈奴了。汉武帝闻言大怒，把李陵的全家都杀了。李陵听到这个消息后，痛不欲生，真的投降了匈奴。司马迁跟李陵相识多年，对李陵十分了解，知道李陵是个热血男儿，在人们纷纷传说李陵投降匈奴时，司马迁在汉武帝面前替李陵辩解了几句。后来，李陵真的投降后，汉武帝迁怒于司马迁。不久，司马迁不幸入狱，受到了腐刑的处分。腐刑是使人丧失生殖能力的酷刑，虽然不至于危及生命，却让人蒙受极大的耻辱。司马迁感到在人格上受到了侮辱，内心极其悲痛。他几次想自杀，可是想到父亲的遗愿还未实现，便不甘心就这样结束自己的一生。于是，他决定活下去把《史记》写完。

从此，司马迁夜以继日地发愤著书。经过四年的艰苦努力，在53岁那年，他终于写出了我国继《春秋》以来第二部不朽的历史巨著。这部书共一百三十篇，五十二万六千五百余字。书中记载了自中华民族祖先黄帝至汉武帝之间的三千多年的历史，包括本纪十二篇，记载帝王的事迹；表十篇，用列表的方式记载军政大事和重要人物，补充本纪之不足；书八篇，记载重要的典章制度、天文现象、政治设施和社会经济；世家三十篇，记载诸侯王和孔子、陈胜等人物；列传七十篇，记载重要历史人物、少数民族和邻国的历史。

《史记》文字优美，内容丰富，史料珍贵，被清代大学者章学诚誉为"千古之至文"。鲁迅曾赞美《史记》是"史家之绝唱，无韵之《离骚》"。

后来，《史记》被收入"二十四史"，成为"二十四史"的第一史。

董仲舒和大一统

出自《史记·孝武本纪》

汉景帝死后，16岁的汉武帝即位。

汉景帝和他的父亲汉文帝实行休养生息的政策，农民得到了喘息的机会，能够安心从事生产，并提高了生产技术。因此，汉初农业有了很大的发展，国家逐渐富起来了。到汉武帝即位时，国库和粮库都装得满满的。国库里的钱多得数不清，串钱的绳子都烂了。粮库里的粮食年年往上堆，已经装不下，都露到外面去了。

经济的发展，国家的富裕，促使汉朝的文化和哲学也相应地发展了。

西汉前期，在文学、音乐等方面都出现了繁荣的景象。汉武帝喜爱辞赋，谁能跟他谈辞赋，他就给谁官做。司马相如写的赋立意新颖，文字优美，描写细腻，在当时广为流传，最负盛名。有一天，汉武帝看到了司马相如写的赋，赞叹说："写得太好了！可惜朕无缘跟这篇赋的作者生在同一个时代。"给汉武帝养猎狗的杨得意是司马相如的同乡，他听到赞叹声，忙对汉武帝说："陛下，这篇赋的作者如今还在，他就是我的同乡。"汉武帝一听大喜，立即召见司马相如，封他做了大官。

汉武帝十分喜欢诗歌和音乐，特地设立了乐府，专门负责搜集诗歌，配制乐谱，训练乐工，演唱歌曲。汉朝的乐府诗内容丰富，有反映民间疾苦的，有揭露上层社会奢侈生活的，有描写爱情的，也有鼓励人们上进的。有一首题为《长歌行》的乐府诗，全诗十句，五十个字，以自然界现象作比喻，说明人生有限，应该及早努力，不要误了青春："青青园中葵，朝露待日晞。阳春布德泽，万物生光辉。常恐秋节至，焜黄华叶衰。百川东到海，何日复西归？少壮不努力，老大徒伤悲。"这首诗被后人当作激励上进的座右铭，堪称千古名诗。

汉景帝平定七国之乱后，实现了政治上的大一统。汉武帝为了巩固统治，进一步实现了学术思想上的大一统。他接受董仲舒的建议，罢黜百家，独尊儒术，结束了战国以来百家争鸣的局面。

董仲舒是广川人，生于汉高祖十年(公元前197年)，从少年时代起就钻研《春秋公羊传》。为了专心致志地学习，他谢绝了一切客人，用帷幕将书房

围起来，一个人坐在里面日夜读书，冥思苦想。他时而坐着高声朗读，时而低头在房中漫步，偶有心得便秉笔疾书记录下来。他整整三年足不出户，外面的春华秋实和夏雨冬雪，他连看都不看一眼。

通过这样的刻苦钻研，董仲舒学问大进，建立了自己完整的理论体系，成了精通儒家学说的大学者。

董仲舒见朝廷对匈奴的进攻一味退让，损兵折将，失地丢城；又见诸侯多次谋反。他认真考虑之后，认为这一切现象都是诸子百家的学说在作怪。因为他们不是提倡无为，就是提倡无君无父。为此，董仲舒认为必须提倡儒家学说，让天下人忠君爱国，奋发有为；必须宣传大一统的思想，巩固中央集权。

董仲舒根据自己的理解和当时政治上的需要，改造了由孔子创立经过孟子发展的儒家学说，并且把儒家学说和阴阳五行等思想体系融合在一起，使儒家学说变成了一种为封建政治制度服务的、带有宗教色彩的理论。

董仲舒在汉武帝下诏选举"贤良之士"时，向汉武帝提出了"天人三策"。他说："天是有意志的，人间的事物是按照天的意志存在和变化的。皇帝是天的代表，皇帝的权力是天授予的。百姓服从皇帝就是服从天，就是服从天道。在天道之下，君臣、父子、夫妻、兄弟之间

都必须严格遵守上下尊卑的礼节，绝对不许违反这种礼节。诸子百家的学说妨碍皇帝的绝对权威，只有儒家学说才能保持思想上的统一。因此，儒家以外的诸子百家学说都应当禁止传播，只许把儒家的经书《诗》、《书》、《易》、《礼》、《春秋》等传授给读书人，诸子百家的著作一律不许作为教学的内容。

董仲舒这种大一统思想顺应了当时的历史潮流，在当时是进步的。

汉武帝认为董仲舒的建议极适合他的统治，就下令在朝廷设置了专门传授儒家学说的五经博士，在五经博士下面配置了五十名弟子员。这些弟子员在五经博士的指导下攻读儒家经书，规定每年进行一次考试，五经中能学通一经的就可以做官，成绩优良的还可以做大官。后来，博士弟子员的人数不断增加，最多的时候竟达三千人。这样一来，学习儒家学说成了做官的主要途径，其他诸子百家的学说逐渐被排斥了。依靠儒家学说做官的人按照董仲舒的理论帮助汉武帝治理天下，并且用儒家学说来教育子孙后代。

从董仲舒起，中央集权的思想成了正统思想，儒家学说统治了整个思想领域。

刘向校书

出自《汉书·元王传》《汉书·艺文志》

汉昭帝元凤四年（公元前77年），刘向生于沛县。刘向与汉昭帝同宗，是刘邦弟弟楚元王刘交的四世孙。

刘向家中极其富有，藏书甚多，有良好的学习环境。刘向从小热爱学习，嗜书如命，整天泡在书堆里，打下了深厚的文史基础。

刘向的父亲刘德在朝中担任宗正，负责管理宗族的事。作为汉宣帝的十一大功臣，刘德的画像被悬于未央宫中的麒麟阁。刘向12岁时，被父亲保到朝中做了一名小小的辇郎。因他品学兼优，对政事很有见地，20岁时被汉宣帝提拔为谏大夫。

汉宣帝有汉武帝的遗风，十分爱好文学。他即位后，也仿照汉武帝的旧例，招选名儒文士进宫，让他们献辞献赋，重振文坛。刘向文词华赡，笔下生花，也在招选之列。他曾献《清雨华山赋》、《九叹》等名篇，因词丽句奇而名噪一时。

汉宣帝受汉武帝的影响，也喜欢神仙方术。刘向的父亲刘德在审理淮南王谋反一案时，曾得到淮南王宾客所撰的《枕中鸿宝苑秘书》。书中所写的都是神仙故事和炼金之术。刘向整天在皇帝身边，见皇帝有这种爱好，便将这本书献给了汉宣帝。汉宣帝命令工匠按书中所载炼金术炼金，花费甚巨，但一事无成。这时，嫉妒刘向的人落井下石，趁机上书参劾他。刘向以欺君之罪入狱，依法应当处以死刑。他的哥哥阳城侯听说后，立即献出封地的一半为刘向赎罪。刘向这才幸免一死，被赦放归。

不久，刘向奉旨到五经博士那

里学习《谷梁春秋》。

甘露三年（公元前51年），汉宣帝命令全国大儒集中到长安，在未央宫北面的皇家藏书处石渠阁讲论儒家五经——《诗》、《书》、《易》、《礼》、《春秋》各种传本的优劣异同。刘向参加了这次学术活动，在辩论中获胜，因而官拜郎中，又升任谏大夫。

汉宣帝死后，儿子汉元帝即位，宦官石显开始当权，迫害忠良。刘向见太傅萧望之迭遭诬陷，心中愤愤不平，便想上书相救。刘向怕石显报复，只得用别人的名字上书说："为大汉计，必须黜退石显，起用萧望之。"书刚一呈上去就落在石显手中，石显和同党一看文笔便知是刘向所写。于是，他们向汉元帝奏道："陛下，这个上书人必须究治。"汉元帝准奏。他们找到上书人，上书人经不住恐吓，只得供出刘向。结果，刘向被贬为庶人。

汉元帝死后，汉成帝即位，刘向才又回到朝廷。

汉成帝一朝，女人得势。外有外戚王氏专权，内有赵飞燕等人争宠。刘向认为治国应从内部开始，便写了一部《列女传》。这部书分门别类，写了一百一十名妇女的言行。书中所写的既有可为楷模的贤后贞妇，也有祸国殃民的女宠嬖幸。

汉成帝见刘向才高八斗，学富五车，便于河平三年（公元前26年）让刘向进石渠阁负责整理从全国各地搜集来的书籍。刘向专管校经传、诸子、诗赋，步兵校尉任宏专管校兵书，太史令尹咸专管校数术，侍医李杜国专管校方技。由刘向负总责，这年他已经52岁了。

这些从全国各地搜集来的书籍，有不少是经过辗转传抄的，因而错误很多。刘向等人在校书时参照了不同的本子，互相补充，择善而从，整理出定本，然后誊写出来。

这样，就为后人提供了可靠的文献资料，开创了我国校雠学之源。

对于每本整理好的书籍，刘向都写出提要，称为《别录》，供皇帝参考。

最后，刘向将所有藏书分类编出目录，称为《七略》。在《七略》中，将图书分为六艺、诸子、诗赋、兵书、数术、方技六类，每类还分若干小类，为我国图书分类奠定了基础。这样，刘向就成了我国图书目录学的始祖。

图书按目录分类后，既便于保存，又便于查找。这是功在千秋、利在子孙的大好事。

战国是中国古代一个特定的历史时期，从周元王元年（公元前475年）起，到秦始皇二十六年（公元前221年）止。在这二百五十多年中，几乎无一日没有战争，因此史学家称之为"战国"。当时，诸侯割据，你打我杀，都想消灭对方，统一天下。各国之间在政治、经济、军事、外交领域展开了错综复杂的斗争。这时，纵横家也就是策士们便在其中给诸侯出谋划策，进言献计，帮他们争取胜利。这些人的计策确实高人一筹，堪称奇计、妙计，令人拍案叫绝。因此，才引得史官大书特书。他们的计谋既可发人深省，启发智慧，又可作为借鉴，指导人们从事战争或治国。

《战国策》是我国古代一部著名的史书，书中所载多是战国时期纵横家的谋略，因此它可以称得上是战国时期纵横家的"谋略全书"。此外，还有一小部分则记录了纵横家以及战国时期各国君臣的生活和言行。

《战国策》一书是战国时期和秦末汉初一些史官和策士集体创作的。最后，经刘向搜集、择录、校订、编次，整理出一部完整的史书，这就是今天我们见到的《战国策》。《战国策》包括十二策：东周、西周、秦、齐、楚、赵、魏、韩、燕、宋、卫、中山各策。

将《战国策》整理成书，是刘向的又一大功绩。

王莽篡汉

出自《汉书·王莽传》

汉宣帝死后，太子即位，史称汉元帝。汉元帝皇后王政君生下汉成帝，汉成帝即位后，尊母亲为皇太后，拜大舅王凤为大司马大将军，其他几个舅舅也都封了侯。从此，王家掌握了汉家大权。

汉成帝的二舅王曼去世早，王曼的二儿子王莽极有心计，为了爬上权力的顶峰，一面拼命读书，一面讨好叔叔伯伯。王凤病重时，王莽大献殷勤，亲尝汤药，端屎端尿，几个月不洗脸，不脱衣服。王莽尽心服侍王凤，王凤极为感动，死前向太后和汉成帝推荐了王莽。于是，汉成帝任命王莽为黄门郎，接着又提拔他为射声校尉。

后来，由于叔叔王商的推荐，王莽被封为新都侯，做了光禄大夫。

几年后，王莽的叔叔大司马骠骑将军王根年老退休，汉成帝让王莽出任大司马。这样，王莽便掌握了朝中大权。

王莽上任后，为了收买人心，凡是投奔他的人，不论远近，不论出身贵贱，他一概录用，给他们官做。他还从自己的封邑里拿出钱粮赠人，而自己却过着十分俭朴的生活。

有一天，王莽的母亲病了，百官的夫人都登门探望。王莽的夫人出来接待，穿着仅能遮住膝盖的旧衣服，夫人们还以为她是王莽家的女仆哩。

不久，人们争相赞颂王莽，大臣们都在皇帝面前说他的好话，说他舍己为人，克己奉公，勤俭朴素，一心为国。

汉成帝绥和二年(公元前7年)，汉成帝去世了。

汉成帝的侄儿刘欣即位，史称汉哀帝。汉哀帝的祖母傅太后和母亲丁太后的娘家人为了夺权，利用汉哀帝将王莽排挤出朝廷。

王莽在家闲居六年后，汉哀帝也去世了。

王政君立汉哀帝的堂弟做皇帝，史称汉平帝。王政君又让她的侄儿王莽重新担任大司马。从此，尝过下台滋味的王莽开始一步步篡夺汉朝的天下了。

这年，汉平帝只有9岁，名义上由王政君掌握朝中大权，实际上大权掌握在王莽手里。

王莽担心汉成帝和汉哀帝的外戚再来夺权，便找借口逼迫汉成帝和汉哀帝的皇后自杀。这时，王莽的叔叔伯伯中，只剩下一个最小的叔叔红阳侯王立了。王莽怕王立在王政君面前讲话，使他不能背着王政君为所欲为，便玩弄权术，让王政君将王立赶到封地上去了。

王莽在朝廷上遍插亲信，让自己的心腹都做了大官。王莽想做什么，就授意他的亲信到王政君那儿去奏请。王莽就是用这种办法让王政君封他为安汉公的。

王莽将女儿嫁给汉平帝做皇后，自己成了国丈，地位更显赫了。

泉陵侯刘庆见王莽势大，便来讨好他。刘庆上书王政君说："周成王小的时候，由周公代行皇帝职权。如今皇上年纪也很小，应由安汉公行使皇帝职权。"

王政君把这个建议交给群臣去讨论，满朝都是王莽的心腹，他们异口同声地说："应当照刘庆所说的办。"于是，王政君让王莽像周公那样行使皇帝职权了。

汉平帝一天天长大，渐渐懂事，对王莽的野心又恨又怕。他的母亲卫姬按理应封为皇太后，但王莽怕卫家的人夺权，只封卫姬为中山王后，封平帝的两个舅舅为关内侯，让他们留在封地中山，不许进京。对此，汉平帝难免有怨言。王莽听说后，怕汉平帝将来对他不利，便将他毒死了。

汉平帝死后，王莽让只有两岁的刘婴做了皇帝，史称孺子婴。

没几天，武功人孟通在淘井时淘出一块白石头，上面刻有"告安汉公莽为皇帝"八个大字。这当然是王莽授意干的。

王莽立即叫人将这件事报告王政君，王政君便封王莽为摄政，并把第二年改为居摄元年。

皇族安众侯刘崇对亲信张绍说："王莽要篡位，刘家的天下危险了。但刘氏皇族中竟没有一个人敢站出来反对他，这是我们刘家的耻辱。我想带头反对王莽，天下人一定会响应的。"

张绍听了，便协助刘崇聚集了百十来人，起兵攻打宛城。由于准备不足，力量太小，很快便失败了。

王莽又指使人对王政君说："应该封摄政为摄皇帝。"王政君照办了。

居摄二年(公元7年)，东郡太守翟义起兵反对王莽，立严乡侯刘信为天子，发表檄文说："王莽鸩杀平帝，摄天子之位，意欲篡汉。如今天子已立，誓与豪杰共行天讨。"檄文传开后，天下震动，翟义大军很快发展到十万人。

王莽闻讯，恐惧万分，忙派七个将军率军前去镇压。

这时，听说有人起兵反对王莽，关中也有人起兵响应了。王莽一面派人镇压，一面加强长安城防。

不久，关里关外的义军都被镇压下去，王莽的贼胆更大了。梓潼有个叫哀章的人，做了一个铜箱，在上面刻了"汉高祖让位于王莽"几个字，然后把铜箱放在汉高祖的庙里。人们看到这个铜箱后，赶紧去告诉王莽。王莽说："既然高祖显灵，让我做皇帝，这是老祖宗的意思，我不能再推辞了。"

公元9年，王莽废了孺子婴，建立新朝，做了皇帝。

刘秀中兴

出自《后汉书·光武帝本纪》

刘秀是汉景帝的七世孙。

刘秀9岁丧父，寄居在叔父刘良家，长大后喜欢耕田种地。

刘秀的哥哥刘縯胸怀大志，喜欢结交朋友，为人豪爽。刘縯常常嘲笑刘秀说："你一天就知道种地，不想做大事了吗？真和高祖的二哥一样啊。"

原来，刘邦的二哥喜欢种地，刘邦曾讥笑他种地的收获不如刘邦大，因为刘邦的收获是夺得了天下。

刘秀见哥哥嘲笑他，便抛弃农业，到洛阳求学去了。他在洛阳拜中大夫许子威为师，学习《尚书》。王莽篡汉后，刘秀又回到了家乡。

王莽做皇帝后，进行了一系列的改革。首先，王莽改革了土地制度，将已经过时千年的西周井田制搬了出来。他规定天下的田地都叫王田，归国家所有，不许买卖，由朝廷按人口重新分配。这是一种倒行逆施的做法，是行不通的。井田制限制了农民的生产积极性，阻碍了社会生产力的发展。

王莽又改革了币制，废除了市面上流通已久的五铢钱。他宣布用一种新的货币，过了一段时间又宣布用另一种货币，甚至把古时用作交易媒介的贝壳也作货币使用了。老百姓兑换来兑换去，把手头上的一点点钱都兑换光了，商人连买卖都不敢做了。

王莽的一些改革除了扰民外，没有丝毫好处，最后都一一失败了。

为了转移人民的视线，平息人们的不满情绪，王莽又发动了对外战争。他派兵进攻匈奴、高丽、西南夷和西域，这更给百姓造成了灾难。

百姓的土地被剥夺了，仅有的一点积蓄也被搜光了，吃不上，穿不上，饿死无数，再也无法活下去，只得造反了。

王莽天凤五年（公元18年），樊崇在山东领导饥民起义，很快发展到十几万人，王莽连忙派官军镇压。起义军在作战前都把眼眉染成红色作为标记，因此人们称这支义军为赤眉军。

几乎与此同时，湖北新市人王匡、王凤也率领饥民起义了。他们以绿林山为根据地，号称绿林军，绿林军很快发展到五万人。

起义军不断发展壮大，一些封建地主也率领地主武装参加了反对王莽的义军。其中著名的有刘玄、刘秀等人。不久，刘玄被义军立为皇帝，号称更始帝。

王莽见全国都反了，忙派大将王邑、王寻率领四十二万军队，号称百万，杀向义军。于是，历史上著名的昆阳之战开始了。

昆阳附近的义军见官军像潮水般涌来，只得退进昆阳城中暂避其锋。这时，义军的一些将领认为敌众我寡，难以守城，不如分散开来各自为战。刘秀不同意这样做，他说："我们人少，如果集中力量打击官军的一路，还是有胜利的可能的。如果分散开来，必然被各个击破。因此，我们必须同心协力守住昆阳，打败官军。"义军将领们听了这话，恍然大悟，统一了观点。

这时，昆阳城里只有八九千义军。义军领袖王凤、王常和刘秀商量，决定由王凤、王常负责守城，派刘秀等十三人趁黑夜骑快马冲出南门，到附近去组织援军。

官军来到昆阳城下，敌将严尤认为不宜攻打昆阳。他建议说："昆阳虽然城小，但十分坚固，不易攻破。擒贼先擒王，贼首刘玄在宛城一带，我们应该先去攻打他。把他打败了，昆阳不攻自破。"王邑不听他的，一定要打昆阳。四十二万大军将昆阳围了几十层，旌旗蔽野，尘土遮天，战鼓声传几里。官军把云车、撞车和楼车都用上了，还挖掘地道，想从地下攻进城去。官军的箭像雨一样射进城中，城里汲水的人要顶着门板才敢出去。

义军在城上堆满了擂石滚木，像冰雹一样砸向官军。义军日夜苦战，坚守了一个多月，刘秀终于率领援军赶来了。

王邑、王寻见刘秀只带来几千名援军，不由得哈哈大笑道："这不是以卵击石吗？"

刘秀一马当先冲向敌阵，士兵见了，一个个像猛虎一样跟了上去。官军没想到刘秀攻势这样猛，退了好几里才稳住阵脚。这一仗，刘秀消灭官军一千多人。一连几天，刘秀猛打猛冲，每天都消灭许多官军。

这时，宛城已被义军攻下，刘秀还不知道这个消息。但为了瓦解敌人军心，刘秀让人装成从宛城来的报信人，信中说宛城已被义军攻下，大军马上要来支援昆阳了。刘秀让送信人故意把信丢在路上，让官军拾去。王邑、王寻见到这封信后，十分沮丧，失去了攻城的信心。城里的义军听到城外的喊杀声，又见官军阵角已乱，便知道刘秀的援军到了。他们信心倍增，准备看好时机里应外合消灭敌人。

刘秀侦察到官军的指挥中心在昆阳城西河滨一带，便率三千人组成的敢死队直捣过去。官军将士从睡梦中惊醒，乱作一团。王寻被杀，其他人只顾逃命而去。

这时，王凤率军从城中杀出，里应外合打败了敌人。官军争着逃命，自相践踏，死了不少人。逃出一百里后，因争着渡河，又淹死了好几万人。

王邑逃回洛阳后，四十二万人只剩下几千人了。

在这次昆阳大战中，义军总人数只有一万多人，却打败了四十二万官军。

昆阳大捷后，义军一鼓作气，攻下长安，杀了王莽。王莽做了十五年皇帝，给人们带来的只是天下大乱，生灵涂炭。

愤怒的军民冲入皇宫，将王莽碎尸万段，将头砍下来送往宛城，刘玄命人将王莽的头挂起来示众。

百姓痛恨王莽，纷纷用石子击他的头。有人将他的舌头割下来，切成数块，人们冲上来抢着吃，顷刻间就吃光了。

后来，刘秀恢复汉朝统治，做了皇帝。因他建都洛阳，洛阳在长安之东，所以历史上称他建立的汉朝为东汉。

班固和《汉书》

出自《后汉书·卷七十》

班固字孟坚,生于东汉光武帝建武八年(公元32年)。

班固的五世祖班长,在西汉时官至上谷太守。高祖班回品学兼优,被选为茂才——即秀才,因避光武帝的"秀"字,改"秀才"为"茂才",曾出任长子县令。曾祖班况德才出众,被举为孝廉,做过郎官,曾任上河都尉。因考课连年第一,入朝升为越骑校尉。

班况有一个女儿和三个儿子。女儿在汉成帝时入宫做了婕妤,就是历史上有名的才女班婕妤。三个儿子都博学多才,其中老三名叫班稚,官至广平国的国相,他就是班固的祖父。

父亲班彪是一位大儒,也是一位历史学家,学问很大,著名的思想家王充就是他的学生。光武帝时,班彪曾做过望都长(汉制,大县长官称"令",小县长官称"长")。班彪爱民如子,堪称民之父母。

司马迁的《史记》所叙史事上起黄帝,下至汉武帝。汉代学者中有好多人都想续写《史记》,班彪认为他们的著作无法踵继《史记》,于是便搜集资料,写了一本《史记后传》,足有一百多篇。他本想继司马迁之后写一部西汉全史,不幸的是书未写完便病逝了。

班固出身于世代簪缨的书香门第,家学渊源,根底深厚。他从小和妹妹班昭一起读书,才高八斗,学富五车。

班固9岁时便能写文章作诗赋了,13岁时对汉朝掌故已经了如指掌。一天,大思想家王充到班家做客,和班固交谈后,大吃一惊,认为他是旷代奇才。王充临行时,抚摸着班固的后背说:"这孩子具有良史之才,将来一定能够记载汉朝之事,完成史学巨著。"

16岁时,班固到洛阳太学读书,长达八年之久。在太学里,班固学通了"五经",还广泛探讨了诸子百家的学说。在父亲的影响下,他重视历史典籍,造诣极深。

汉光武帝刘秀建武三十年(公元54年),父亲在望都县长任上

去世。23岁的班固回家守丧，详细阅读了父亲的书稿，着手整理《史记后传》。

27岁时，班固继承父亲的遗志，接着父亲撰写西汉全史。他既模仿《史记》的纪传体，又有所创新，增加了《刑法志》、《五行志》、《地理志》、《艺文志》。其中《地理志》记录了全国各地的沿革、建制、户口、特产和风俗，对研究地理沿革大有帮助。《艺文志》则保存了古代书目，还记载了书籍分类法，是我国最早的、内容最完整的目录学著作。

此外，在纪传部分，比《史记》略强一筹的是收入了人物的著述，如《贾谊传》中收了贾谊的《治安策》，《晁错传》中收了晁错的《言兵事书》。这些都是研究当时社会情况和传主思想的珍贵资料。

五年后，正当班固潜心著述，为完成父亲未竟事业而努力时，有人告发他私撰国史。这在当时是要杀头的，班固因而被捕入狱。

班固的弟弟班超是个义薄云天的壮士，胆略过人。他知道哥哥胸怀大志，要继承父亲遗志著史传世，便急赴洛阳，上书汉明帝，为哥哥申冤，说明撰写西汉全书的必要性。

汉明帝读罢班超的书文，不禁被班固修史的精神感动了。恰在这时，扶风守将班固的手稿送到了京城。汉明帝也是个饱学之士，看了手稿后，认为这是史家的上乘之作，可与《史记》媲美。于是，他不但没有给班固治罪，反而任命班固为兰台令史，让他奉诏撰写西汉全史——《汉书》。这样，班固的写作便具有最高的合法性了。

经过三十年的苦心经营，《汉书》基本上完成了。

《汉书》是我国古代第一部纪传体断代史著作，后被列入"二十四史"，成为"二十四史"中的第二史。

《汉书》包括十二纪、八表、十志、七十列传，起自汉高祖元年（公元前206年），止于刘玄更始二年（公元24年），记载了西汉二百三十年的历史。

不幸的是，汉和帝即位后，消灭先帝的外戚。班固因才气过人，曾被汉章帝外戚窦宪所赏识，并加以重用。城门失火，殃及池鱼，班固受牵连被捕入狱。

这时，班固已经61岁了。在书斋里度过一生的大学问家哪受得了牢狱之苦，不久班固便因不堪折磨死在狱中了。

班固死时，《汉书》中的"八表"和《天文志》尚未写完。

汉和帝见班固死于狱中，深觉可惜，便降诏让班固的妹妹班昭和班固的同郡人马续将《汉书》未完成的部分——八表和《天文志》写完。

这样，一部完整的《汉书》终于问世了。

《汉书》文史并茂，既是历史巨作，又是文学名著。

王充的故事

出自《后汉书·列传第三十九》

王充字仲任，会稽上虞人。

王充生于汉光武帝建武三年（公元27年），小时候不欺侮同伴，也不喜欢玩耍，像个大人似的。父亲王诵认为他是个奇童，6岁便让他学习写字了。王充从小听话，父亲没打过他，母亲没骂过他，邻里也没有责备过他。

王充的同学百余人，都挨过老师的打，不是因为淘气了，就是因为字没写好。王充不但字写得好，还不犯错误，所以没挨过老师打。

8岁时，王充从书馆毕业，开始学习《论语》和《尚书》，一天读一千个字。他不但能背诵下来，而且明白其中的含义。他写出的文章，老师看了也很惊奇，对王充的父母说："这孩子将来必能写出传世之作。"

王充虽然才高，但不随便写文章炫耀自己；虽然口才很好，但不愿意夸夸其谈。如果对方不是在学问道德方面有品位的，他整天一句话也不说。他说的话初听起来像是诡辩，及至讲到结尾，听者发现这正是自己想说而说不出来的。他拿起笔来写文章，也是这样。

不久，父亲去世，家中生活陷入困境。父亲临死时，拉着王充的手对他母亲说："这孩子将来肯定是一代伟人，无论如何也要供他继续读书。"母亲含泪答应了。

父亲死后，母亲变卖

家产，送王充到洛阳太学去读书。

王充进太学后，在名师指导下，学业大进。在这些名师中，最有名的就是班固的父亲班彪。班彪十分赏识王充，常邀请他到家中做客，两人建立了极好的师生关系。

王充小时候是个神童，看书过目不忘。太学里只讲五经，实在不够王充学的。

洛阳是东汉的首都，又是全国最大的商业城市，宫殿壮丽，王公贵戚的府第到处林立。街道上有许多豪华的商店，出售各种贵重物品。洛阳又是全国的文化中心，这里不仅有全国最高学府太学，还有全国最大的书市。书市上琳琅满目，出售各种书籍，真是浩如烟海。

王充从小喜欢读书，既然太学里的书不够他读，他就成了书市的常客。他在书市里如饥似渴地读起来，越读越爱读。天黑了，书市关门了，他真想把书买回去读，但他家穷，无力购买，只得心情惆怅地返回太学。

于是，王充一有工夫就到书市去读书。几年时间，他把书市的书都读了，而且都背了下来。因为他有过目不忘的能力，所以他的大脑便成了一个无形的书库。

读尽天下书，王充终于成了一位渊博的学者。王充从太学毕业后，为了照顾年迈的母亲，从洛阳回到上虞，一边教书，一边著述。

后来，经人介绍，王充曾一度到郡衙门当功曹。功曹是官名，汉代所置，是郡守的佐吏，除掌管人事外，还参与一郡的政务，位居佐吏之首。

王充为人正直，眼里容不得沙子。他见郡守有不对的地方，总是当面指出来，常常搞得郡守下不来台。时间长了，两人的关系弄得

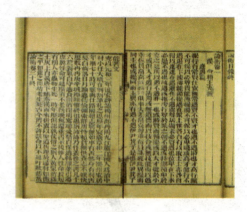

很僵。王充见郡守怙恶不悛，不愿意同他同流合污，便辞职回家了。

王充回家后，仍是一边教书，一边著述。他想写一部论文集，批判社会和学术领域的各个黑暗面。

为了把涌出脑海中的想法及时记下来，免得忘了，王充在家中门旁、窗台上、床头、书房的各个角落里都放了笔砚和竹简。经过三十年的笔耕，王充终于写出了传世之作——《论衡》。

《论衡》是我国古代哲学史和文学理论批评史上的重要著作。王充在书中说："天地是物质的，万物自生自灭，根本不是天地安排的。天与人之间没有任何感应关系，人不能感动天，天也不能受感动而做出反应。根据儒家学说，尧时十日并出，人要被晒死了。尧为了普救人类，射下了九个太阳。我想，既然儒家说尧是仁君，其德感天，那天就应该自动去掉九个太阳，何劳尧去射日呢？由此可知天与人之间并无感应。帝王也是父母所生，并非天的儿子。"

王充反对迷信，认为世上没有鬼，他说："人死如灯灭，蜡烛燃完了，光也就消失了；人死了，精神也就没了，怎会变成鬼呢？从开天辟地到现在，死人无数，如果都变成鬼的话，现在世上早被鬼装满了，我们天天都会碰到鬼，哪还有人住的地方呢？但我们从来没有遇到鬼，这说明根本没有鬼。有的人说他遇到了鬼，那只是病中见到的幻象。"

王充认为社会上的人虽有善恶之分，但人性是可以转变的。他说："恶是可以转为善的，其关键在于教育，在于环境。如果蓬草生在麻中，不用人扶，它自然就直了；如果将白纱抛进墨池，不用染就黑了。"

王充认为知识是力量，他说："人有知学，则有力矣。"他举例说："战国时代，人才进入楚国，楚国就强大了；人才走出齐国，齐国就软弱了；人才为赵国服务，赵国就安全了；人才叛离魏国，魏国就衰落了。"

王充认为要想有知识，必须学习，人是没有生而知之的。

王充也尊敬孔子，但反对人们把孔子神化了。他说："孔子也不是生而知之的圣人，连他自己都说：'吾非生而知之者。'"因此，王充劝人不要盲目崇拜，不要迷信古书和古人。他说："像扬雄那样的大学者，生前竟受到不公平的待遇，就是因为当时的人过于迷信古人所造成的。"

王充不但劝人读书，还关心对文吏的教育。他说："文吏不读书，不知仁义，不知爱民，没有品德，当了官就舞文弄法，鱼肉百姓。因此，必须让他们读仁义之书，学会做人。"

《论衡》里虽然充满了真知灼见，但由于汉朝皇帝认为自己是天子，并借助于孔夫子来奴役百姓，而王充不承认天，又不肯神化孔子，所以《论衡》在当时成了禁书，只能私下流行。

但是，一些有真才实学的读书人都千方百计地想办法读到这部书。有一次，大学者蔡邕到江南去了一趟，回洛阳后，大家发现蔡邕学问大进，连说话都和以前不一样了，真是提高了好几个档次。大家奇怪地问他说："你这次到江南，遇到什么高人了？"蔡邕低声说："我在江南读到了王充的《论衡》。"

70岁时，王充贫病交加，不幸离开了人世。《论衡》这部奇书直到王充死后一千年才和读者公开见面。

王充生前雄心很大，曾发誓说："声与日月并彰，文与扬雄为双。"这是说"我要流名千古，与日月争辉；我要努力写文章，与扬雄并驾齐驱。"事实证明，他的理想实现了。

大科学家张衡

出自《后汉书·张衡列传》

汉章帝建初三年（公元78年），张衡出生于南阳郡西鄂县东郊白河之滨的夏村。这里地势平坦，水渠交错，是个比较富裕的村庄。

张衡的祖父叫张堪，年轻时到长安求学，天资聪颖，学业出众，被人誉为"圣童"。光武帝刘秀起兵后，张堪率全家追随刘秀，出任蜀郡太守。两年后，匈奴入侵，渔阳告急，刘秀见他能独当一面，便调他去担任渔阳郡太守，率军抵抗匈奴。张堪带领渔阳军民打退了匈奴人的进攻，然后组织百姓兴修水利，开垦农田八十多万亩，使百姓生活得到了改善。有首民谣赞扬他说："张君为政，乐不可支！"

张衡10岁时，祖母和父亲相继去世。母亲和舅舅商量后，送他去读书。

张衡15岁时，已经读了不少经书。

张衡17岁时，辞别了母亲和舅舅，出门游学去了。通过两年多的游学，张衡扩大了眼界，开拓了心胸，增长了知识。

张衡在洛阳住下来，开始了多种知识的学习。因他未经县、郡两级推荐，不能进太学读书，他就一个人自学。通过五年多的勤学，张衡学问大进。他虽然未进太学，但比那些死读一经的太学生要高明得多。因此，很多人都感到吃惊，都说："张衡博学多才，真不亚于他祖父当年啊！"洛阳人都称赞他是"南阳通人"。

张衡23岁时，走马上任的南阳太守鲍德聘请他做了南阳主簿。主簿的职务主要是办理文牍，事情比较清闲，张衡便利用闲暇继续修改和补充《二京赋》。

张衡的《二京赋》是在游学时起草的，赋中批判了残害人民、追求享受、以奢侈为荣的思想，要求统治者关心人民，提倡节俭，缓和社会危机。《二京赋》在我国文学史上很有名，堪与司马相如的名赋媲美。第一篇《西京赋》写的是长安，第二篇《东京赋》写的是洛阳。在两篇赋中，祖国山河壮丽，大地如画，令人心醉神迷。这两篇赋直到汉安帝永初元年（公元107年）左右才正式写完，距开始写作时已有十年之久了，真是十年磨一剑啊。这篇赋受到很多人的赞赏，辗转传抄，张衡也因此成了名人。

作完《二京赋》以后，张衡又作了《南都赋》。南都指宛城，是全国第三大都市。赋中描述了南阳形势雄伟壮丽，物产丰富多彩，讲述了东汉光武帝从南阳起家，做皇帝后还关心故乡的故事。这篇赋与《二京赋》构成一个系列，完美无缺。

鲍德在南阳郡任太守长达九年。他关心农业生产，亲自视察堤坝、水渠等水利设施，推广良种，减轻徭役，鼓励农民努力生产。南阳本来水利发达，农具精良，再加上政府有好的措施，所以连年获得丰收。而邻近各郡常有灾荒，相形之下，鲍德成了名副其实的父母官，因而被当地人赞扬为"神父"。皇帝听说后，把他调到朝廷做了大司农，负责管理全国的农业。

张衡因为母亲年老多病，没有跟鲍德到洛阳去，留在西鄂县老家，一边照顾母亲，一边继续读书，有三年之久。

在这段时间里，张衡研读了扬雄的《太玄经》。扬雄是西汉末年的著名学者，《太玄经》是很艰深的哲学著作，书中有关于天文学方面的理论。

《太玄经》极其深奥，很少有人读懂，但张衡读懂了。这部书对他从事科学研究产生了决定作用。

张衡在《太玄经》这本书上费了很多工夫，进行了详细的研究和分析。在精读《太玄经》的过程中，张衡曾写出《〈太玄经〉注解》，并绘制了《太玄图》。《〈太玄经〉注解》和《太玄图》是张衡读《太玄经》的心得。

张衡钻研《太玄经》后，思想上受到了扬雄的影响，同时通过《太玄经》也接触到不少我国古代有关唯物论、无神论的遗产。《太玄经》里的这种唯物主义因素启发张衡向大白然去追求真理。

张衡在精读《太玄经》后，逐渐从文学创作转向哲学研究，特别对宇宙间最伟大的自然规律，如天文、历法、数学等科学理论开始了研究。《太玄经》里面涉及好多有关天文、历法、数学的知识。张衡对这些问题很感兴趣，并且制造了科学仪器，对天文现象详细观察，长期测量。

张衡读古人书籍，善于吸取其中的精华，并能不断进取，在科学研究上开辟新的道路。

永初五年（公元111年），汉安帝降诏，要各级官员推荐人才，鲍德推荐了张衡。张衡接到皇帝的征召命令，觉得这正是为国家效劳的好机会。这时，他母亲已经去世了。于是，他辞别故里，再一次到了洛阳。张衡进京后，担任了尚书郎中。三年后又升任尚书侍郎。张衡除了处理文书外，总是集中精力研究天文学。他读了许多有关天文的著作，比较各种论点，作出自己的判断。

汉安帝元初二年（公元115年），张衡出任太史令。

张衡掌握了日、月、星辰的运行现象，能够比较精确地计算出北斗七星的运转规律。他根据这种规律创制了浑天仪。经过无数次的研究、观察和设计，到元初四年（公元117年），他终于把浑天仪造成了。

张衡把这一切搞好后，邀请朝中大臣们参观他的浑天仪。晚上，天上的星象变了，浑天仪上的星象也一样变了。人们高兴地议论着："原来斗转星移是这么回事! 张大人真把天地的秘密揭开了!"

因为参观浑天仪并提出疑问的人很多，所以张衡写了两本说明书，一本名为《浑天仪图注》，一本名为《漏水转浑天仪注》。书中详细解释了天球的北极、南极、赤道、星宿的出没，太阳运行的路线——黄道，以及冬至、春分、夏至、秋分时节太阳在黄道上的位置，从而说明夏天昼长夜短、冬天昼短夜长的道理。张衡对天象的观测如此精密，计算如此正确，令人叹服。

汉顺帝永建七年（公元132年），张衡又制成了地动仪，能预测地震和地震发生的方向。

62岁那年，张衡与世长辞了。张衡不仅是我国历史上著名的科学家，也是对世界科学发展作出卓越贡献的科学家。

足智多谋的司马懿

出自《晋书·帝纪第一》

汉灵帝光和二年（公元179年），司马懿生于河南温县孝敬里。

父亲司马防曾担任东汉王朝的京兆尹，司马懿是司马防的第二个儿子。

司马懿年轻时就有非凡的气节，聪明开朗，胸怀大志，博学洽闻，倾心儒教。

汉末天下大乱，司马懿慷慨激昂，心忧天下。

同郡人南阳太守杨俊以善于识人闻名，一见到尚未成年的司马懿，就认为他将是国家的栋梁之材。

尚书崔琰与司马懿的哥哥司马朗是好朋友，曾对司马朗说："你弟弟聪颖过人，处事果断，才能出众，你是比不上他的。"

汉献帝建安六年（公元201年），郡中推举司马懿担任上计掾。

上计即地方行政长官定期向上级报告地方治理状况。县令于年终将本县户口、垦田、钱谷、刑狱状况等编制成簿，呈送郡国。根据属县的计簿，郡守或国相再编制郡国的计簿上报朝廷，朝廷据以评定地方行政长官的政绩。上计掾即负责到京城上报的官员。

当时，曹操担任司空，主管上计，听到了司马懿的名声，立即要征他做官。

司马懿见汉运衰微，不愿意失节屈从曹操，便以患风痹病为借口推辞了。

曹操派人夜间秘密前去刺探情况，司马懿一动不动地躺在床上，曹操只得作罢。

后来，曹操担任了汉献帝的丞相，又征召司马懿担任文学掾，对派去接司马懿的人说："如果他借故推托，

就将他收监。"司马懿心中恐惧，只得出来任职。

掾在古代是副官或属员的通称，三公等大臣可以聘用掾。文学掾的主要职责是管理学校，教授弟子，也兼管教化、礼仪之事。

曹操见了司马懿，十分高兴，命司马懿陪伴太子，不久转任主簿。

司马懿随曹操讨伐汉中张鲁时，向曹操献计道："刘备不顾同宗之谊，以欺诈和武力并用的手段俘虏了益州的刘璋，鹊巢鸠居。如今，蜀人尚未归附，刘备就出兵东下，与孙权争夺江陵。这个机会千载难逢，我们不能错过。现在，如果我们在汉中大张旗鼓，益州必然震动。到那时，我们乘机进军，兵临城下，益州势必土崩瓦解。我军乘胜进击，很容易就能建立不世之功。圣人不违逆天时，但也不能坐失良机。"曹操说："人苦于不知足，既得陇，复望蜀！"最终竟没有听从司马懿的建议，有识之士深以为憾。

成语"得陇望蜀"即源于此。

不久，司马懿又随曹操征讨孙权，大破东吴。大军凯旋时，孙权派使者前来乞求归顺，上表称臣，歌颂曹操是天命所归。曹操说："这小子是想把我放在炉上烤啊！"司马懿说："汉朝的国运已临近终结，而丞相拥有十分之九的天下，孙权称臣正是代表了天意民心。当初，虞、夏、殷、周之所以在改朝换代时不谦不让，正是由于敬畏上天并理解天命啊。"

后来，曹操被封为魏公，司马懿升任太子中庶子。每当参与重大决策时，司马懿总能献上奇计，因而得到太子的信任和器重，与陈群、吴质、朱铄号称四友。

司马懿升任军司马后，对曹操说："从前箕子治国，认为民以食为天。现在，国内不从事农业生产的人竟有二十多万，这不是治国的长远之计。目前战事虽然尚未平息，但也应该让军队一边种田一边戍守。"曹操采纳了司马懿的建议，提倡农业生产，让军队屯田，务农积粮。不久，国库充实，军民都丰衣足食了。

司马懿上奏章说："荆州刺史胡修对百姓十分残暴，南乡太守傅方骄奢淫逸，这两人都不宜官居边防。"曹操看完奏章后，没有引起注意。

不久，关羽在樊城围困曹仁，于禁所率七军全军覆没，胡修、傅方果如司马懿所料，不肯力战，都投降了关羽，致使曹仁在围城中处境更加危急。

这时，汉献帝以许昌为都城，曹操认为许昌距敌人太近，想将都城迁到黄河以北去。

司马懿劝谏道："于禁等部因水而败，并非战守失策，无损于国家大局。如果轻率迁都，不但向敌人显示我们的软弱，而且还会造成淮河、沔水一带军民的极度不安。孙权、刘备面和心不和，关羽获胜正是孙权所不愿见到的。我们可以向孙权说明利害关系，让他牵制关羽的后方，樊城之围自然就解除了。"曹操听从了司马懿的建议，孙权果然派大将吕蒙率军西进，偷袭公安城，杀了关羽。

曹操认为荆州一带的百姓和在颍川屯田戍边的军民靠近南方，想把他们全部迁到内地。

司马懿进谏说："荆楚之人一向轻率，容易骚动，难以安抚。关羽刚被击溃，各种为非作歹之徒或藏匿，或逃窜，正在心怀观望。我们如果命令那些老实善良的百姓迁徙，不仅伤害了他们的感情，也将使那些逃亡在外的人不敢回归故里，这对我们是不利的。"曹操听从了这个意见。不久，流亡在外的百姓纷纷回乡从事本业，边境上安定下来。

汉献帝建安二十五年（公元220年），曹操在洛阳病逝，朝野一片惊惧。司马懿主持丧事，使朝廷内外井然有序。司马懿亲奉曹操灵柩回到邺城，妥为安葬。

东汉末年，天下大乱，曹操统一了中国北方，让北方百姓过上了相对安定的日子，在中国历史上是有功的。而作为曹操的谋士，司马懿多次献计，可谓功不可没。

曹丕篡汉

出自《三国志·魏书·文帝纪》

曹丕字子桓,曹操次子。

汉桓帝和汉灵帝都是昏君,或崇信外戚,或重用宦官,就是不用忠臣。这样一来,百姓开始吃苦了。

河北巨鹿张角是个有雄心大志的人,见朝廷如此,便想乘机推翻汉朝,建立太平盛世。为了组织兵力,他创办了太平道,让人们加入太平道,然后伺机起义。张角懂得医术,为人治病不要报酬,只要加入太平道就行。经过十年努力,他的教徒发展到三十万人,几乎遍及全国。

这时,正赶上天灾,饥民遍地,张角抓住这个时机发动了起义。起义军攻城夺地,专杀贪官污吏,天下震动。汉灵帝惊恐万分,一边派兵镇压,一边命令地方组织兵力围剿。这样一来,各地豪杰纷纷起兵,不久便开始拥兵自重了。

黄巾起义被镇压之后,地方上的豪杰利用组织起来的兵力开始混战,乘机发展自己的势力,变成割据一方的军阀。于是,东汉王朝转入了军阀割据时期。

在众多军阀中,曹操办事最认真,是个有勇有谋、有胆有识的人。

汉桓帝永寿元年(公元155年),曹操生于沛国谯县。父亲曹嵩本姓夏侯,因做了宦官曹腾的养子,所以改姓曹。曹操从小就很机警,能够随机应变,胸怀大志,以天下为己任。他博览群书,熟读兵法,给《孙子兵法》十三篇作了注解。为了治国安民,他还练就了一身好武艺。

曹操能征惯战,势力越来越大,投靠他的人也越来越多了。一天,谋士对他说:"将军,要想消灭各地拥兵自重的军阀,必须利用皇帝的名义

号令天下才能办到，这叫做'挟天子以令诸侯'。"曹操一听大喜，马上照办。

建安元年(公元198年)八月，曹操前往洛阳，将汉献帝迁到许昌，牢牢地控制在自己手中。从此，他自己专断朝政，汉献帝成了傀儡，百官也全得听他的。曹操用亲信担任皇宫卫士，看住朝廷。他每次出征时，都让谋士荀彧管理朝政。从此，朝中大权全归曹操，汉朝天下已经名存实亡了。

接着，曹操南征北战，东攻西讨，打败了张绣，杀掉了吕布，击破了袁术，消灭了袁绍，统一了中国北方。

自从伏皇后死后，汉献帝一连数日不吃饭。曹操入宫劝道："陛下不必担忧，臣对陛下决无二心。臣的女儿已经入宫做了陛下的贵人，为人贤惠，可以册立为皇后。"曹操有三个女儿，依次为曹宪、曹节、曹华，都已入宫做了贵人。此时，汉献帝听了曹操的话，哪敢不依。不久，将曹操的二女儿曹节立为皇后。这时，汉献帝已经35岁了，曹节才18岁。

建安二十年(公元215年)，曹操病逝，长子曹丕在邺城继承了魏王的爵位。曹操长子早已在战争中丧生，曹丕成了太子。曹丕人聪明，有文才，更有政治野心。他笼络了一帮人，早就想废掉汉献帝自己做皇帝了。于是，他授意华歆等人去许昌逼汉献帝退位。

华歆带领一帮人来到许昌，进宫向汉献帝奏道："魏王自即位以来，德布四方，仁及万物，可比唐尧、虞舜。如今汉朝气数已尽，希望陛下能效仿尧、舜，把山川社稷禅让给魏王，上合天心，下合民意，而陛下也可以去享清福了。这样，列祖列宗高兴，百姓也会额手称庆！我们都已经决定好了，因此特来奏请。"

汉献帝听了，气得浑身乱颤，不发一言，两行热泪像断了线的珠子一样顺着两颊滚下来。在场的人都惊呆了，殿上顿时鸦雀无声。

见汉献帝不发一言，华歆厉声道："自古有兴必有废，有盛必有衰，岂有不亡之国？汉室传了四百多年，如今气数已尽，天象表明魏应代汉，陛下怎能违抗天意呢？"话音刚落，殿外一百多名士兵手持大戟蜂拥而入。汉献帝见此情景，站起身拔腿就往后宫跑。华歆哪肯放过，率领士兵紧紧追赶上去。

汉献帝直奔皇后居住的后宫，曹皇后听到吵闹声，忙走出来看发生了什么事。远远望见汉献帝面色铁青，上气不接下气地跑来，便迎上去问："陛下，出了什么事？"汉献帝流泪说："你哥哥逼我让位给他。"曹皇后听了，上前拦住华歆斥

责道："我父亲功高盖世，尚且始终称臣。如今我哥哥嗣位不久就想篡夺帝位，一定是你们贪图富贵，撺掇我哥哥做出这等大逆不道的事来！"华歆见是曹丕的妹妹出面，便赔着笑脸说："皇后有所不知，自魏王即位以来，麒麟再世，凤凰来仪，黄龙出现，嘉禾丛生，甘露下降。这是上天示意，魏当代汉的征兆呀！"曹皇后根本不听这些妖言惑众之词，喝道："胡说，快给我退出去！"华歆见此情景，无可奈何，只好命众人退出。

第二天，曹洪和曹休簇拥着曹丕直奔许昌而来。曹丕的兵马也不进皇宫，曹洪和曹休轮番请汉献帝出殿。汉献帝无计可施，只好更衣出殿。华歆上前说："陛下如听臣等之言，可免大祸。"汉献帝哭道："你们吃汉家俸禄已经很久了，有不少还是汉家功臣的子孙，怎忍心做出这种不忠不义的事呢？"华歆说："陛下若不听众臣之言，恐怕大祸就要临头了。"汉献帝听了，追问道："有人敢杀朕吗？"华歆厉声说："天下人都知道陛下没有做君王之福，因此四方大乱。要不是魏王时刻保护着，杀陛下的何止一人？陛下若不知恩图报，是要等天下人齐来讨伐吗？"

曹洪见已经到火候了，便高声喊道："符宝郎在哪里？"掌管皇帝玉玺的祖弼站出来说："符宝郎在此！"曹洪问道："皇帝的玉玺呢？"祖弼回答说："玉玺是皇帝之宝，岂是你问的！"曹洪喝道："速将此人推出斩首！"武士一拥而上，把祖弼推出去斩了，祖弼至死骂不绝口。

华歆又向汉献帝要玉玺，汉献帝说："玉玺在皇后手里。"华歆进宫向曹皇后索要，曹皇后哪里肯给？华歆只好回来向曹丕禀告说："玉玺在皇后手里，我劝说再三，皇后誓死不肯交出。"曹丕听了，勃然大怒道："众将士，速去后宫索要玉玺，拿到玉玺的重重有赏！"众将士一听，如狼似虎地奔进后宫。曹皇后见这般势头，知道自己一个弱女子拼不过这些人，便把玉玺抛到阶下，哭着说："老天不会让你们长久的！"

汉献帝被逼退位后，被贬为山阳公，曹皇后降为山阳公夫人。这位出身曹家的女子与她的哥哥不同，一直忠于汉室。她一心一意服侍汉献帝，直到十四年后汉献帝病逝。后来，她又孤独地生活了二十六年，于61岁那年去世。

曹丕做了皇帝，建立了魏朝，史称曹魏，我国历史上的三国时期开始了。

魏国建于公元220年12月10日，亡于公元265年2月4日，历经五帝，统治中国北方长达四十六年。

刘备建立蜀汉

出自《三国志·蜀书·先主传》

刘备字玄德，汉桓帝延熹四年(公元161年)生于涿郡。他是汉景帝之子中山靖王刘胜的后代，祖父和父亲都在州郡做过官。由于父亲死得早，家境贫寒，他只得和母亲贩鞋织席为生。

刘备15岁那年，拜本郡名儒卢植为师。受儒家影响，刘备平日少言寡语，喜怒不行于色，待人谦恭，仁慈宽厚，胸怀大志，城府极深，喜欢结交天下豪杰。

东汉灵帝末年，天下大乱，刘备得到中山富商张世平、苏双的帮助，募兵勤王。关羽、张飞前来应募，刘备和关、张二人结为异姓兄弟。

张飞是刘备的同乡，为人豪爽，见义勇为，敢说敢做。

关羽是河东解良人，为人正直，好打抱不平。

关张二人武艺高强，正好帮助刘备打天下。刘备年龄最大，成了老大，关羽是老二，张飞是老三。在桃花盛开的园中，他们三人对天宣誓道："我三人结拜为异姓兄弟，愿同心协力，共扶汉室。若有异心，天人共除。"从此，刘备以关、张二人为左膀右臂，三人形影不离，寝则同床，食则同桌。

刘备和关羽、张飞带着新组织起来的队伍参加了镇压黄巾起义军的战争。战争结束后，刘备因功做了安喜县县尉。

不久，刘备因受不了上司的敲诈勒索，被迫弃官，带着关羽、张飞另找出路。刘备先后投靠过辽东属国长史公孙瓒、徐州

刺史陶谦、河北军阀袁绍、汉丞相曹操和荆州刺史刘表。

刘表对刘备很客气，亲自到郊外迎接，待以上宾之礼，还拨给他一些兵马，叫他驻扎在新野县城。

刘备从起兵到这时已有二十多年了，名声很大。他在新野住下后，有不少人从各地来投奔他，他自己也四处访求人才。有个叫徐庶的谋士前来投奔刘备，刘备十分器重他，请他再推荐一位谋士。徐庶对刘备说："有个叫诸葛亮的，人称'卧龙'，是个了不起的人才，将军愿意见他吗？"刘备一听十分高兴，连忙对徐庶说："请先生把他带来见我吧！"徐庶摇摇手说："诸葛亮是个难得的人才，像他这样的人，是不能够随随便便叫来的，应当恭恭敬敬地亲自去请他。"刘备认为徐庶说得对，决定亲自去请诸葛亮出山。

诸葛亮于汉灵帝光和四年(公元181)生于山东琅琊郡，是西汉司隶校尉诸葛丰的后人，父亲曾做过郡丞。

诸葛亮从小死了父母，7岁时成了孤儿，跟随叔父到荆州避难。在他17岁那年，叔父也死了，他就在南阳隆中定居下来。

诸葛亮除了种地外，经常和一些朋友读书，切磋学问，谈论天下大事。诸葛亮身高八尺，面如白玉，相貌奇伟。他胸怀大志，常把自己比作春秋战国时期的管仲和乐毅。管仲曾经辅佐齐桓公创立霸业，乐毅曾经替燕昭王打败强大的齐国。

熟悉诸葛亮的人都知道他是个了不起的人，认为他是卧在地上准备腾空而起的龙，又因为他住在卧龙岗，所以人们就尊称他为"卧龙先生"了。

建安十二年(公元207年)，刘备打听好诸葛亮的住处后，同关羽、张飞带着礼物前往隆中，去了三次才见到诸葛亮。

诸葛亮把刘备迎进草堂，谈论起天下大事来。

刘备对诸葛亮说："现在汉室衰微，奸臣当道。我不自量力，想出来安定天下。但我智谋短浅，能力薄弱，直到现在还没有什么成就。请先生指教，我应当怎么办才能成功呢？"诸葛亮见刘备十分诚恳，就对当时天下大势作了精辟的分析，给刘备提出了一套统一天下的策略。他说："自从董卓进入洛阳以来，天下群雄并起，跨州连郡的多得不可胜数。曹操和袁绍相比，名望低，兵力少，但竟然打败了袁绍，这是因为曹操有智谋。如今曹操拥有百万之众，挟天子以令诸侯，目前当然不能和他争锋。至于孙权，他据有长江天险，百姓归附他，有才能的人肯为他效力，因此对他只能联合，不能打他的主意。荆州地势险要，北有汉水、沔水，南通南海，东连吴会，西通巴蜀，是个用兵之地。可是刘表守不住它，似乎是老天要将此地送给将军，将军应当夺取它。益州易守难攻，沃野千里，物产丰富，向来有'天府之国'的称号，汉高祖就是以益州为根据地统一天下的。将军如能先占荆州，站稳脚跟，再取益州，励精图治，联合孙权，然后等待时机向中原发展，那么，统一天下的大业一定会成功的。"刘备听了，连连点头，对诸葛亮说："先生这番话说得十分透彻，令我如拨云雾而见青天。我希望先生出山，帮我完成统一天下的大业。"诸葛亮见刘备为人忠厚，便说："既然将军这样看得起我，我只好竭尽微薄之力来为将军效劳了。"刘备见诸葛亮答应了，非常高兴。他请诸葛亮尽快出山，共图大业。第二天，诸葛亮告别亲友，跟刘备一起到了新野。

不久，刘备在诸葛亮的协助下，同孙权联合起来，在赤壁之战中打败了曹操。接着，刘备又进军西川，占领了益州，于汉献帝被逼让位后称帝，再建汉朝，史称蜀汉。蜀汉与曹魏、东吴鼎立，史称"三国"。

蜀汉建于公元221年，亡于公元263年，历经二帝，统治中国西南部长达43年。

孙权建立吴国

出自《三国志·吴书·吴主传》

孙权，字仲谋，孙坚的次子。

东汉末年，曹操忙于统一中国北方的时候，孙策逐渐占据了长江下游一带，势力一天天强大起来。

汉灵帝熹平三年(公元174年)，孙策生于富春。父亲孙坚是袁术的部下，被汉廷封为破虏将军，官至豫州太守。

有一次，孙坚替袁术攻打荆州，被荆州刺史刘表的部将黄祖射死在岘山上。当时，孙策只有18岁，只得去投靠父亲的老上司袁术。袁术见孙策少年英俊，心里很喜欢他。袁术常对别人说："假使我的儿子能像孙郎这样，我死了也没有什么遗憾了!"

孙策是个美男子，性情豁达，平易近人，喜欢谈笑，人极聪明，10岁时就在江淮士大夫中间享有盛誉了。

孙策投靠袁术不久，扬州刺史刘繇以优势兵力侵占了孙策舅舅吴景掌管的丹阳。孙策闻讯，向袁术申请道："请主公借给我一支兵马讨伐刘繇，帮我舅舅摆脱困境。"袁术觉得刘繇此举也损害了他在江东的利益，正好利用孙策去打击刘繇，便借了一千人马给孙策。

孙策进军江东，沿途不断招兵买马，半路上又得到好友周瑜的援助，补充了粮食和军用物资，兵力更加强大了。

不久，孙策赶走刘繇，救了舅舅，并且控制了江东一大块地盘。为了得到江东百姓的支持，孙策治军极严，秋毫无犯，不许虐待俘虏。因此，他深得江东民心。大军所到之处，百姓争着犒军，十几天工夫

有两万多人投奔孙策。于是，孙策乘胜攻下吴郡，又占领了会稽和附近四个郡，自任会稽太守。从此，他和袁术断绝关系，开始在江东称霸了。

孙策雄心万丈，并不满足于现状，想渡江北上与曹操争夺地盘。吴郡太守许贡得知后，暗中派人去向曹操告密。送信人在渡江时被孙策的士兵截获，孙策立即把许贡骗来杀了。

许贡的家属和仆人逃跑后，发誓要替许贡报仇。

汉献帝建安五年（公元200年），一天，孙策带一些士兵在丹徒郊外打猎，忽见一只鹿在前面跑过，孙策急忙纵马追了上去。当他追到树林深处时，忽见三个人持枪带弓等在那里。孙策正要盘问他们，他们冲上来将孙策砍成重伤，并大喊道："我们是

为主人许贡报仇的。"孙策的士兵闻声赶到杀死刺客，只见孙策血流满面。士兵们急忙上前抢救，把他送回会稽养伤。

刺客的箭头上涂过毒药，孙策的伤势越来越重。他知道自己活不成了，就把弟弟孙权、长史张昭叫来嘱托后事。孙策对弟弟说："我死之后，江东就由你来支撑了。你要常常想到父兄创业的艰难，要依靠张昭、周瑜，任用有才能的人。记住，不要在强暴面前屈服，一定要保住江东。"说完，孙策把印绶挂在孙权的脖子上。

孙权强忍悲痛劝慰哥哥，孙策转过头来紧紧握住张昭的手说："眼下天下大乱，我们江东人才济济，又有长江天险，进可争霸天下，退可丰衣足食，是大有可为的。希望你尽力辅佐我弟弟！"说完孙策就咽了气，死时只有27岁。

孙策死后，年仅19岁的孙权在张昭的辅佐下做了江东之主。

孙权是孙坚的次子，方面大口，两目炯炯有神。孙坚认为这是贵相，极其疼爱他。孙权自幼就随父兄转战南北，见多识广。他特别喜欢读书，不仅读了儒家经典，还读了许多史书和兵书。他心胸宽广，性格开朗，豁达大度，遇事善断。

过了几天，周瑜从巴丘赶回吴郡辅佐孙权。当时，周瑜担任中护军、江夏太守，兵权在握，能征惯战。孙权见周瑜来了，高兴地说："将军一来我就放心了。哥哥临终时嘱咐我要好好向你和张昭请教，希望你们尽力帮助我。"周瑜回答说："张昭有见识，能担当重任。我能力差，恐怕有负重托，我想推荐一个人来帮助你。"孙权问道："推荐谁啊？"周

瑜回答说："临淮东城鲁肃很有军事才能,他现在曲阿,可以马上把他请来。"孙权听了非常高兴,就让周瑜把鲁肃请来,留在自己身边出谋划策。

当时,江东初定,政局不稳,人心浮动。许多人对孙权持观望态度,有人怀疑他的统治不能长久。不久,庐江太守李术公开反叛。在这紧要关头,孙权迅速调动军队,一举消灭李术,把李术部下三万多人全都置于自己的控制之下。大家见孙权这样有气魄,有胆略,又很果断,不禁从心里佩服他,服从他的指挥。这样,江东的局势便稳定下来了。

汉献帝建安七年(公元202年),曹操派使者到江东,要孙权送一个儿子到许昌去做人质,以表示忠于汉朝。孙权召集文武官员商议这件事,长史张昭说:"如果我们不送人去,恐怕曹操会借口兴兵。一旦大军压境,江东就危险了。"周瑜反对说:"我们不能长他人威风,灭自己志气。如果按照长史的主张送去人质,我们就成了曹操的附庸,就要受他控制,听他指挥,我们称霸江东的大业也就断送了。现在,我们占有江东六郡,物产丰富,兵精粮足,人心归附,将士用命,为什么要给曹操送人质呢?"孙权同意周瑜的看法,认为不应当在曹操的威胁之下屈服。于是,他拒绝了曹操的要求。

在文臣武将的辅佐下,孙权用心管理政事,努力练兵,增强军事实力,由孙策开创的霸业在孙权手里渐渐巩固了。

后来,孙权联合刘备在赤壁之战中打败曹操,不久称帝,建立了吴国,史称东吴,成为"三国"之一。

东吴建于公元222年,亡于公元280年,历经五帝,统治中国东南部长达五十九年。

陈寿和《三国志》

出自《晋书·列传第五十二》

陈寿所著《三国志》是一部记载魏、蜀、吴三国鼎立时期的史书。其中,《魏书》三十卷,《蜀书》十五卷,《吴书》二十卷,共六十五卷。记载了从魏文帝黄初元年(公元220年),到晋武帝太康元年(公元280年)六十年间的历史。

陈寿的父亲很有学问,是马谡的参军。街亭失守后,诸葛亮大怒,马谡和陈寿的父亲都受到了处罚。马谡被诸葛亮杀了;陈寿的父亲受了髡刑,被逐出军营。髡刑要剃光头发,这在当时是一种极具污辱性的刑罚。陈寿的父亲回到家乡,几年之后结婚,生子便是陈寿。陈寿生于魏明帝太和七年(公元233年),这一年是蜀主刘禅嘉禾二年。

陈寿的父亲大难不死,对陈寿的要求非常严格。陈寿聪慧好学,从小对历史名著产生了浓厚的兴趣。他读了我国最古老的《尚书》和《春秋》,还读了西汉司马迁的《史记》和东汉班固的《汉书》,熟悉了写作史书的方法。陈寿还善于写文章,深得长辈的赞许。

陈寿18岁时进入蜀国都城成都的太学学习,遇到了影响他一生的大儒谯周。在谯周门下,陈寿刻苦攻读,受到谯周的厚爱,谯周认为他一定会青史留名的。

陈寿学成后,在蜀国担任观阁令史。当时,蜀主刘禅大权旁落,太监黄皓独揽朝政,作威作福,大臣们都违心地依附他,只有陈寿不肯趋炎附势,因此屡被降职罢官。

陈寿父亲去世后,陈寿也卧病在床,就让女仆把药末团成丸状以便吞服。这件事被去他家的客人看到后,到处传扬,人们误以为他不守孝道。等到蜀国被魏国平定

后，陈寿竟因为这件事多年不得出仕。到晋朝时，司空张华爱惜他的才华，推荐他做了孝廉，出任辅助著作郎，补任阳平县令。

后来，陈寿编了一部《蜀相诸葛亮集》献给朝廷。晋武帝司马炎见了，任命他为著作郎，兼任本郡中正。

晋武帝司马炎咸宁六年（公元280年），杜预率大军灭了东吴，全国统一，结束了分裂局面。陈寿这年48岁，开始撰写《三国志》。

《三国志》成书后，人们交口称赞他有良史之才。夏侯湛当时正在写《魏书》，看到陈寿写的《三国志》后，就毁掉自己的稿子不再写了。张华也认为他写得太好了，对他说："应当把写《晋书》的重任交给你！"

张华要推举陈寿做中书郎，权臣憎恶张华，因而讨厌陈寿，指使吏部让陈寿去做长广太守。陈寿说老母年事已高，未去就职。

杜预再一次在皇帝面前举荐陈寿，于是朝廷任命陈寿为御史治书，陈寿又以老母年事已高为由未去就职。陈母临终前，留下遗言让陈寿将她葬于洛阳。陈寿遵从母亲遗愿而行，却又因为未将母亲归葬故里而获罪罢官。

过了几年，陈寿被启用为太子中庶子，仍未就职。

晋惠帝元康七年（公元297年）陈寿病死，享年65岁。

陈寿所著《三国志》属于私人修史。他死后，尚书郎范頵上表说："陈寿所著《三国志》有很多勉励告诫的话，明确了得与失，有益于社会风气。虽然文章的艳丽程度比不上司马相如，然而质量确实是有过之而无不及，请陛下录用。"于是晋惠帝降诏让河南尹、洛阳令派人到陈寿家中录下了陈寿的书。

《三国志》书成之后，普遍受到了人们的好评。书中叙事简略翔实，很少重复，在材料的取舍上也十分严谨，为历代史学家所重视。史学界把《史记》、《汉书》、《后汉书》和《三国志》合称前四史，视为纪传体史学名著。后来，《三国志》被收入"二十四史"，成为"二十四史"的第四史。

陈寿在他的《三国志》中为他的恩师谯周写了一篇传记，说谯周语言幽默，连诸葛亮都被他的幽默逗乐了。三国后期，魏国逐渐强大，蜀、吴两国无力与魏国抗衡。魏国伐蜀时，在大军压境的危急关头，谯周力劝后主刘禅降魏说："如果降魏后魏国不封陛下为王，我愿拼着老命去魏国说理。"刘禅听从了谯周的意见投降魏国，三国鼎立的格局打破了。陈寿在《三国志》中评价说："这样能够保证后主刘禅不至于身败名裂，另一方面又能使全蜀老百姓不至于生灵涂炭。"

陈寿在重大历史问题上有独到的见解，能够顺应历史大潮，是十分难得的。

司马炎建立晋朝

《晋书·帝纪第三》

汉献帝建安二十五年(公元220年)，曹操的儿子曹丕逼汉献帝退位，建立了魏朝，史称曹魏。

曹丕只做了六年皇帝，因患伤寒病死了。

曹丕死后，儿子曹睿即位，史称魏明帝。魏明帝十分荒淫，抢占民间美女，搜罗奇珍异宝，大兴土木，营造宫室，弄得国库空虚，百姓怨声载道，曹魏政权开始走下坡路了。

魏明帝末年，国内政局混乱，朝廷上争权斗争日益激烈，形成曹氏与司马氏两大势力。

司马懿的势力是在对蜀国作战的过程中壮大起来的。曹丕废掉汉献帝，自立为帝，司马懿也帮他出过主意，造过舆论，立过大功。因此，他深得曹丕信任，被任命为尚书、太尉，掌管了魏国的军政大权。

大将军曹爽是皇帝的本家，也是曹魏政权里最有权威的人物。他特别妒忌司马懿的权势，认为司马懿对他们曹家天下是个威胁。

魏明帝景初三年(公元239年)，魏明帝在临死前，将魏国政权托付给司马懿和曹爽二人，让他们共同辅佐年仅8岁的儿子齐王曹芳做皇帝。

不久，曹爽把司马懿由掌管军权的太尉调任太傅，做了皇帝的老师。太傅职位虽在太尉、司徒、司空等三公之上，名义上是最尊贵的官，但位高权小，没有什么实际权力，等于是剥夺了司马懿的军政大权。

从此，曹爽专权擅政，骄奢无度，整日纵酒作乐。不久，司马懿发动政变，将曹爽灭族，他的党羽也全遭杀害。此后，曹氏政权逐渐

转变成司马氏政权了。

两年后，司马懿死了，他的儿子司马师、司马昭相继执政。

曹芳左右的人见司马氏专权，心中愤愤不平，劝曹芳趁司马昭入见时杀掉他，再用他的兵攻杀司马师。曹芳同意这样做，并写好了诏书，但又不敢发出。他正在犹豫时，走漏了消息。于是，司马师发动了第二次政变，说曹芳荒淫无度，没资格当皇帝，让他回到封国当齐王去了。

曹芳走后，司马师改立东海王曹霖之子高贵乡公曹髦为帝。曹髦是曹丕的孙子，不愿意当傀儡，一再推辞。郭太后劝他说："你从小就有帝王之相，今日果然应验了。"曹髦见推辞不掉，只得进京做了皇帝。

司马师死后，司马昭做了丞相，更加专横跋扈，一方面拉拢大批士族作党羽，一方面残杀曹氏一派大臣。当时，人们都知道司马昭有篡位之心，因此流传着"司马昭之心，路人皆知"的说法。

由于司马昭大肆屠杀曹氏一派的人，朝中大臣几乎全是他的心腹了。司马昭权重势大，根本不把魏帝放在眼里。

不久，民间纷纷传说黄龙在宁陵县的井中出现了。曹髦对司马昭的篡权活动非常不满，有感于井中出现黄龙的传说，就提笔写了一首《潜龙诗》，借以抒发心中的怨愤："伤哉龙受困，不能跃深渊。上不飞天汉，下不见于田。蟠居于井底，鳅鳝舞其前。藏牙伏爪甲，嗟我亦如然。"诗的大意是说："可怜的黄龙被困在井中，不能到深渊里自由腾跃，不能在天地间飞舞。黄龙蟠于井底，泥鳅和鳝鱼在黄龙面前乱舞。黄龙藏起牙和爪，可叹我的处境也是如此。"

高贵乡公甘露五年(公元260年)四月的一天，司马昭带剑上殿，曹髦忙站起来迎接。文武官员对曹髦说："司马大将军功德巍巍，应当封为晋公。"曹髦听了，低头不语。司马昭大嚷道："我父子兄弟三人为魏国立了大功，难道做晋公还不行吗？"曹髦只得说："行！行！"司马昭接着说："你写的《潜龙诗》把我们比做泥鳅和鳝鱼，这是什么意思？"曹髦无言以对，司马昭冷笑一声，拂袖而去。

曹髦回到后宫后，把侍中王沈、尚书王经、散骑常侍王业三人找

来商量对策。曹髦气愤地说："司马昭之心，路人皆知。我与其坐以待毙，还不如早下手为强！"王经劝曹髦说："干这样的大事要十分慎重，若走漏消息性命就难保了！"曹髦从胸前取出写在黄绸子上的诏书说："是可忍，孰不可忍？我主意已定，死而无恨！"王沈、王业十分害怕，退下后，马上跑去报告司马昭。

曹髦带着宫中卫兵数百人冲出皇宫，要去进攻司马昭，王经跪在地上哭着谏止，曹髦不听。

这时，司马昭已经命令他的心腹贾充率三千铁甲军赶来。在混战中，贾充让司马昭的死党成济挥戈刺死了曹髦。

曹髦死后，司马昭怕人骂他弑君，便把弑君的责任全推在成济身上，灭了他的三族。

接着，司马昭立曹操的孙子曹奂为帝，史称魏元帝，改年号为景元元年(公元260年)。

司马昭的政治手腕比他父亲司马懿更厉害，他认为要想把曹魏的皇帝赶下台必须先把蜀国和吴国灭掉。这样既能提高自己的威望，又可避免蜀、吴两国从外面乘机捣乱。

景元四年(公元263年)，蜀国后主刘禅出降，蜀国灭亡了。司马昭正在积极筹备称帝时，忽然中风而死。

魏元帝咸熙二年(公元265年)，司马昭的儿子司马炎逼迫魏元帝禅位，自己做了皇帝，建立了晋朝。

晋朝分为西晋 (公元265年至公元316年) 与东晋 (公元317年至公元420年) 两个时期。西晋共传四帝，国祚五十二年；东晋共传十一帝，国祚一百零四年。两晋历时一百五十六年。

王马共天下

出自《晋书·帝纪第六》《晋书·列传第三十五》

西晋末年，匈奴贵族刘渊建立的汉国崛起于北方。刘渊死后，他的儿子刘聪先后攻破洛阳、长安，俘虏了晋怀帝、晋愍帝，灭了西晋。

第二年，即晋元帝建武元年(公元317年)，晋朝皇族司马睿依靠士族领袖王导的支持，在建康做了皇帝，重新建立了晋朝。历史上把这重建的晋朝称为东晋，司马睿史称晋元帝。

司马睿是司马懿曾孙琅琊王司马觐的儿子，人极聪明。他额骨隆起，目光如电，人们都说他有帝王之相。

当初，司马睿曾与东海王司马越的参军王导结为至交。王导是世家子弟，极有政治远见。他见晋室诸王同室操戈，天下大乱，便劝当时在洛阳担任左将军的司马睿同封国夫坐观天下之变，以图大业。

不久，匈奴内侵，北方局势恶化，王导又劝司马睿向朝廷申请移镇江南。

晋怀帝永嘉元年(公元307年)，朝廷调司马睿为安东将军，移镇建业。

司马睿称帝后，将建业改为建康，因"业"与晋愍帝司马邺的"邺"字同音。这是后话。

再说司马睿到了江南，立即请他的密友王导担任安东司马，为他出谋划策。

一晃，司马睿移镇江南已经大半年了，但南方的士族仍不理睬他，一直没人前来拜见他。他觉得很失望，不知这是什么原因。

王导仔细一琢磨，发现了其中的原因。原来，司马睿在皇族中是比较疏远的一支，向来缺少声望，势力单薄，因此得不到士族的拥护。王导是中原有名的士族领袖，满腹经纶，足智多谋，知道司马氏是依靠士族的支持才取得天下的，而士族又必须投靠皇帝才能保住自己的利益。司马睿如果得不到士族的拥护，前途堪忧。

王导看清了这一点，决定利用自己的士族身份替司马睿拉拢士族。他和堂兄王敦商议了一番，想出了一个好办法。

三月初三是中国古代郊游消灾求福的传统节日，人们都要到水边去举行消灾仪式，届时不分贵贱倾城而出。三月初三这天，司马睿依照王导的安排，坐着豪华的肩舆出游，前面有威武整齐的仪仗队开道，十分威风；后面有王导、王敦兄弟以及从北方避乱南来的名士，骑着高头大马紧紧跟随，一个个毕恭毕敬。这长长的出游队

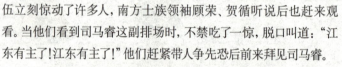

伍立刻惊动了许多人，南方士族领袖顾荣、贺循听说后也赶来观看。当他们看到司马睿这副排场时，不禁吃了一惊，脱口叫道："江东有主了！江东有主了！"他们赶紧带人争先恐后前来拜见司马睿。

王导的这一招真的奏效了，司马睿的威望骤然提高了。接着，王导又对司马睿说："顾荣、贺循是南方士族领袖，如果把他们请来做官，就会有更多的人前来效力了。"司马睿觉得这话有道理，就派王导去登门拜访。顾荣、贺循正想巴结司马睿，好攀上高枝，经王导一说，就应命而来了。他们两人做官后，江南的士族就像墙头草一样，全都倒向了司马睿。

司马睿有了这批南方士族的支持，在江南站稳了脚跟。

西晋灭亡后，司马睿在南方正式称帝。王导做了宰相，执掌朝政。因此江南有人说："王与马，共天下。"

司马睿十分感激王导，让他到御座上和他同坐，王导推辞说："太阳高悬，才能光照天下。如果下同万物，百姓如何仰望？"司马睿听了，只得作罢。

王导在拉拢江南士族的同时，又积极开导北方南迁的士族。那时，北方南迁的士族对司马睿还抱着怀疑观望的态度。

有个叫桓彝的北方士族领袖初到江南，见司马睿势力单薄，就摇着头对别人说："中原动乱，我才来到这里，原想求个安全，却不料这里也是这么弱，看来前途未卜啊！"后来，他见到王导，听王导谈论形势，他顿觉眼前一亮。回家后，他对别人说："刚才见到了管夷吾，这回不用愁了。"管夷吾就是辅佐齐桓公称霸的管仲，桓彝认为王导之才不亚于管仲。

那些北方士大夫当初在洛阳时，经常到黄河边上聚会饮酒。现在，他们避难来到江南，也常到长江之滨的新亭聚会饮酒。一天，他们在新亭饮了一会儿酒，微微有些醉意时，有个士大夫长叹一声，感慨地说："这里的风景和中原一样，只是江山不同了！"经他这么一说，在座的人思乡之情油然而生，不觉面对面失声痛哭起来。这时，王导严肃地劝解说："如今正是齐心协力辅佐司马氏恢复中原的时候，各位为何要相对哭泣呢？"大家听了王导这番话，马上停止哭泣，表示愿意跟着王导辅佐晋元帝。

这样，晋元帝终于得到了南北士族的支持。

刘裕登基

出自《宋书·帝纪第一、帝纪第二、帝纪第三》

刘裕生于晋哀帝隆和二年(公元363年)。他是汉高祖刘邦弟弟楚元王刘交的后代。

刘裕原籍彭城,曾祖父曾任县令,于西晋末年率家渡江南迁,侨居京口。祖父曾任太守,父亲做过郡功曹。

刘裕刚一降生母亲就死了,没过几年父亲也去世了。因此,刘裕早年备尝艰辛,种过田,打过柴,捕过鱼。

刘裕虽然很穷,但他喜欢结交朋友,常跟朋友在一起舞刀弄枪,骑马射箭,练就了一身好武艺。有一天,他听说北府兵正在募兵,就去报名了。

北府兵是东晋大将谢玄在京口招募勇士组建的军队,京口在东晋都城建康的东北方,所以又叫北府,在京口组建的这支军队就叫北府兵了。北府兵将领刘牢之见刘裕身材魁梧,相貌堂堂,就把他留在自己身边当了一名军官。

刘裕擅长带兵,能约束部下。他的队伍纪律严明,常打胜仗。不久,刘裕便成了北府兵的名将。

这时,正赶上孙恩起义,刘裕被派去镇压义军。

刘裕利用义军战略上的错误,出奇制胜打败义军,名气越来越大了。

晋安帝元兴元年(公元402年),桓玄在荆州起兵谋反。桓玄是桓温的儿

子，东晋末年担任荆州刺史。他想篡位，便乘建康一带闹饥荒之机下令封锁长江，不准上游的粮食下运。建康军民无粮，只好吃麸皮和橡子面。

东晋派北府兵将领刘牢之率军讨伐桓玄，桓玄收买了刘牢之，打进建康，强迫晋安帝退位，他自己做了皇帝，改国号为楚。

桓玄过河拆桥，逼死刘牢之，还杀了他手下的大将。因刘裕是中下级将领，不但未被杀，反被作为拉拢对象加以重用了。

为了替提拔他的恩人刘牢之报仇，刘裕背地里联合北府兵的中下级军官密谋推翻桓玄。当一切准备好之后，他们从京口向建康进军。桓玄派兵阻击，被刘裕击败。桓玄撤出建康，把晋安帝也带走了。

刘裕乘胜追击，桓玄在江陵聚集了大批人马反击，又被刘裕打败了。

桓玄逃到益州，被益州地方官杀死了。

刘裕打败桓玄后，把晋安帝接回建康，重登皇帝宝座。

这一来，刘裕成了东晋王朝的中兴功臣。晋安帝把指挥军队的大权都交给他，还要他坐镇京口，管理徐、青二州。

后来，晋安帝又让刘裕做扬州刺史，兼任代理尚书，把政治大权也交给了他。

大权在握，刘裕产生了政治野心，也想像刘邦那样做皇帝。但是他认为时机尚未成熟，于是他又出兵讨伐北方的南燕和后秦。他知道北伐是百姓的愿望，打了胜仗会提高自己的威望，有利于夺取东晋的天下。

南燕是鲜卑人慕容德在后燕被北魏灭亡之后在山东建立的政权。慕容德死后，侄儿慕容超即位。他常常派兵骚扰东晋北部边

境，掳走百姓当奴婢，甚至拿掳去的人当礼物送给后秦等国家的统治者。因此，百姓早就盼望南军北伐，解救他们。

晋安帝义熙五年(公元409年)，刘裕亲自带兵从建康出发，渡过淮河，攻克琅琊。慕容超派人向后秦求救，后秦皇帝姚兴派使臣到刘裕那里恫吓说："我们已经派出十万铁骑，马上就要到洛阳了。你们如果不退兵，我们就将直捣建康！"刘裕对使者说："你回去告诉姚兴，我本想在消灭南燕之后休息三年再来消灭你们，如今你们自己送上门来，那就快点来吧！"

姚兴原想吓一下刘裕，想不到刘裕口气更硬，自己反倒被吓住了，他不敢援救南燕了。第二年六月，刘裕攻下了南燕的都城广固。这天出兵时，有人对刘裕说："今日不利出兵，出兵必败。"刘裕不信占卜，他对那人说："我出兵，南燕亡，有何不利？"出兵后，果然攻下广固，生擒慕容超，灭了南燕。

孙恩兵败自杀后，所余数千人共推他的妹夫卢循为首领，继续与官军为敌。在

与卢循决战时，刘裕所执的指挥旗杆突然折了，旗子掉在水中。大家都认为这是败兆，必将不利。刘裕从不迷信，笑道："往年征讨桓玄时，旗杆也曾折断，却打了胜仗。今日旗杆又断了，必胜无疑。"刘裕进军后，果然大胜而归。卢循逃往交州，毒死妻子，投水而死。

义熙十二年(公元416年)，刘裕乘后秦皇帝姚兴刚死，太子姚泓即位之机，亲自统率五路大军攻打后秦。晋军要经过北魏管辖的地区，北魏在黄河北岸集结了十万大军，又派出几千骑兵渡过黄河骚扰西进的晋军。刘裕派出得力部队排除魏军的骚扰，占领了洛阳。晋军在洛阳会师以后，刘裕重新部署了作战计划，分兵两路进攻关中。

姚泓闻讯，亲自率领大军迎战，大败而归。

晋安帝义熙十三年(公元417年)，晋军攻入长安，姚泓被迫投降，后秦灭亡了。

刘裕在长安住了两个月，深受关中百姓的拥戴。但他怕离开朝廷太久，大权旁落，决定班师。

在刘裕离开长安那天，关中百姓流着眼泪挽留他，希望他继续留在北方抗击鲜卑、羌族的骚扰。可是，为了达到夺取帝位的目的，刘裕不顾关中人民的愿望，毅然决然地返回江南。

刘裕回到建康，晋安帝拜他为相国，封他为宋公。

晋恭帝元熙二年(公元420年)，刘裕见夺取帝位的时机已经成熟，就把晋恭帝废掉，自己做了皇帝，改国号为宋，史称刘宋。

刘裕即位后，公布说："百姓拖欠的债务不再收取；逃避租税和兵役的限期还家，免租税二年。"这些措施深受百姓欢迎，他的皇帝宝座也就坐稳了。

刘宋建于公元420年，亡于公元479年，历经九帝，统治中国南部长达六十年。

范晔和《后汉书》

出自《宋书·列传第二十九》

《后汉书》作者范晔字蔚宗，东晋安帝隆安二年（公元398年）生于顺阳（今河南淅川东），是东晋车骑将军范泰的小儿子。一天，母亲在上厕所时生下了他，因为额头被地砖磕破，所以小名叫砖儿。

因为范晔是小妾所生，在家中不受重视，没有地位。后来，父亲把他过继给族伯范弘之。族伯死后，他袭封武兴县五等侯。

在族伯家，范晔从小备受关爱。在优越的生活环境里，范晔潜心读书，博通经史，写得一手好文章，擅长隶书，通晓音律。

范晔21岁时，刘裕推翻东晋，建立了刘宋王朝。范晔因文才出众，被聘为刘裕第五子刘义康的冠军参军。

范晔性情豪放，喜欢饮酒，不拘小节，常常违犯封建礼教，得罪了刘义康。刘义康非常恼怒。几句谗言上去，宋文帝就把范晔贬到宣城（今安徽宣城）当太守去了。

在太守任上，范晔关心百姓，爱民如子，政简刑轻，人们得以安居乐业。于是，范晔拿起笔来，在公余挥毫著书，自得其乐。

范晔喜读史书，记载东汉历史的史书足有二十多部，他都读过。其中有三国时期谢承的《后汉书》、晋朝薛莹的《后汉记》、晋朝司马彪的《续汉书》等等。范晔以良史的独特眼光发现这些史书写得都不够好，或过于繁杂，或过于简略，或取材不当，或叙事失实。于是，他参考这些史书，自定体例，删繁补略，博采众家之长，写成了一部能与《史记》媲美的《后汉书》。

范晔的《后汉书》上起光武帝中兴，下到汉献帝禅位，记载了东汉

一百九十六年间的历史。书中叙事简明而周详，结构严谨，文笔流畅。这部巨著出现后，其他有关后汉的史书相形见拙，都被淘汰了。

范晔的《后汉书》在《史记》、《汉书》纪传体的基础上又增加了"文苑"、"列女"、"方术"、"逸民"、"独行"、"党锢"、"宦官"等七种新传体，有意识地为文学家、妇女、科学家和不愿意与统治者同流合污的隐士树碑立传。因此，有人说他是"文学家的功臣"和"为妇女争得一席之地的史学家"。

范晔是一个无神论者，在《后汉书》里猛烈地抨击了佛教的虚妄。

《后汉书》具有进步性，它的创作是勇于暴露黑暗政治，同情和歌颂正义的行为。在《王充、王符、仲长统传》中，范晔详细地收录了八篇抨击时政的论文。这些文章大多宣扬了进步思想，把社会动乱的原因大胆地归结为统治阶级倒行逆施的结果。

范晔十分讲究文采，《后汉书》文辞优美，简洁流畅，不仅为史学名著，也称得上是文学佳作。

范晔的侄孙范缜、范云十分有名。范

缜继承并完善了范晔的无神论的思想，所著《神灭论》是中国思想发展史上划时代的唯物主义论文。

刘裕死后，长子刘义符即位。刘义符年轻贪玩，不管理国家大事。他在华林园中设置市场，亲自卖酒卖肉。没到两年，大臣徐羡之等人将他废掉。为除后患，又把他杀了。

徐羡之和另一个大臣傅亮拥立刘义符的弟弟刘义隆做了皇帝，史称宋文帝。

刘义隆做皇帝那年只有18岁，他决心不让徐羡之、傅亮这样的人继续掌权，便撤了他们的职。随后，为了给哥哥报仇，又把他们杀了。

范晔在刘宋王朝历任太守等职，后来调到朝廷担任太子詹事。

范晔不但是一位史学家，也是一位政治家。他满腹经纶，才气纵横，想要建功立业，青史留名。但他长得其貌不扬，身材短小，面色黧黑，秃眉少须。因此，刘宋文帝不重用他，只让他当了一名太子詹事，管管太子的家务。范晔大材小用，郁郁寡欢。偏巧这时大才子孔熙先也因怀才不遇，想要推翻刘义隆，为立刘裕的第五子彭城王刘义康为帝。孔熙先认为范晔有栋梁之才，名气又大，便去策动他，并答应事成之后，封他为中军将军。范晔为了施展抱负，便答应了。后来，有人向刘义隆告密，范晔不幸于刘宋文帝元嘉二十二年（公元445年）被杀，年仅48岁。

范晔虽然不幸被杀，但人们并不以成败论英雄，将他的辉煌巨著《后汉书》和《史记》、《前汉书》、《三国志》并列在一起，合称"前四史"。后来，人们又将它列入"二十四史"，成为"二十四史"中的第三史流传至今。

萧道成建立南齐

出自《南齐书·本纪一》

宋孝武帝大明八年(公元465年)五月，孝武帝病死，太子刘子业即位，史称前废帝。他为人荒淫残暴，随便杀人。一天，他命王妃、公主、郡主进宫，在他面前站成一排，让左右随意侮辱她们。南平王刘铄的王妃江氏誓死不从，刘子业竟下令杀了她的三个儿子。接着，又用鞭子抽了江氏一百下。又有一天，他令宫人在华林园中裸体相逐，借以取乐。有个宫人不肯脱衣裳，立即被他下令斩首。同时，他还滥杀大臣。他这样荒唐，大臣忍无可忍，只得杀了他。史书上称他为前废帝，不承认他是一个正式的皇帝。

接着，孝武帝刘骏的弟弟刘彧做了皇帝，史称宋明帝。第二年，前废帝的弟弟出来争夺帝位，事败之后，孝武帝刘骏的二十八个儿子全部被杀。

刘彧身体多病，自知不久于人世，见太子太小，怕自己死后兄弟来夺位，便又开始大杀兄弟。

刘彧死后，太子刘昱即位，史称后废帝。他这年刚刚10岁，整天只知道玩。不久，皇室中又有许多人争夺帝位，刘昱靠大将萧道成的帮助杀了这些人。

萧道成于宋文帝元嘉二年(公元427年)生于江苏武进县，自幼喜欢读书。

萧道成14岁时，宋文帝将彭城王刘义康贬为江州刺史，派萧道成的父亲去监视。萧道成不得不抛弃学业，随父南行，开始了戎马生涯。

在多年的征战中，萧道成有勇有谋，步步高升。到宋明帝时，萧道成已升

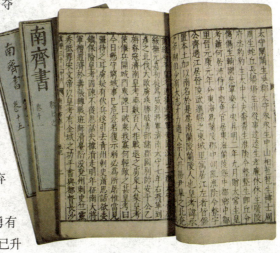

为右将军了。

刘宋王室骨肉相残，杀来杀去，皇室中的人所剩无几，这为萧道成夺取帝位创造了条件。

刘昱也是个不成器的小皇帝，拿人命当儿戏，动不动就杀人，杀人凶器都是针、凿、锥、锯之类。

刘昱15岁那年，一天，要用萧道成的肚脐当箭靶。当他拉满弓正要射时，萧道成慌了，忙说："老臣无罪！"这时，刘昱的心腹王天恩也说："陛下还是把箭头拿掉再射吧，否则一箭射死了，就没有这么好的靶子了。"刘昱听了，便去掉箭头，一箭射去，正中萧道成的肚脐。

萧道成捡了条命，回府后仍很害怕。在当年乞巧节那天晚上，萧道成派人把刘昱杀了。史称刘昱为后废帝，也不承认他是一个正式的皇帝。

刘昱死后，帝位空缺，萧道成和心腹大将王敬则等人立即召集大臣开会，讨论由谁来即位的事。皇族刘彦节和士族袁粲不满意萧道成等人的行为，但不敢公开表示意见，只是稍稍迟疑了一下。萧道成见状，立刻怒目逼视他们。王敬则站在萧道成身旁，拔出佩刀吼道："天下事都归萧公决定，谁敢说半个不字，我就要谁的命！"

萧道成老谋深算，他虽然想做皇帝，但又觉得为时过早，有些名不正言不顺。在这个时候当皇帝，难免会有弑君之名。于是，他决定演一出禅让戏。他提议说："迎接刘昱的弟弟刘准即位吧。"在场的人谁也不敢有异议。

11岁的刘准即位，史称宋顺帝。宋顺帝封萧道成为骠骑大将军，不久又封他为太尉、太傅、相国、齐公，把军政大权都交给了他，并且允许他带剑上殿，刘准成了一个傀儡。

两年后，王敬则带兵冲进皇宫，逼刘准交出玉玺，刘准吓得躲到佛龛底下直发抖。在王敬则的威逼下，他

只得将玉玺交给萧道成，
刘宋灭亡了。

萧道成做了皇帝，改
国号为齐，史称南齐，萧
道成即齐高帝。这年刘准
才12岁，出宫时大哭道：
"愿今后世世代代不再
生于帝王家。"

萧道成认为刘宋亡
国的原因有两条：一是王
室骨肉相残，削弱了自己
的力量；二是从孝武帝起，
皇帝的生活奢侈腐化，加重了百姓的负担，引起了百姓的强烈不满。

为此，萧道成大力提倡节俭，并教育子孙要加强团结。

萧道成以身作则，过着节俭的生活。过去，皇帝的礼服上要佩一
种叫做"玉导"的装饰品，说是可以避邪。萧道成认为这种玉制品是
产生奢侈的根源，叫人把它砸碎，不许再用。

他下令把后宫用金和铜做的器物以及栏杆、门槛等都改用铁的，
把内殿挂的绣花绫罗帐改为黄纱帐，让宫女一律改穿朴素的紫色鞋
子，将皇帝銮驾华盖上的镶金装饰品统统去掉。萧道成常说："让我
治天下十年，当使黄金与泥土同价。"

萧道成即位之初，向刘瓛请教道："你看朕该如何治国呢？"刘
瓛回答说："为政之道只在一部《孝经》中。刘氏之所以亡，陛下之所
以兴，皆在于此。"萧道成听了，深以为然，叹道："儒者之言，万世之
宝。"此后，萧道成一再教导子孙要相亲相爱，紧密团结，以保住萧姓
天下。

萧道成只做了四年皇帝就死了。临死前，他把太子萧赜叫到床
前，再三嘱咐说："刘氏如果不是骨肉相残，我们萧家哪能得到天下。
我死之后，你对兄弟子侄要倍加爱护。他们如有过失，可以严加教训，
千万不能杀。这是我们萧家的一条规矩，不仅你要遵守，还要教育好
子孙，让他们世世代代都要遵守。"

萧齐建于公元479年，亡于公元502年，历经九帝，统治中国南部
长达二十四年。

沈约和《宋书》

出自《梁书·列传第七》

　　齐武帝永明五年（公元487年），命时任太子家令兼著作郎的大学者沈约撰写《宋书》。

　　沈约在刘宋何承天、苏宝生、徐爰等人修撰的《宋书》及其他记述宋代历史著作的基础上，增补宋末十几年的史实，只用一年时间就写成了《宋书》，包括本纪、列传七十卷，后来又续修八志三十卷。

　　沈约字休文，吴兴武康人。祖父沈林子是南朝刘宋征虏将军。父亲沈璞曾任淮南太守，在元嘉末年被杀。幼小的沈约为免遭迫害而东躲西藏，后逢大赦，才免于流亡。此后，他长期流寓他乡，过着孤苦贫困的生活。

　　沈约自幼好学，昼夜读书不倦。母亲担心他积劳成疾，常常减少灯油，熄灭灯火使他早睡。于是沈约开始白天读书，夜间默诵，博览群书，终于写得一手好文章。

　　沈约做官后，声名远扬。济阳蔡兴宗听说他有才华，非常赏识他。蔡兴宗担任郢州刺史时，聘请沈约担任安西外兵参军兼记室。蔡兴宗常对他的儿子们说："沈记室的操行可以为人师表，你们应当向他学习。"后来，蔡兴宗出任荆州刺史，又请沈约担任征西记室参军兼关西县令。

　　南齐初年，沈约担任征虏记室兼襄阳令，事奉文惠太子。太子入居东宫后，沈约担任步兵校尉，掌管东宫书记，校勘四部图书。太子宫中才士很多，而沈约特别受到亲近和信任，每天早晨入宫拜见太子，到日影西斜时才出宫。

　　当时，王侯到东宫参见太子时，有的不能获

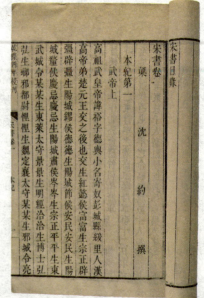

准人内，沈约常向太子说起此事。太子说："我一贯懒得早起，这是你知道的。但一听你谈论，我就忘了睡觉。你如要我早起的话，可经常早点入宫来见我。"

当初，梁高祖萧衍和沈约有深交，彼此引为知己。萧衍自幼聪明，喜欢读书，是个博学多才的少年，尤其在文学方面很有天赋。他曾和七个读书人一起游于竟陵王萧子良门下，被人称为"竟陵八友"，其中包括历史上有名的沈约、谢朓、范云等。

齐东昏侯萧宝卷即位后，滥杀无辜，萧衍联合南康王萧宝融起兵。萧宝融在南康称帝，萧衍攻入建康，东昏侯在敌军中被杀。

建康城被攻克后，萧衍任命沈约为骠骑司马，担任将军。这时，沈约劝萧衍称帝说："如今与古代不同了，不可以期望人人都能保持淳朴之风。士大夫无不攀龙附凤，都想立功，永保福禄。现在人们都知道齐朝的气数已尽，都说明公应当取而代之。谶语说'行中水，作天子'，这分明说公当做天子。天意不可违抗，人心不可失去。天道安排如此，明公想谦让是办不到的。"萧衍说："我正在考

虑此事。"沈约又说："明公当初起兵时就应有所考虑，如今大势已定，还考虑什么呢？昔日周武王讨伐商纣时，刚一进入朝歌人们便称他为吾君，武王不违背人们的意愿，没有考虑什么。明公自从进入建康，气数就已经定了，跟周武王相比只是早晚不同而已。如果不早定大业，延误天人之望，若有一人提出异议，就会有损于明公的威德了。况且人非金石，时事难测，难道明公只想把建安郡公的封爵留给子孙后代吗？如果天子回到都城，公卿各安其位，君臣之间名分已定，国君圣明，居位于上，大臣忠心，尽职于下，那时明公再想有所作为可就晚了！"萧衍认为沈约说得很对。于是，萧衍称帝，建立了梁朝，史称萧梁。

萧衍登基后，任命沈约为尚书仆射，也就是宰相，受封建昌县侯，食邑一千户。

十二年后，也就是梁武帝萧衍天监十二年（公元513年），沈约卒于任上，享年73岁。

沈约左眼有两个瞳仁，腰间有紫痣，聪明过人。沈约喜欢读书，收藏典籍达二万卷，无人能与之相比。

沈约少时孤贫，曾向族人借米数百斛，但被族人羞辱，他当场把米倒在地上，转身就走。后来，沈约当了大官，并不记恨，仍然任用这个族人做官。

沈约著述甚丰，有《晋书》一百一十卷，《宋书》一百卷，《齐纪》二十卷，《高祖纪》十四卷，《迩言》十卷，《谥例》十卷，《宋文章志》三十卷以及文集一百卷。

梁武帝崇佛

出自《梁书·本纪第一、本纪第二、本纪第三》

梁武帝萧衍于刘宋孝武帝大明八年(公元464年)生于秣陵县。他的父亲萧顺之是齐高帝萧道成的族弟。萧衍自幼酷爱读书,天资聪颖,年纪轻轻就在文学方面崭露头角了。他与当时著名文人沈约等七人交往甚密,时人称之为"八友"。

萧衍进入仕途后,一帆风顺,乘南齐末年政治混乱之机夺得了帝位。

原来,齐高帝建元四年(公元482年),齐高帝病逝,萧赜即位,史称齐武帝。萧赜既保持节俭的作风,也未杀害兄弟。他在位十一年,国家没有发生过动乱。

萧赜死后,他的堂弟萧鸾即位,史称齐明帝。萧鸾大杀兄弟子侄,被杀的好多都是贤王。

永泰元年(公元498年),萧鸾病死。他的儿子东昏侯萧宝卷即位后,皇室内部又互相残杀起来,还随便诛杀功臣,萧衍的哥哥即在这时被杀了。

东昏侯三年(公元501年),时任雍州刺史的萧衍起兵,立十五岁的萧宝融为帝,史称齐和帝。萧衍攻入建康,萧宝卷在乱军中被杀。一年之后,萧衍逼萧宝融禅位,自己做了皇帝,改国号为梁,史称后梁,也称萧梁,萧衍即梁武帝。

做了皇帝之后,萧衍一心盘算着为子孙建立万世基业。他一方面用严刑峻法维护他的统治,一方面想靠佛教来保住他的帝业。

梁武帝制订的法律规定:一人逃亡,全家判刑,罚做苦工。结果,百姓每年因犯法而被判刑的

竟有五千人之多。监狱里总是满满的，到处都可以见到穿着囚衣、被士兵押着做苦工的人。每年被判处死刑的罪犯也很多。每当杀人时，梁武帝总要掉几滴眼泪，念几声"阿弥陀佛"。

梁武帝大力提倡佛教，规定佛教为国教。佛教宣扬说：只要规规矩矩，虔诚地吃斋念佛，死后就可以进极乐世界；如果不遵守国家法律，犯上作乱，死后就要下地狱，遭受无穷之苦。

梁武帝叫国人都信佛教，他自己对佛也十分虔诚。他经常手里捻着念珠，嘴里诵经念佛。他有时还斋戒，不吃荤腥，光吃素食。

梁武帝在建康建了一所同泰寺，每天早晚到寺里去拜佛念经。为了方便往来，他特地在宫城开了一座城门，可以直通寺门。

在梁武帝的提倡下，国内大建佛寺，大批的人出家当了和尚、尼姑。仅建康一地就有七百所佛寺，十多万和尚、尼姑。

梁武帝曾几次表示不愿意做皇帝，要出家去当和尚，把帝位传给儿子。他先后四次斋戒沐浴，到同泰寺去舍身，即把身体施舍给佛。他每次舍身之后，大臣们就拿一大笔钱把他赎回来。他舍身四次，大臣们把他赎回四次，总共耗资四万万钱。

在他最后赎身回宫的那天晚上，同泰寺突然发生火灾，佛塔被烧毁了。梁武帝说："这是魔鬼干的坏事，应该做法事来镇压魔鬼。"于是，他下诏说："道越高，魔也越盛，行善事一定会遇到障碍。应该重建佛塔，把新塔修得比旧塔高一倍，才能镇住魔鬼。"他召来了大批和尚、尼姑做法事，给他们吃上等的素斋，消耗了上万斤香烛，念了好几天经，

又叫大臣们跟他一起烧香磕头。然后，他派出大批工匠，上山采石砍树，花了无数钱财，用了好几年工夫，建造起一座十二层的佛塔。

尽管梁武帝把佛塔修得高而又高，礼佛也极其虔诚，但他并没有好下场。不久，发生了侯景之乱。侯景率军攻入建康，把梁武帝软禁起来，将他活活饿死了。

侯景原是东魏高欢的爱将，人极聪明，足智多谋，屡建奇功。他为人残暴，治军极严。他将战争中所得全部分给将士，因而部下都愿意为他卖命。因为高欢多智，他只服高欢一人，而瞧不起高欢的儿子高澄。他常说："高欢在世时我不敢有异心，高欢死后，我不能跟高澄这鲜卑小儿共事。"侯景雄心极大，曾对高欢说："给我三万兵，定能横行天下，过江捉住萧衍老儿，叫他到邺城太平寺去当寺主。"

高欢死后，高澄掌握了东魏大权，总想收回侯景的兵权。因为跟高澄不和，侯景便去投降西魏。西魏封他为太傅、上谷公，让他入朝，好收取他占领的河南十三州之地。侯景见状，只好上表投降梁朝。梁武帝召集文武官员商量此事，宰相谢举表示反对说："我们刚刚同东魏和好，边境上太平无事。现在接受他们的叛臣，恐怕不妥吧？"梁武帝早就想得到北方的大片土地，又坚信自有佛祖保佑，认为机不可失，便不听劝告，接受了侯景的投降，并且任命侯景为大将军，封他为河南王，让他管理黄河南北的军政事务。

梁武帝派侄子萧渊明率兵北上接应侯景，萧渊明不懂军事，和东魏军队在彭城相遇，被东魏军打败，做了俘虏。接着，东魏军又打败了侯景。侯景带着残兵败将八百多人逃往梁朝的寿阳城。

高澄为了挑起侯景和梁朝的矛盾，让萧渊明写信给梁武帝，表示愿意和梁朝重新和好，只要交还侯景，就立即送萧渊明回梁朝。梁武帝为了救回侄子，不顾大臣反对，同意讲和。侯景在寿阳听到这个消息，大怒道："我侯景取中原不成，取江南是轻而易举的。"于是，他率领军队南下，进攻梁朝。梁朝守军抵挡不住侯景的进攻，纷纷败退。梁武帝太清二年(公元548年)，侯景率兵八千攻进建康城，下令屠城，自东吴以来经营了二百多年的古城建康变成了一片废墟。

接着，侯景又攻进梁武帝居住的台城，自封为大丞相。侯景的士兵牵着马，佩刀带剑出入宫中。梁武帝见了，怪问道："这是些什么人？"左右的人回答道："这是侯丞相的兵。"梁武帝说："不就是侯景吗，怎么说是丞相？"这话传到侯景耳中，不禁大怒，便派出他的私党日夜监视梁武帝的一言一行，对梁武帝的日常饮食也加以克扣。武帝想吃什么，多不能满足，不久便忧愤成疾，勉强活到这年五月，终于到极乐世界去了。

四年后，侯景之乱虽然被平定了，但经此一乱，南朝开始衰落了。

南梁建于公元502年，亡于公元557年，历经九帝，统治中国南部长达五十六年。

萧子显和《南齐书》

出自《梁书·列传二十九》

《南齐书》的作者萧子显字景阳，是萧齐王朝豫章文献王萧嶷的第八子。生于南齐武帝永明五年（公元487年），南兰陵（今江苏常州）人，是南朝著名的史学家和文学家。

萧子显从小聪慧，文献王极其器重他，对他的疼爱胜过别的儿子。

7岁时，萧子显被萧齐王朝封为宁都县侯。

萧齐东昏侯萧宝卷永元末年，按王子封官的规制，萧子显被授为给事中。

萧子显13岁时，萧齐王朝灭亡，梁武帝萧衍建立了梁朝。

梁武帝天监初年，萧子显的爵位降为子爵。

后来，萧子显因文才受到梁武帝的欣赏，累经升迁，担任了安西外兵、仁威记室参军、司徒主簿、太尉录事等官。

萧子显身高八尺，容貌出众。他勤奋好学，擅长写文章，曾著《鸿序赋》，受到尚书令沈约的称赞："这篇赋有高尚的情致，可与班固的《幽通赋》相比肩。"

萧子显还采集众家《后汉书》，考证其异同，成为一家之言。

萧子显有良史之才，喜欢著述。为了再现萧齐一朝的历史，他特地奏请梁武帝，经批准后，用近十年的时间编撰了《齐书》，也就是"二十四史"中的《南齐书》。

梁武帝极其爱重萧子显的才华，很欣赏他的容止谈吐，在御筵上常回头向他咨询一些问题。

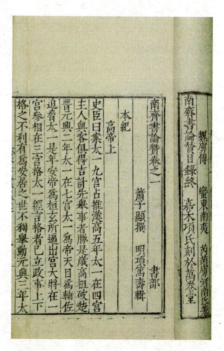

梁武帝曾对萧子显说:"我正在编撰《通史》,此书如果编成,其他史书就都可以废弃了。"萧子显回答说:"仲尼彰明《易》道,废弃了《八索》;叙述职方,摈除了《九丘》。陛下的编制与此相同,盛大的著作又将在今日出现了。"当时人认为这是很巧妙的回答。

萧子显性格庄重,好饮酒,爱山水,不畏鬼神,恃才傲物,以才气自负。当他主持选官时,见到九流宾客,从不与他们交谈,只是举起扇子挥一挥,因此士大夫和官绅私下里都很嫉恨他。

太宗一向看重萧子显,还在东宫时,就常请他促膝共宴。一次萧子显起身去厕所,太宗对客人说:"听说有异人近来出现,今日始知是萧尚书。"萧子显在太子眼里是这样地被看重。

梁武帝大同三年(公元537年),萧子显出任仁威将军、吴兴太守,到吴兴郡没几天便去世了,享年49岁。

梁武帝降诏说:"仁威将军、吴兴太守萧子显风度气韵高超出众,是皇族中最好的人才。封官授权不多久竟忽然去世,使朕心中极为悲伤。可追赠侍中、中书令,现在就可以哭悼。"

萧子显安葬时,家人请梁武帝赐给谥号。梁武帝亲笔降诏说"恃才傲物,可给他谥号为'骄'"。

萧子显曾经写了一篇《自序》,大略说:"我担任邵陵王友,有幸回到京师,远思前人,我就像楚国的唐勒、宋玉,汉朝的严助、邹阳。回想我的平生,极其喜好辞藻,虽未成名,但心里已满足了。至于登高远望,临水送别,风动于春晓,月明于秋夜,早归的鸿雁,初啼的黄莺,盛开的春花,凋零的黄叶,我总会触景动情,不能控制自己。前世贾谊、傅毅、崔骃、马融、邯郸淳、缪袭、路粹等人都因文章出名,所以我多次献上歌颂之文,正是要自比古人。天监十六年,我有幸开始参加朝廷在重阳节举办的宴会。在稠人广坐之中,只有我接到圣旨:'今日景色很美,卿能不写出富有文采的诗歌吗?'诗歌写成后,又传来圣旨说:'堪称才子。'我退席后对人说:'受到皇上一顾之恩,不是希望就可以有的。这与贾谊相比,恐怕他不如我啊!每当作文时,我很少去苦心构思,必须让灵感自己来,并不极力酝酿。纵观从年轻时到现在所写的诗赋,只有《鸿序》一篇体裁兼有众家之长,文笔运用了多种方法,受到喜好者的传诵,因此虚名轻易地传开了。"

萧子显著有《后汉书》一百卷,《南齐书》六十卷,《普通北伐记》五卷,《贵俭传》三十卷,文集二十卷。

我国南北朝时,南朝包括宋、齐、梁、陈四个朝代。《南齐书》就是记载齐朝历史的。《南齐书》除追叙萧道成在刘宋末年的政治活动外,主要记萧齐皇朝(公元479年—公元502年)二十三年间的历史,有很珍贵的史料价值。

萧子显在写历史事件和人物时,不直接发表议论,而是通过前后史事的对比来揭示人物。清代学者顾炎武评价这种写历史人物的方法叫做于叙事中寓论断,司马迁写《史记》最善于运用这种方法。萧子显学习司马迁并取得一定的成就,因而被后代史学家称为良史。

陈霸先建国

出自《陈书·本纪第一、本纪第二》

梁武帝天监二年(公元503年)，陈霸先生于长城县。他出身寒微，但胸怀大志。为了济世救贫，他读了大量的史书和兵书。他身材高大，练就了一身好武艺，又长于谋略，因此深受时人的佩服。

梁武帝死后，侯景拥立太子萧纲做皇帝，史称简文帝。侯景自封为宇宙大将军，仍做丞相，掌管军政大权。他恢复了秦始皇实行过的禁人私语的法律，违犯的要株连三族。不久，侯景派出三路兵马攻占了吴郡、会稽等富庶地区。接着，又向江陵进军。侯景本想灭了梁朝，再北伐中原，统一天下，然后称帝。

大宝二年(公元551年)，侯景派出的西征军在巴陵大败，猛将大多战死。侯景见统一无望，便急于称帝了。这年八月，他废了简文帝，另立豫章王萧栋为帝。十月，侯景派人用土袋将简文帝压死。十一月，逼萧栋禅位，自立为帝，改国号为汉。

在江陵的萧绎是梁武帝的第七子，他同大将王僧辩、陈霸先率领的军队联合作战，打败了侯景，收复了建康。

侯景匆忙逃走，在路上被部下杀死。他的尸体运回建康，王僧辩命人将他的首级送往江陵，砍下他的手送给北齐，然后抛尸街头。建康百姓纷纷赶来咬他的尸体解恨，不到一天工夫，尸体上的肉都被咬光了。

陈霸先和王僧辩平定侯景之乱后，萧绎在江陵做了皇帝，史称梁元帝。他拜陈霸先为大司空，掌管监察和法律，兼任扬州刺史，镇守京口；拜王僧辩为太尉，执掌全国军事，镇

守建康石头城。

萧绎做了皇帝，他的兄弟萧纶、萧纪，还有他的侄子萧詧都来争夺帝位，互相攻打，还借了西魏的兵力来消灭对方。西魏早就想灭掉梁国，扩张自己的领土，现在正好乘机打到长江中游地区。梁元帝承圣三年(公元554年)，西魏派柱国于谨、中山公宇文护、大将军杨忠率军帮助萧詧攻下江陵，萧绎出降。在萧詧的怂恿下，于谨派

人用土袋将萧绎压死，封萧詧为梁王。

西魏军大肆抢劫，把江陵府库中所藏珍宝全部抢走，又掠走十余万人做了魏军的奴仆，弱小者全被杀死。然后，于谨把江陵这座空城交给萧詧管理。第二年，萧詧自称皇帝，历史上称他所建立的政权为后梁。

江陵被西魏攻下后，平定侯景之乱的陈霸先、王僧辩不承认西魏支持的萧詧为帝，在建康拥立萧绎的儿子萧方智做了皇帝，史称梁敬帝。

这时，北齐又派兵送回被东魏俘虏的萧渊明到梁朝做皇帝。王僧辩是个反复无常的人，他从个人利益出发，答应了北齐的要求，接回萧渊明，立他为帝，废掉了梁敬帝。

陈霸先不同意这样做，三番五次劝说王僧辩，可王僧辩就是不听。于是，陈霸先和部将侯安都等起兵进攻建康，决心除掉王僧辩这个出卖国家利益的人。

侯安都率军打败了王僧辩的部队，冲进建康城。王僧辩听说城外有人杀来，不觉大吃一惊。这时，侯安都的人马已经冲到他面前了。他手下的人死命保护着他，冲向南门逃走。不料，陈霸先率领

的军队已从南门杀了进来。王僧辩走投无路，束手就擒，当天晚上被陈霸先杀了。接着，陈霸先又杀了萧渊明，仍旧立萧方智为帝。

王僧辩死后，他的党羽继续同北齐勾结。他们乘陈霸先率军到义兴平叛之机偷袭建康，占领了石头城。这时，北齐也派兵五千从采石渡江占领了姑孰，控制了建康的西南门户。

陈霸先闻讯立即赶回建康，派兵夜袭长江北岸的齐军，烧了北齐的运粮船；然后又包围石头城，切断了城中的水源。齐军为了摆脱困境，被迫求和。

陈霸先虽然知道这是北齐的缓兵之计，但由于建康守军力量薄弱，粮食供应困难，就同意讲和了。他对部下说："齐人这次求和是被迫的。他们反复无常，不讲信用，一定会背弃和约卷土重来的，我们必须做好准备随时迎敌。"

和约达成后，陈霸先一面清除王僧辩的残余势力，巩固后方；一面派遣军队驻扎在淮河沿岸的方山一带，防御北齐入侵。

不久，北齐果然撕毁和约，南下袭击梁国，占领了江南的一些地方。由于陈霸先早有准备，指挥部队英勇作战，齐军始终不能逼近建康。

建康百姓积极支持陈霸先卫国抗齐，他们用荷叶包饭，夹上鸭肉，争相送到前线去慰劳将士。北齐军到处受到江南百姓的抵抗，没有房子住，军粮接济不上，只好住在泥泞的野地里，靠抢劫来填饱肚子。最后，陈霸先终于打败了北齐军，保卫了家园。

陈霸先战功赫赫，威望日增，梁敬帝封他为陈国公，叫他总揽朝中大权。

梁敬帝太平二年(公元557年)，陈霸先废掉梁敬帝，自己做了皇帝，建立陈国，史称陈武帝。

陈朝建于公元557年，亡于公元589年，历经五帝，统治中国南部三十三年。

北魏建国

出自《魏书·帝纪第二、帝纪第四》

　　淝水之战结束后，前秦灭亡，北方分裂成后秦、后燕、后凉、西秦、北魏等几个政权。

　　建立北魏的拓跋部原是鲜卑族的一支，住在东北嫩江流域兴安岭附近，过着游牧生活，是一个比较落后的部落。

　　后来，拓跋部向南迁移，跋山涉水来到塞外匈奴人曾经占据过的地方。在那里，拓跋部分裂为两支后，各奔东西了。东边的一支由一个小小的部落逐渐发展为一个大的部落联盟，从氏族社会逐渐过渡到奴隶社会。

　　西晋末年，晋朝统治者为了对付匈奴人建立的前赵，派人拉拢拓跋部，封拓跋部的大酋长猗卢为代公，把山西代县勾注山以北一带地方让给他统治。过了几年，西晋王朝又封猗卢为代王。

　　猗卢死后，代国发生了十多年的内乱。后来，猗卢的侄孙什翼犍做了代王。什翼犍身高八尺，宽厚大度，重用汉人，以法治国，拓跋部才逐渐安定下来。

　　晋孝武帝太元元年(公元376年)，前秦皇帝苻坚进攻代国。这

时，什翼犍正在患病，不能亲征，只好率众退往阴山之北。

前秦大军南撤后，代国发生内乱。什翼犍的庶长子寔君为了夺位，杀了他的几个兄弟，连什翼犍也一起杀了。不久，代国被前秦所灭。

苻坚灭了代国之后，想把代国的王孙全部带走。代国有个名叫燕凤的大臣，怕苻坚斩草除根，就设法骗过苻坚，把什翼犍的长孙——年仅6岁的拓跋珪保护下来。

拓跋珪自幼聪明，深受什翼犍疼爱。他刚生下来时比别的孩子重两倍，鲜卑人认为孩子生下来分量重长大后一定会有出息，因此大家都很喜欢他。

拓跋珪长大后，身材魁梧，前额又宽又高，长着一双炯炯有神的眼睛和一对大耳朵，卓然不群，显得格外英俊。人们都说他将来一定会成为了不起的人物，把复兴代国的希望寄托在他的身上了。

拓跋珪为了复国，天天习武，舞刀弄棒，骑马射箭，样样都练得十分纯熟。他联络了许多能人，等待着复兴代国的时机。

晋孝武帝太元十一年(公元386年)，也就是代国灭亡后的第十年，前秦苻坚在淝水之战中被东晋打败，拓跋珪乘此机会在牛川即王位，重建了代国。

不久，拓跋珪把国号改为魏。因为代王是晋朝封的，这一改表示从此不再承认晋朝的封号，成为一个与东晋平起平坐的国家了。为了避免和三国时曹丕建立的魏国混淆，史书上把拓跋珪建立的魏国叫作北魏。

拓跋珪既能打仗，又善于治国。为了扩大疆土，求得生存，他发动了一连串的战争，和西燕、后燕频繁交战。拓跋珪知道打仗首先得解决军粮问题，因而叫鲜卑人开荒种粮，从事农业生产，改变了以畜牧游猎为主的生活方式。他曾亲自赶马扶犁，参加耕种。

拓跋珪知道打仗要靠将士的勇敢，因而他规定每次打胜仗后，要按功劳大小分发战利品，使将士们都能从战争中得到好处。这样，将士们打起仗来，人人奋勇，个个争先。

拓跋珪既有充足的军粮，又有勇敢作战的将士，因此他能战无不胜，攻无不克，河套一带的部落也纷纷投降北魏。从此，北魏土地不断扩大，势力也更加雄厚了。

接着，拓跋珪率领大军打败了当时称雄北方的后燕，夺得了黄河两岸的大片土地。

晋孝武帝太元二十一年(公元396年)，拓跋珪称帝。

晋安帝隆安二年(公元398年)，拓跋珪把都城从盛乐迁到平城，模仿长安、洛阳、邺郡把平城建得富丽堂皇。这时，北魏已经进入封建社会，成为黄河流域最强大的国家了。

拓跋珪建国之后，知道要想国运长久，必须学习汉人的先进文化，必须加速汉化进程。于是，他任用汉族儒生做官。凡是想要做官的读书人都可以直接求见，他亲自接见后，根据每人的学问和能力授予不同的官职。为了培养人才，他在平城开办了一所太学，聘请汉族儒生做教师，招收三千多名学生，学习《诗》、《书》、《礼》、《易》、《春秋》等。他还聘请汉人学者崔宏为他讲《汉书》，从历史上吸取治理国家的经验。

有一天，拓跋珪问《五经》博士李先道："世上什么东西最好，可增长见识和智慧？"李先回答说："书籍最好。"于是，拓跋珪命令郡县官吏搜集各种汉文书籍，送到平城供太学生阅读，提高文化，学习治国本领。

在拓跋珪的统治下，北魏的政治、经济、文化都得到了迅速的发展。到他的孙子太武帝拓跋焘即位时，北魏终于灭了十六国中仅存的夏、北燕、北凉三国，统一了北方。

北魏建于公元386年，亡于公元557年，历经十六帝，统治中国北部长达一百七十二年。

历史上南北朝中的北朝，主要指的就是北魏，还包括北魏之后的东魏、西魏、北齐、北周。

北魏分裂

出自《魏书·本纪》

西晋灭亡后，北方分裂成五胡十六国。各路军阀混战了一百多年，最后由拓跋氏建立的北魏结束了五胡十六国的混战局面，统一了北方。

北魏孝文帝死后，他的儿子元恪即位，史称宣武帝。按照北魏的祖训，新皇帝的母亲必须赐死，怕的是太后和太后的亲属干政。孝文帝的皇后冯氏是宣武帝生母，当按照孝文帝的遗诏赐死时，冯氏不肯喝毒药。她一边跑一边哭喊："皇上决不会这样做，都是你们这些亲王要害我！"派去的人追上去将她按住，硬将毒药灌下去，将她活活毒死了。

宣武帝只做了几年皇帝就死了，年仅6岁的儿子孝明帝即位。宣武帝临死时，皇后高氏要毒死孝明帝的生母胡贵嫔。与胡贵嫔要好的宦官刘腾急忙将此事告诉尚食典御侯刚，侯刚又急告侍中于忠，于忠忙和崔光商量，崔光派人将胡贵嫔严加保护起来，因此胡贵嫔得以不死。孝明帝即位后，尊生母胡贵嫔为太后，贬高太后为尼姑。

由于孝明帝年纪小，北魏的大权落入胡太后手中。胡太后为人极其专横，为所欲为。刘腾目不识丁，胡太后为报救命之恩，提拔他做了侍中、光禄大夫。从此，刘腾开始干预朝政，并卖官鬻爵。后来，天象有变，胡太后硬说与高太后有关，将她活活逼死。

胡太后崇信佛教，利用民脂民膏在京城洛阳建了一座永宁寺。寺中的佛像有的是纯金的，有的是美玉的，无不价值连城。胡太后还在寺旁建了一座九十九丈高的九层宝塔，金碧辉煌，风吹铃响，声闻十里。佛寺和佛塔都是民

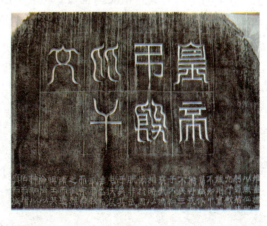

一〇七

脂民膏堆起来的，缺衣少食的百姓对此极为不满。

在胡太后的影响下，文臣武将贪污成风，弄得民不聊生，不得不铤而走险。

那时，北魏在北方边疆设了六个军事重镇，用以防御柔然族的侵略。由于沃野镇的镇将克扣军饷，守军发动起义，其他五镇也起来响应了。起义虽然被镇压下去，但北魏已处于风雨飘摇之中。尔朱荣是镇压这次起义的刽子手，靠镇压义军起家，做了车骑将军。

孝明帝19岁时，胡太后仍然把持朝政，宠信郑俨、徐纥两个小人。孝明帝想除掉这两个小人，夺回政权，但又无能为力，便降密诏让实力派尔朱荣率军进京。尔朱荣接到密诏后，立即让谋士高欢担任先锋，率领一万大军向洛阳进发。郑俨、徐纥听说尔朱荣率军前来，急与胡太后密谋，将孝明帝毒死。

这年正月，后宫潘贵嫔生了一个女儿，胡太后谎称是男儿，将其立为皇帝。不久，又降诏说："潘贵嫔所生本是一女，故临洮王元宝晖之子元钊乃高祖之孙，宜登大宝。"于是，3岁的元钊做了皇帝。胡太后因他年幼，自己可以继续执掌朝政，所以立他为帝。

尔朱荣闻讯，在军中另立彭城王元勰之子长乐王元子攸为帝，史称孝庄帝。孝庄帝封尔朱荣为太原王。

胡太后见大势已去，怕自己和先帝嫔妃受辱，便急令她们出家做了尼姑，自己也削发为尼，遁入空门。

尔朱荣率军进入洛阳后，派人将胡太后和幼帝元钊双双沉入黄河溺死。这时，谋士费穆献计道："将军兵马不过万人，如今长驱入洛，并无战功，恐怕群臣不服。若不杀光朝臣，等将军北归之时，朝臣必然群起而反对将军了。"尔朱荣听了，深以为然，便诈称皇帝祭天，将朝臣骗到黄河之滨，用骑兵包围，然后宣布说："你们这些朝臣只知贪财，不知辅佐皇上，致使皇上暴崩，留你们何用？"说罢，骑兵齐出，刀剑并下，将朝臣杀光，共杀了二千多人。

孝庄帝见尔朱荣如此心狠，吓得胆战心惊，忙对尔朱荣说："帝王迭兴，盛衰无常。我投将军不过为了全生而已。若天命有归，这皇帝还是由你做吧！若不忘大魏，就请另选贤王！"高欢听了这话，便劝尔朱荣称帝。尔朱荣是个粗人，并不敢称帝。于是仍由元子攸做皇帝，尔朱荣让女儿做皇后，由他掌握朝中大权。

孝庄帝见尔朱荣把持朝政，总想除掉他，但又无计可施，不禁忧心如焚。孝庄帝度日如年地过了两年半，一天城阳王元徽献计说："陛下，何不诈称皇后生了儿子？尔朱荣听说后必然入朝贺喜，到那时就可以借机杀掉他了。"孝庄帝说："皇后怀孕才九个月，说生儿子能行吗？"元徽说："女人不满十个月生孩子的多得很，有何不行？"于是，孝庄帝在明光殿设下伏兵，将前来探望女儿的尔朱荣杀了。

尔朱荣死后，他的族人纷纷起兵报仇。三个月后，他的侄儿尔朱兆攻入洛阳，将孝庄帝带回晋阳缢杀。

孝武帝元年(公元532年)，高欢拥立孝文帝的孙子元修当皇帝，史称孝武帝。孝武帝不甘心当傀儡，高欢率军进京问罪，孝武帝只好逃到长安投奔宇文泰。高欢便立孝文帝的曾孙元善见为帝，史称东魏孝敬帝，将都城由洛阳迁到邺城。

宇文泰曾参加边镇守军的暴动，18岁时在暴动首领葛荣手下当大将，失败后投降尔朱荣，被派往关中镇压关陇起义军。不久，他的势力一天天大起来，成为与高欢齐名的将领。

孝武帝由洛阳逃到关中后，被宇文泰所杀。宇文泰另立元宝炬做皇帝，史称西魏文帝，首都建在长安。

从此，北魏有了两个皇帝，分裂为东魏和西魏了。

东魏建于公元534年，亡于公元550年，只有一帝，统治中国北方东半部十七年。

西魏建于公元535年，亡于公元557年，历经三帝，统治中国北方西半部二十三年。

北齐王朝

出自《北齐书·本纪》

　　高欢死后，东魏大权落到他儿子高澄手里。

　　高澄一心想做皇帝，怕二弟高洋跟他争位，便处处排挤高洋。高洋长得其貌不扬，但很有心计。见哥哥防他，便立即装起傻来，遇事总往后让，不跟哥哥争。不论高澄说什么，高洋都点头同意。高澄见二弟这样，也就放心了。他轻视高洋，常对人说："就凭他那长相，也能如此富贵，相书真不可信。"

　　高澄万没想到，帝位还未夺到手，他就被手下奴隶刺死了。

　　原来，从高欢那时起，强迫俘虏做奴隶的事多起来。有一次，高澄率军同梁军作战，俘获了梁朝徐州刺史兰钦的儿子兰京，强迫兰京给他做厨房里的奴隶。兰钦闻讯后，愿意拿一大笔钱来赎儿子，高澄不答应。兰京请高澄释放他，反被高澄痛打一顿。高澄还说："再说就杀了你！"于是，兰京和其他六个奴隶商量好，要刺死高澄。

　　有一天，高澄和心腹正在秘密商量夺取帝位的事。这时，兰京来给高澄送饭。高澄不吃，让他退下，然后对别人说："我昨天夜里梦见这个奴隶拿刀砍我，一会儿就杀了他！"兰京听说后，马上在盘子下面藏了一把匕首，又来送饭。高澄说："我没要，为何给我送饭？"兰京嗖的一下从盘子底下抽出匕首，大声说："我杀你来了！"高澄急忙抽出佩刀防卫，不料佩刀落地，砍伤了自己的脚，他忍痛就势钻到床底下。同高澄一起密谈的几个人有的慌忙逃走，连鞋子也丢了；有的一头钻进厕所里。大臣陈元康跟高澄一起钻到床下，并用自己的身子掩护高澄。这时，和兰京约好的六个奴隶闻声赶来，把床搬开，结果了高澄的性命。陈元康的肚子

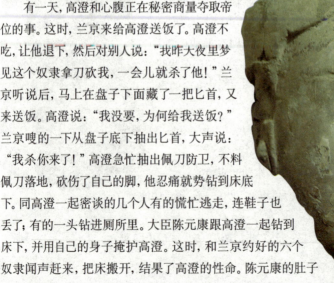

挨了一刀，不久也死了。

高洋听说哥哥被刺，不再装傻了。他指挥手下人包围了兰京等七个奴隶，把他们全杀了。然后，他接替哥哥独揽了朝中大权。

东魏孝静帝以为高欢、高澄相继死去，自己可以亲政了，没料到又出来一个高洋，牢牢地控制着朝廷。他连声叫苦，只得拜高洋为丞相、大都督、齐郡王，想用这种办法讨好高洋。

高洋并不满足于只当大臣，想要篡位。他母亲娄太妃说："你父亲像龙，你哥哥像虎，尚且不敢篡位，就凭你这长相，还想当皇上？"高洋不听母亲的话，于公元550年逼孝静帝让位，自己当了皇帝，改国号为齐，历史上叫做北齐，高洋即北齐文宣帝。

高洋称帝后，大封宗室和功臣。宗室有十个人封了王，功臣有七个人封了王。他怕几个弟弟争夺帝位，封给每人一块土地，把他们打发到地方上去。接着，高洋发兵北攻柔然、契丹，安定了北疆。然后又南下攻打梁朝，想把版图扩展到江南。

在攻打梁朝的战争中，开始时打了几次胜仗，后来被梁朝大将陈霸先打败了。

高洋即位初期，留心朝政，任用贤臣，严格执法，即使皇亲国戚犯了法也不留情面。他还削去州郡建制，减少官吏；修筑长城，巩固边防。因此，齐国迅速强盛起来。

可是，没过多久，高洋就腐化了。他征发三十多万壮丁和工匠修复并扩充邺城宫殿，整天饮酒作乐。他有时披头散发，穿起奇装异服；有时赤身裸体，涂上胭脂香粉。他还常常在街头游荡，随便闯入民宅，糟蹋妇女。为此，娄太妃非常生气。一天，她抡起手杖向高

洋打去，骂道："真是什么样的父亲生什么样的儿子！"高洋满嘴酒气，毫不示弱说："你这老太婆竟敢骂我，明天我把你嫁给胡人去当老婆！"娄太妃听了，气得昏了过去。

后来，高洋开始以杀人为乐，叫人制造大镬、长锯、锉、碓之类的刑具，陈列在宫廷里，把无辜的人抓来用刑。大镬是烧开水烫人的，长锯是锯人手足的，锉是锉骨头的，碓是砸人的。

高洋残酷到了极点，掌管刑法的典御丞李集当面对他说："陛下使用这样的酷刑，简直跟夏桀、商纣一样残暴。"高洋听了极不高兴，叫人把李集捆起来沉到水里，弄得半死不活，然后又拉上来问他道："我究竟像不像桀纣？"李集毫不畏惧地回答说："你这样对待忠臣，比桀纣有过之而无不及！"高洋又叫人把李集沉到水里。这样沉下去拉上来折腾了好多次，李集还是一口咬定高洋的行为和桀纣一样。高洋拿他没办法，只得把他放了。

荒淫残暴的高洋做了九年皇帝，由于饮酒过多，肝脏出了毛病，吃不下饭了。他自知活不长了，含泪对皇后李氏说："一个人有生必有死，我做了九年皇帝，死了也没有什么可惜的。只是太子年纪还小，怕帝位被人夺去。"于是，他把六弟常山王高演叫来，对他说："你要夺帝位也可以，但千万别杀我那可怜的儿子!"说完便咽气而终，享年31岁。

高洋的儿子高殷这年15岁，他熟读经书，满腹学问，口若悬河，经常语惊四座，驳倒群儒。他聪明敦厚，慈悲善良。高洋生前，有一天让高殷手持宝剑去砍下一个囚犯的头，他不忍下手。高洋催逼再三，他也

抬不起手来。高洋气得挥起马鞭，将他打得遍体鳞伤，昏了过去。从那以后，高殷常常精神错乱，心悸口吃。

高殷即位后，改革朝政，凡不能胜任的军官一律退休，靠行贿做官的一律淘汰。这些人怀恨在心，纷纷投靠高演，要推他做皇帝。不到一年，高演夺了帝位，还杀了高殷。

高演在位仅二年，因为杀高殷之后内心愧疚，神志错乱。一天，他去打猎散心，又摔成重伤。结果，他27岁那年就死了。

高演因儿子高百年年纪小，把帝位传给了九弟高湛。他嘱咐高湛说："我儿子太小，没有什么罪，请你好好安置他，千万别学前人的样子。"高演叫高湛别学他的样子杀高百年。

高湛做皇帝后，才过三年，就把侄子高百年杀了。

高湛即北齐武成帝，他做皇帝才三年，就把帝位传给了儿子高纬，自己做太上皇去了。他想用这种办法教会儿子怎样做皇帝，免得被别人夺位。

高纬从小在宫中长大，只知道享乐。由于政治腐败，北齐国势一天天衰弱了。而继承西魏的北周由于政治清明，正一天天强大起来。高纬根本不把这些放在心上，整日拿着琵琶自弹自唱，时不时地还谱些曲子，自称"无愁天子"。

十二年后，北周终于灭了北齐。高纬被俘，到长安后被封为温公。过了半年，周武帝以谋反为名，将他和北齐皇族子弟全部杀死。

北齐建于公元550年，亡于公元577年，历经六帝，统治中国北方东半部28年。

魏收和《魏书》

出自《北齐书·补列传第二十九》

魏收，字伯起，小字佛助，北魏宣武帝正始二年(公元505年)生于巨鹿下曲阳(今河北晋州市西)。魏收一生经历了北魏、东魏和北齐三个王朝。

魏收的父亲魏子建是位将军，为人正直。魏收少年时，随父亲到边境军中一起生活。魏收喜好骑射，想长大后和父亲一样靠武艺出人头地。荥阳郑伯见魏收天天习武，有一天嘲笑他说："魏郎玩过多少只戟了？"魏收听了感到很惭愧，从此弃武学文，折节读书。

夏天，骄阳高照时，魏收坐在板凳上读书，随着树阴移动板凳大声背诵。几年后，板凳磨薄了许多，而魏收仍精力充沛，读书不辍。由于他刻苦读书，终于显露出文学才华。

魏收在北魏时初入仕途，曾担任太学博士。尔朱荣在河阴滥杀朝臣时，魏收也在尔朱荣骑兵的包围圈内，因为日落天黑才侥幸获免。吏部尚书李重俊看重他的才学，上奏章推荐他担任司徒记室参军。北魏节闵帝(元恭)即位后，要精选近侍，命魏收起草《封禅书》，他卜笔立就，不打草稿，近千字的文章所改无几。当时，黄门郎贾思同侍立在侧，大吃一惊，对节闵帝说："曹子健虽有七步赋诗之才，也不能超过魏收啊。"魏收从此受到重用，升为散骑侍郎，负责撰写起居注，并修国史。这时，魏收才26岁。

魏收在北魏时还写过《南狩赋》、《庭竹赋》等，均显示了他的文学才能，因此他与济阴温子升、河间邢子才并称为"世间三才"。

魏收28岁时，北魏灭亡了。他45岁时，东魏被北齐取代。从东魏到北齐，魏收一直受到高欢父子的赏识，官职和爵位一升再升，但魏收将主要精力放在了修史上。

东魏时，御史中尉崔逴向高欢长子高澄说："国史乃大

事，你家父子的功业都应该记载下来，此项重任非魏收不能完成。"于是，高澄将修魏史的重任交给了魏收。

后来，高洋取代东魏建立北齐，改元天保(公元550年)，第二年即降诏让魏收撰写魏史。魏收向高洋表示说："臣愿在东观秉笔直书，早日写成《魏书》。"

高洋又让平原王高隆之担任总监，房延佑、辛元植、睦仲让、刁柔、裴昂之、高孝干等六人参与修史，但高隆之仅挂名而已，房延佑等人并非修史之才，不能胜任编辑工作，《魏书》主要是由魏收完成的。

北齐文宣帝高洋天保五年(公元554年)三月，魏收写出本纪12卷、列传98卷，合计110卷。

同年秋季，高洋任命魏收为梁州刺史，魏收上书说《魏书》的《志》尚未修成，请将其修完。

同年十一月，魏收完成了《天象志》4卷、《地形志》3卷、《律历志》2卷、《礼志》4卷、《乐志》1卷、《食货志》1卷、《刑罚志》1卷、《灵征志》2卷、《官氏志》1卷、《释老志》1卷，共10志20卷。

魏收撰写的《魏书》完成后，在北齐官僚士大夫中间引起了轩然大波，发生一场大争论。魏收深为北齐高氏统治集团所信任，担任要职。但他一向恃才傲物，有时借修史作为酬恩报怨的手段。他曾公开说："何物小子敢共魏收作色，举之则使上天，按之当使入地。"那些与他沾亲带故的人，传文就减恶增善；相反，与他无亲无故或稍有仇怨的人，不是不入传，就是不加褒词。由于魏收在传主取舍褒贬上触犯了某些大臣，其子孙向朝廷投诉的前后竟达百余人。高洋接到投诉，便降诏让魏收于尚书省同诸家子孙开会辩论，结果是各说各的理，最终由于皇帝和宰相的庇护，压下了这场风波，并以"谤史"的罪名处理了范阳卢斐、顿丘李庶、太原王松年等人。诸家子孙心里不服，称"魏书"为"秽史"。为此，高洋决定《魏书》暂不印行。

高洋死后，高演、高湛两个皇帝命魏收将《魏书》重加修改，最后才成定本，这便是流传下来的《魏书》。

北齐后主高纬武平三年(公元572年)，魏收去世，享年67岁。

魏收因为修史得罪了一些人，这些人一直对他怀恨在心。北齐灭亡后，竟有人掘了他的坟，将尸骨抛于野外。

隋朝是从西魏、北周延续下来的，因此隋文帝于开皇年间命著作郎魏澹——魏收的族弟等人以西魏为正统重修《魏书》92卷。但这部新修成的《魏书》毕竟不如魏收撰写的《魏书》，没有流传下来。

隋末唐初，曾两次重修过魏史，也都未能成功。

最后，还是魏收的《魏书》保存下来，被收入"二十四史"，成为"二十四史"中的第十史。《魏书》是研究北魏一朝历史最原始的著作。

北周武帝灭佛强国

出自《周书·武帝本纪》

北周武帝宇文邕是宇文泰的第四子，南朝梁武帝大同九年(公元543年)生。他自幼聪明机智，文静典雅，孝敬父母。宇文泰极为疼爱他，常说："将来实现我宏图大志的一定是这个孩子。"

宇文泰去世后，他的侄子宇文护逼西魏恭帝将帝位禅让给宇文泰的第三个儿子宇文觉，建立了北周。宇文觉这年才16岁，朝中大权全落到了宇文护手里。

宇文觉不愿意当傀儡，在亲信的怂恿下想杀掉宇文护，结果反被宇文护杀了。

宇文护又立宇文泰的大儿子宇文毓做皇帝，他继续独揽朝中大权。不久，他见宇文毓精明强干，怕对自己不利，便派死党在饼中放毒，将宇文毓毒死了。

接着，宇文护又立宇文邕为帝，史称周武帝。周武帝虽然不甘心做傀儡，但他没有忘记两个哥哥的悲惨下场，知道自己刚刚即位，不能和宇文护较量，只好以屈求伸，从长计议。他先集中力量搞好内政，直到12年后才除掉宇文护，亲自掌握了政权。

周武帝亲政的第二年，关中大旱，庄稼全枯死了。百姓挖野菜充饥，社会动荡不安。周武帝感到如果不在政治上做些改革，不仅国家统一无望，就连自己的帝位也难以保住。于是，他下令释放奴婢和杂户为平民，并制订刑书，用重刑约束骄横的地方

豪强。

北魏以来佛教盛行，北周境内竟有佛寺一万多所，和尚、尼姑二百多万人。这些人不劳而食，还享受不纳税不服徭役的特权，是社会上的寄生虫。掌管寺院的和尚成了大地主，许多农民受不了苛捐杂税的盘剥，往往带着土地投靠佛寺。

周武帝的父亲宇文泰和两个哥哥都是佛教信徒，他本人受家庭影响，小时候也信佛。

关中大旱这年，有个还俗的和尚卫元嵩上书周武帝，提出灭佛的主张。他说："远在唐尧虞舜时，没有佛教和寺庙，国家很太平，被称为太平盛世；而南朝的齐、梁寺庙很多，却很快就亡了国。这是值得深思的。陛下要想使国家强盛起来，对那些拥有巨额财富的和尚不能和穷人一样看待。穷人交纳赋税，可以不服兵役；那些有钱的和尚不但必须向国家交纳赋税，而且还要服兵役，不服兵役就要交纳免役费。这样做正符合佛教提倡的平等思想。"周武帝看了卫元嵩的信，高兴地说："卫元嵩说得好，正合朕意。"于是，他采纳了卫元嵩的建议，命令各地寺院除了留足自己吃的粮食外，多余的都要拿出来赈济灾民。

有钱有势的和尚不肯把粮食拿出来赈灾，反倒利用百姓受灾之机放高利贷，兼并土地，大发横财。

始州的和尚乘灾民借粮之机，强迫村民限期搬家，倒出土地建造佛塔。村民王鞅以为满嘴阿弥陀佛的和尚只是说说而已，哪能真的让他们无处安身呢。没想到限期一到，和尚勾结官府，带来了一群差役，如狼似虎，见人就赶，见物就抢。王鞅再也忍不住，振臂高呼道："和尚既然不发善心，蛮不讲理，我们只有跟他们拼了！"村民听了一拥而上，跟官差打了起来。在和尚的逼迫下，始州百姓造反了。

始州地方官向周武帝报告说王鞅聚众造反了，周武帝立刻派大将军郑恪带了一千多人赶到始州镇压了这次暴动。

周武帝感到佛寺的发展加深了社会危机，严重地威胁着他的统治，他认为灭佛已是刻不容缓的了。

于是，周武帝下令禁止佛、道二教，命令和尚、道士一律还俗。其实，周武帝是憎恨佛教袒护道教的。因此，他下令设立通道观，挑选著名的道士、和尚一百二十多人入观学习《老子》、《庄子》、《周易》。学习好的，授了通道观学士的称号。所谓"通道"，就是要和尚通过学习变成道士，禁止二教实际上是禁止一教。

随后，周武帝下令没收关、陇、梁、益、荆、襄等州僧侣地主的土地和寺院财产充作军费，销毁铜佛像和铜钟、铜磬用以铸造铜钱和武器。将近百万的僧侣和受寺院剥削的农户被编为均田户去开荒种地；将那些适龄的人征去当兵，扩充军队。

周武帝宣布灭佛，有的和尚吓唬他说："禁佛是要下地狱的。"周武帝坚定地说："只要百姓得到安乐，我愿受地狱之苦。"

周武帝灭佛，打击了僧侣地主，使国家增加了物质财富，发展了生产，相对地减轻了人民的负担，为消灭北齐创造了条件，也为后来隋文帝统一中国打下了基础。

北周建于公元557年，亡于公元581年，历经五帝，国祚二十五年。

杨坚称帝

出自《隋书·高祖本纪》

南朝陈宣帝太建十年(公元578年)五月，周武帝率领大军北伐突厥，不幸在途中病倒，回到长安就死了。这年，他才36岁。太子宇文赟即位，史称周宣帝。

周宣帝为人喜怒无常，经常无故惩罚大臣，就连他的皇后和嫔妃也不能幸免。

这时，周宣帝发现大臣杨坚不同于一般人，便动了杀心。

原来，杨坚身材高大，仪表堂堂，两目如电，为人稳重，沉默寡言，深孚众望。他父亲杨忠是西魏的十二大将之一，北周时升为上柱国大将军，封为隋国公。杨忠死后，杨坚袭爵，当上了大将军。

北周武帝建德四年(公元575年)，下大夫来和见杨坚相貌奇伟，忍不住对他说："你目如曙星，无所不照，将来一定会做帝王，拥有天下。希望你学会忍耐，不要杀人太多。"

周武帝待杨坚极好，齐王宇文宪对周武帝说："杨坚相貌不同于平常人，我每次见到他都要失态，恐怕他不是人下之人，请陛下早日除掉他吧！"周武帝听了，也有些疑心，便请教会相面的来和，来和骗他说："杨坚只不过是个守节之人，如果让他做将军，恐怕都不能破敌立功。"周武帝听了，便没有杀杨坚。

杨坚的女儿杨丽华是周宣帝当太子时的太子妃，现在已立为皇后。杨坚既是大将军，又是国丈，手握军政大权，因此周宣帝觉得杨坚对他的帝位是个潜在的威胁。

有一天，周宣帝以议事为名召杨坚入朝，同时吩咐侍臣说："你们留神观察杨坚，他若惊慌不安，则必有异心，你们就马上杀掉他。"

杨坚入朝后，见戒备森严，心中暗暗吃惊。但他表面却不动声色，坦然自若地步入大殿，在周宣帝面前谈笑自若，神情泰然。周宣帝虽然极力察言观色，也没有发现破绽，只好作罢。于是，他敷衍了几句，便令杨坚退下了。

周宣帝当皇帝不到一年，就对每天上早朝的皇帝生活厌烦了。于是，他把帝位传给年仅7岁的儿子宇文阐，自己做了太上皇，自称"天元皇帝"。这样，他就能在后宫尽情玩乐了。

再说杨坚回去后，一直忐忑不安。他深知自己的处境不妙，便想委托周宣帝的心腹大臣郑译推荐自己去边陲。郑译是个乖觉之人，见周宣帝统治不稳，前途莫测，早就想投靠朝廷的实力派人物杨坚了。他和杨坚是少年时代的同学，见杨坚相貌奇伟，便和他倾心相交。一天，杨坚在朝中见到郑译，私下里对他说："我想到外藩去，请你为我留意一下。"郑译爽快地答应了。

不久，周宣帝让郑译南下攻打陈国，郑译请周宣帝派给他一位元帅，周宣帝问道："你看谁行？"郑译问答说："若平定江东，不是皇亲重臣难以镇抚，可以让杨坚去。"于是，周宣帝任命杨坚为扬州总管。正要出发时，杨坚患了足疾，病势很重，没有走成。

不久，周宣帝病危，召大臣刘昉和颜之仪入宫嘱托后事。这时，他只剩下一口气，说不出一句话了，只是用手指着8岁的儿子宇文阐，不多时他便去世了。

刘昉见宇文阐年纪尚幼，便和郑译、柳

裘、杜陵等人商议，伪造遗诏让杨坚入朝辅政。杨坚坚决拒绝，刘昉说："你要干就抓紧干，你若不干我可要干了。"杨坚听了这话才答应下来。于是，杨坚进宫辅佐幼主静帝，独揽了北周的军政大权。

周宣帝的统治非常腐败，人民怨声载道。国内阶级矛盾异常尖锐，统治集团内部也发生了严重的分裂。杨坚面对北周的严峻形势，产生了取而代之的意图。

杨坚积极革除周宣帝留下的种种弊政，一反周宣帝奢侈淫逸的做法。他厉行节俭，下令停止营造规模宏大、劳民伤财的洛阳宫，与民休息。他废除了周宣帝制定的严酷法律，赢得了官民的拥戴。

接着，杨坚在不到一年的时间里铲除了朝廷内外的异己势力，清除了夺位道路上的所有障碍。于是，他在陈宣帝太建十三年(公元581年)二月，强迫静帝让位，自称皇帝，建立了隋朝，史称隋文帝。

当初，刘昉、郑译、柳裘、杜陵等人让杨坚入朝辅政时，杨坚的女儿杨皇后不知内情。她因嗣君年幼，见父亲前来辅佐，心里很高兴。后来，发觉父亲有夺位之意，她极为不满，言谈表情之间都流露出来了。等父亲夺位之后，她更加愤怒了。杨坚封她为乐平公主，想将她嫁人，她誓死不从，杨坚只得作罢。

大臣虞庆则劝隋文帝除掉宇文泰的后代子孙，大儒李德林坚决反对。杨坚作色道："你是书生，不配谈这事！"于是，将宇文泰的子孙都杀了。

这时，中国尚分裂为南北两部分，统治中国长江以北的是隋朝，统治中国长江以南的是陈朝。

过了几年，隋文帝见国家日益富强，认为灭陈的时机成熟了。

隋文帝开皇八年(公元588年)春天，隋文帝任命二儿子晋王杨广、三儿子秦王杨俊和大臣杨素三人为元帅，率领东、中、西三路大军出师伐陈。

隋将贺若弼精通兵法，他在渡江前先大量购买陈国的船只藏了起来，又买了五六十艘破船放在江边。陈人见了破船，以为北国无船，全都放心了。

贺若弼还命令驻军换防时，要在选中的渡江地点广陵交接，并且一定要大张旗鼓，虚张声势。他们换防时，陈人以为隋军要渡江了，急忙发兵迎战。及至明白对方是在换防，便将军队解散了。以后隋军换防时，陈人再也不防备了。

每隔几天，贺若弼还叫士兵沿江打猎，人马喧腾，声震对岸。

这样折腾了一阵，对岸的陈朝守军全都放松了警惕。

及至贺若弼率领大军真的从广陵渡江时，南方的守军都已喝醉了酒，丝毫没有察觉。

隋军顺利渡过长江，兵临南京城下。陈朝大臣没有退敌之策，陈后主如坐针毡，十分烦躁。最后，他不顾众臣反对，派萧摩诃率军出城与隋军决一死战。

陈军早已不堪一击，只这一仗，隋军就进入建康了。

这时，满朝大臣都跑光了，只有尚书仆射袁宪还在殿中。陈后主惊慌失措，想要躲藏。袁宪正色道："北兵虽入，必无所犯。大局如此，陛下还能去哪里？臣请陛下迎接北军吧！"陈后主不听，边跑边说："锋刃之下，还是躲一下好，我自有良策。"

陈后主跑到景阳殿，躲到井里。隋军进殿后，向井下喊道："井下有人吗？快上来！"下面寂然无声，隋军又喊道："再不上来，要扔石头了！"陈后主一听吓坏了，忙大声喊道："不要扔！我们上去。"隋军放下绳索，往上拉人，发现太重，几个人一齐用力，才将井下的人拽上来。一看，原来拽上了三个人，除陈后主外，还有张贵妃和孔贵嫔。

至此，陈朝灭亡，分裂几百年的中国重又统一了。

隋朝建于公元581年，亡于公元618年，历经三帝，国祚三十八年。

李渊建立唐朝

出自《旧唐书·高祖本纪》

　　李渊的祖父李虎曾担任西魏左仆射，被封为陇西郡公。因他协助宇文泰建立西魏，所以官至太尉，成为著名的西魏八柱国之一，死后追封唐国公。

　　李渊的父亲李昞袭封唐国公，北周时曾担任安州总管、柱国大将军。

　　北周天和元年(公元566年)，李渊生于长安，7岁袭封唐国公。

　　李渊的妻子窦氏是隋朝贵族神武公窦毅的女儿，隋文帝独孤皇后是李渊的姨母。因此，李渊在朝廷上十分受宠。

　　隋炀帝大业十三年(公元617年)，李渊被隋炀帝任命为太原留守。

　　太原是中国北方重镇，不仅兵源多，而且粮饷足，储粮可供十年之用。于是，有政治野心的李渊一上任，就在太原发展自己的势力，以图大举。

　　李渊首先打败了在太原一带最为有名的"历山飞"农民起义军，从而获得了当地官僚和地主的拥护，晋阳县令刘文静、鹰扬府司马许也绪等都投靠了李渊。

　　这时，隋炀帝远在江都，沉湎酒色，鞭长莫及。

　　不久，马邑人刘武周起兵杀了太守王仁恭，自称天子。李渊见有机可乘，立即以讨伐刘武周为名自行募兵。在李渊的安排下，李世民、刘文静等人四处活动，收罗人才。因为李渊以维护朝廷的面目出现，所以远近的地主武装纷纷前来响应，几天工夫就有近万人来投了。

李渊一面以保卫朝廷为幌子，掩人耳目；一面听从刘文静的建议，联合突厥，扩充势力。

李渊派刘文静出使突厥，请始毕可汗率兵响应。始毕可汗送良马一千匹，到太原和李渊进行贸易，还答应派兵护送李渊去长安。

李渊决定进军关中，直取长安，建立新朝。西河郡丞高德儒不服从李渊，李渊就命令长子李建成和次子李世民率军进击。临行前，李渊对两个儿子说："你们虽然年富力强，但处理事情尚缺乏经验，而今先让你们二人攻取西河，锻炼一下你们的能力。"二人受命，率领所部直奔西河。行军途中，二人与士兵同甘共苦，所过之处秋毫无犯。沿途百姓送来蔬菜水果，他们都如数付钱。有些东西推辞不掉的，就和士兵共享。士兵非常感动，都愿意为兄弟二人卖命。因此他们所率领的这支队伍作战十分勇猛，所向无敌，没几天就攻下西河，活捉了高德儒，将他斩首。然后开仓放粮，让百姓安居乐业。百姓们奔走相告，欢欣鼓舞。李渊听说后，高兴地说："我儿能够如此用兵，争夺天下就不难了！"

西河大捷后，李渊设置了大将军府，自称大将军。他以长子李建成为陇西公、左领军大都督，统率左三军；以次子李世民为敦煌公、右领军大都督，统率右三军；以裴寂、刘文静为大将军府长史、司马，初步建立了军政机构。

大业十三年（公元617年）秋七月，李渊命三子李元吉为镇北将军、太原留守后，他亲率大军三万从太原出发进军灵石县，在贾胡堡安营扎寨。隋将宋老生屯兵霍邑，挡住了李渊的去路。

这时，正值阴雨连绵，粮饷供应不足，又听说突厥与刘武周合兵攻打太原，于是裴寂劝道："太原是军事重镇，义军的家属都在那里，依目前形势，应先回师太原等待时机。"李渊觉得裴寂说得很有道理，便决定班师回太原。李世民反对回师说："突厥并未构成对太原的严重威胁，应先入咸阳号令天下。若遇到一点小小挫折就班师，不仅有挫士气，而且难成大事。"李建成也反对班师回太原。经过兄弟二人再三劝说，李渊才如梦方醒，下令追回已经后撤的部分军队。

不久雨停了，军粮也运到了。李渊带领军队直趋霍邑，派李建成和李世民各率数十名将士直逼城下叫阵。李渊将所率部队分为十几队攻城，宋老生忙率兵三万出城迎战。李渊命小队士兵佯装后退，宋老生以为李渊惧怕，就率士兵前进。李世民等以轻骑插入敌后，控制了城门。两军前后夹击，宋老生兵败，死于城下。

平定霍邑后，李渊又连取临汾，进攻绛郡。绛郡通守陈叔达很有才学，听说李渊率军而来，忙闭门拒守。李渊一面攻城，一面派人前去劝降。陈叔达见隋朝大势已去，便迎李渊入城，并向李渊请罪，李渊以礼相待。

八月，李渊率人马进至龙门县。突厥康鞘利等率骑兵五百人，马匹二千，会同刘文静从北方来援，李渊设宴热情款待。

九月，李渊率军直逼河东。隋朝骁骑大将军屈突通撤掉桥梁，给李渊进军带来困难。李渊写信给

当地的农民起义军首领孙华，请他支援。孙华所率义军兵强马壮，洓水以北无人敢挡。当他收到李渊的书信后，十分高兴，立即率领心腹数十人来见李渊。李渊拜孙华为左光禄大夫，封武乡县公。在孙华的引导下，李渊所部得以渡河围攻河东。屈突通坚守不出，裴寂主张派重兵攻城，歼灭屈突通以绝后患。李世民认为此时兵贵神速，应避实击虚，直入关中。李渊听了儿子的建议，决定分兵两路，由李世民率部直取长安，同时以相当的兵力对付屈突通。

十一月，长安被李世民攻克了。李渊进入长安后，下令封府库，收图籍，禁止掳掠。城内百姓夹道欢迎，秩序井然。大街上人来人往，似乎没有发生任何事情一样。

李渊立隋炀帝的爱子代王杨侑为皇帝，史称隋恭帝，年号义宁，遥尊隋炀帝为太上皇。李渊出任大丞相，进封唐王，位在王公之上。他以武德殿为丞相府，设官理事，独揽军国大权，日理万机。

李渊为了进一步巩固自己的势力，大封功臣。义宁二年（公元618年）正月，李渊封丞相府长史裴寂为魏国公，司马刘文静为鲁国公。其余诸将也都受到加封，晋阳旧吏都得到了一官半职。这些人盼望李渊早日做皇帝，大家好捞到更大的好处。

大业十四年（公元618年）隋炀帝被杀，李渊再也不需要隋恭帝了，便逼恭帝退位，自己做了皇帝，建立了唐朝，改元武德。

从此，唐王朝登上了历史舞台。

唐朝建于公元618年，亡于907年，历经二十一位皇帝，国祚二百九十八年。

令狐德棻和《周书》

出自《旧唐书·列传第二十三》《新唐书·列传第二十七》

令狐德棻是宜州华原人。父亲令狐熙曾在隋朝做官，担任鸿胪卿。令狐德棻自幼博览群书，精通文史。

隋炀帝大业末年，朝廷下令任命令狐德棻为药城长。适逢战乱，他没有前去就职。

淮安王李神通起兵反隋时，建立总管府，任命令狐德棻为总管府记室。

唐高祖李渊在太原起兵后，攻入关中，任命令狐德棻为丞相府记室。

唐高祖武德初年，令狐德棻担任起居舍人，升任秘书丞。一天，唐高祖问令狐德棻说："男人的帽子和妇人的发髻近来都变得又高又大了，这是什么缘故啊？"令狐德棻回答说："帽子和发髻都是装饰在头上的，是君主的象征。晋朝将要灭亡时，君弱臣强，所以江东男女都是上身的衣服小而下身裙子大。后来，刘裕做了皇帝，君主德高望重了，衣裳也随着变为上大下小了。如今男人的帽子和妇人的发髻都变得又高又大了，与此同理。"高祖听了直点头，认为他说得对。

隋朝末年，天下大乱，书籍都散失了，宫中秘藏图书也残缺不全了。令狐德棻奏请唐高祖重价购求天下遗书，并设置吏员誊录。几年后，国家的图书基本齐全了。

令狐德棻在唐朝建立之初，百废待举之时，及时向皇帝提醒文化建设的重要性，建议购求遗书，抢救了大批散失的古籍，说明他的远见卓识。

这次大规模购求图书的壮举为贞观初年古籍

整理工作和大规模修史创造了有利条件，也为唐代文化高潮的到来奠定了良好的基础。

令狐德棻所做的另一件大事是首倡修史。唐初史学成就极其辉煌，而修史是令狐德棻发起的。

唐高祖武德四年（公元621年）十一月，令狐德棻向唐高祖建议说："最近几个朝代多无正史，南方梁、陈、齐三朝尚有书籍可以作为依据，而北方周、隋两朝经大业之乱后，史料大多散失了。由于年代未远，尚有耳闻目睹的一些事可以作为修史的凭据。若不抓紧修史，再过几代，这些事迹就会湮没无闻，也就无从收集了。陛下受禅于隋，隋又承继北周，陛下父祖两代的功业多建于北周时期，如今若不编修北周史，则先世的功业就不能光大，后世子孙也就无从传述了。"

唐高祖认为他说得很对，立即降诏让中书令萧瑀、给事中王敬业、著作郎殷闻礼修魏史，侍中陈叔达、秘书丞令狐德棻、太史令庾俭修周史，兼中书令封德彝、中书舍人颜师古修隋史，大理卿崔善为、中书舍人孔绍安、太子洗马萧德言修梁史，太子詹事裴矩、兼吏部郎中祖孝孙、前秘书丞魏征修齐史，秘书监窦琎、给事中欧阳询、秦王文学姚思廉修陈史。唐高祖要求诸人修史时务必详核，要博采旧闻，直书无隐。

萧瑀等人受命后，历数年之久，由于国家初建，政务繁忙，千头万绪，竟未能完成修史任务，唐高祖只得作罢。

唐太宗贞观三年（公元629年），唐太宗再次下令修史，让令狐德棻与秘书郎岑文本修周史，中书舍人李百药修齐史，著作郎姚思廉修梁史、陈史，秘书监魏徵修隋史。

魏徵与尚书左仆射房玄龄担任诸史总监，令狐德棻担任主编。众人提议说："魏史已经有魏收等人的著作，十分详备，不必重复修史了。"因此唐太宗决定不修魏史。

此次修史，由于有魏徵和房玄龄担任总监，主编令狐德棻又十分敬业，加上政局稳定，经济繁荣，人力、物力、财力都能得到保证，因而工作进展得很快。贞观十年（公元636年）正月，周、齐、梁、陈、隋五史修成，上呈唐太宗。

这五史只有纪、传两部分，没有志。贞观十五年（公元641年），唐太宗降诏为五史修志，令狐德棻仍参加修志工作，其他参加修志的有于志宁、李淳风、韦安仁、李延寿、敬播等人。

唐高宗永徽元年（公元650年），令狐德棻升任五朝史志监修。在他和众人的努力下，于唐高宗显庆元年（公元656年）修成10志,计30卷,后来全部附入《隋书》,人称《隋志》。

唐高宗见了完整的五朝史书,极为高兴。一天,他把宰相及弘文馆学士召来,坐在中华殿上闲谈。谈着谈着,唐高宗问道:"什么是王道?什么是霸道?应以哪个为先?"令狐德棻回答说:"王道用德,霸道用刑。夏、商、周三代纯用德而王,秦专用刑而霸,到汉朝时则王道和霸道并用,魏、晋以后王道和霸道全都丢弃了。如今要实行的话,应以王道为先,但没有比这更难

的了。"唐高宗又问:"如今推行什么最为紧要?"令狐德棻回答说:"古人为政以清心简政为本,如今天下已无战乱,粮食年年丰收,执政的人应该减轻赋税,少摊派徭役,这是最为紧要的。"唐高宗又问禹、汤之所以兴,桀、纣之所以亡的原因,令狐德棻回答说:"古书上说:'禹、汤归罪自己,因而勃然兴起;桀、纣归罪别人,因而迅速灭亡。'桀、纣二人迷恋女色,杀戮谏臣,制定残酷的炮烙之刑,这是他们灭亡的原因。"唐高宗闻言大喜,重赏了他。

令狐德棻于乾封元年(公元666年)去世,享年84岁。

公元557年,宇文觉取代西魏,建立了北周。公元581年,外戚杨坚代周建隋。北周立国仅二十五年,但宇文氏政权的历史是从东、西魏分裂,宇文泰于公元535年拥立西魏文帝开始的,所以《周书》也记载了西魏的历史。

《周书》反映出令狐德棻出色的文史才能,书中文字简练,对政治、军事、经济方面的重要史实记载详细具体,保存了一些珍贵的资料。清代史家赵翼称赞《周书》说:"繁简得宜,文笔亦极简劲。"

后来,《周书》被收入"二十四史",成为"二十四史"中的第十二史。

魏徵和《隋书》

出自《新唐书·列传第二十二》

《隋书》共八十五卷，其中帝纪五卷，列传五十卷，志三十卷。《隋书》作者很多，几乎集中了当时大部分有名之士：开始以魏征为主编，后来魏徵死了，又由长孙无忌担任主编，完成未完成的部分。本书由多人共同编撰，分为两阶段成书，从草创到全部修完历时三十五年。

《隋书》是现存最早的隋史专著，也是"二十四史"中修史水平较高的史籍之一。

《隋书》分为两部分：一部分是纪传部分，由魏徵主编，成书于唐太宗贞观十年（公元636年）；另一部分为史志部分，始修于贞观十五年（公元641年），修成于唐高宗显庆元年（公元656年），是由长孙无忌监修的。

《隋书》的修史水平之所以高，是因为集中了当时唐朝一大批有才之士。如参加编写的孔颖达、许敬宗、于志宁名列贞观十八学士之列，颜师古是名震一时的经史大师，负责撰写天文、律历的是著名天文学家李淳风。

《隋书》最大的优点是秉笔直书，如虞世南虽是唐太宗十分信任的重臣，但纪传中写了他哥哥虞世基的罪恶，毫不掩饰。

《隋书》保存了大量政治、经济、科技和文化资料，十志记载了梁、陈、北齐、北周和隋的典章制度，有些甚至追溯到汉魏。

魏徵，字玄成，于公元580年生于巨鹿下曲阳（今河北晋州市），是《魏书》作者魏收的族人。

魏徵幼丧父母，家境贫寒。

魏徵自幼聪明，喜爱读书。隋大业末年，魏徵被武阳郡（治所在今河北大名东北）丞元宝藏聘为书记。元宝藏归降李密后，魏徵又被李密任命为元帅府文学参军，专掌文书卷宗。

李密失败后，魏徵随其降唐，未被重用。第二年，魏徵自请安抚河北，劝李密的黎阳守将徐世勣降唐，立了大功。徐世勣即民间盛传的智多星徐懋公，在李世民统一天下的战争中起了巨大的作用。

不久，窦建德攻占黎阳，魏徵被俘。窦建德失败后，魏徵又回到长安，被太子李建成任命为东宫僚属。

魏徵见太子与秦王李世民的冲突日益加深，多次劝李建成要先发制人，及早动手杀掉李世民，李建成优柔寡断，一直未下手。

玄武门之变以后，李世民杀了哥哥和弟弟之后，因为早就器重魏徵的胆识和才能，并未怪罪于他，反而重用了他，任命他为谏官，并经常引入内廷，询问政事得失。

魏徵见唐太宗宽宏大量，深为感动，从此尽心竭力辅佐唐太宗，能够做到知无不言，言无不尽的程度，在中国历史上传为佳话。

有一次，唐太宗问魏徵道："何谓明君，何谓暗君？"魏徵回答说："君之所以明者，兼听也；君之所以暗者，偏信也。秦二世身居深宫，不见大臣，只偏信赵高一人，直到天下大乱时，他还被蒙在鼓里；隋炀帝偏信虞世基，天下郡县多已失守，他自己尚不得而知。"唐太宗听了深表赞同。

贞观元年（公元627年），魏徵升任尚书左丞。一天，有人告他私自提拔亲戚做官，唐太宗立即派御史大夫温彦博调查，结果查无实据，纯属诬告。但唐太宗仍派人转告魏徵说："今后要远避嫌疑，不要再惹出这样的麻烦。"魏徵当即面奏道："我听说君臣之间相互协助，义同一体。如果不讲秉公办事，只讲远避嫌疑，那么国家兴亡或未可知呢。"

魏徵请唐太宗要他作良臣，而不要作忠臣。太宗问道："忠臣和良臣有何区别？"魏徵回答道："使自己身获美名，使君主成为明君，子孙相继，福禄无疆，是为良臣；使自己身受杀戮，使君主沦为暴君，家国并丧，空有其名，是为忠臣。以此而言，二者相去甚远。"唐太宗听了，点头称是。

贞观二年（公元628年），魏徵升任秘书监，并参掌朝政。不久，长孙皇后听说一位姓郑的官员有一位年仅十六七岁的女儿美若天仙，才学出众，便请唐太宗将其纳入宫中，唐

太宗立即降诏将这一女子聘为妃子。魏徵听说这位女子已经许配陆家，连忙进宫谏道："陛下为民父母，爱护百姓，当忧其所忧，乐其所乐。身居宫中要想到百姓都有屋宇之安，吃着山珍海味要想到百姓无饥饿之患，嫔妃满宫要想到百姓有室家之欢。现在郑氏之女早已许配陆家，陛下竟将她纳入宫中，如果传出去，难道是为民父母的道理吗？"唐太宗听了大吃一惊，当即深表内疚，并决定收回成命。但房玄龄等人却认为郑氏许人之事纯属子虚乌有，坚持诏令有效；陆家也派人上表说以前虽与郑家有资财往来，并无定亲之事。唐太宗半信半疑，又召魏徵询问。魏徵说："陆家否认此事，是怕陛下加害于他。"唐太宗这才恍然大悟，坚决地收回了成命。

魏徵性格耿直，往往据理抗争，从不委曲求全。由于魏徵能够犯颜直谏，即使唐太宗在盛怒之时他也敢面折廷争，从不退让，所以唐太宗也有受不了的时候。有一次，两人争论起来，唐太宗气得面红耳赤，拂袖回宫，恨恨地说："真得杀了这个乡巴佬。"这时，多亏长孙皇后及时劝道："陛下应该高兴才是，明君手下才有敢谏之臣。"唐太宗听了这话，才转怒为喜，还重赏了魏徵。

贞观六年（公元632年），群臣请唐太宗到泰山去封禅，借以炫耀大唐功德和国富民强，只有魏徵表示反对。唐太宗觉得奇怪，问魏徵道："你不主张封禅，是不是认为朕功不高，朕德未尊，中国未安，四夷未服，年谷未丰，祥瑞未至啊？"魏徵回答说："陛下虽有以上六德，但从隋末天下大乱以来，户口尚未恢复，仓库仍然空虚，而车驾东巡，千骑万乘，耗费巨大，沿途百姓肯定承受不了。况且陛下封禅时，必然万国咸集，四夷君长也要扈从。而如今中原一带人烟稀少，灌木丛生，万国使者和四夷君长看到中国如此虚弱，岂不要产生轻视之心？如果赏赐不厚，就不会满足这些远来之人的欲望；即使免除赋役，也远远不能补偿百姓的破费。如此图虚名而受实害的事，陛下为何要做呢？"唐太宗听了，恍然大悟，频频点头称是。不久，中原数州洪水为灾，封禅之事便从此停止了。

贞观十六年（公元642年），魏徵卧病在床，唐太宗派遣探视的中使络绎不绝。魏徵一生节俭，家无正寝，唐太宗下令用为自己建殿的材料为魏徵建造大屋。

不久，魏徵病逝家中，唐太宗亲临吊唁，痛哭失声说："以铜为镜可以正衣冠，以古为镜可以知兴亡，以人为镜可以知得失。朕常保此三镜，以防有过。今魏徵去世，朕失一镜矣。"

后来，《隋书》被收入"二十四史"，成为"二十四史"中的第十三史。

房玄龄和《晋书》

出自《旧唐书·列传第十六》

《晋书》的修撰开始于贞观二十年（公元646年），完成于贞观二十二年（公元648年），前后历时不到三年。参加编写《晋书》的前后有二十一人，其中房玄龄、褚遂良、许敬宗三人为监修，其余十八人为修纂，有令狐德棻、敬播、来济、陆元仕、刘子翼、卢承基、李淳风、李义府、薛元超、上官仪、崔行功、辛丘驭、刘胤之、杨仁卿、李延寿、张文恭、李安期和李怀俨。

《晋书》共一百三十卷，包括帝纪十卷、志二十卷、列传七十卷、载记三十卷，记载了从司马懿开始到晋恭帝元熙二年（公元420年）这段时期的历史，包括西晋和东晋的历史，并兼述十六国割据政权的兴亡。

房玄龄，中国古代十大贤相之一，字乔，北周宣帝大成元年（公元579年）生于齐州临淄。父亲房彦谦曾在隋朝做官，历任司隶刺史。

房玄龄自幼聪明机敏，博览群书，善于写文章，兼通书法，以草书和隶书最为擅长。

隋文帝开皇年间，天下统一，人们欢欣鼓舞，都说隋朝的国运会长久，而房玄龄私下里告诉父亲说："皇上无功无德，凭着是周朝的近亲篡位，诛杀过甚，不为子孙做长远打算，废长立幼，奢侈越礼，兄弟之间相互倾轧，内斗不断，终将引起内部残杀的。别看今日天下太平，但其灭亡指日可待。"房彦谦听了，大吃一惊说："这种话可不能乱说！"

事实证明，房玄龄是有先见之明的。

18岁时，房玄龄考中进士，到秘书省校对书籍。

吏部侍郎高孝基擅长知人，对裴矩说："我见过的人多了，还没有见过像房玄龄这样的年轻人，他将来一定是国家的栋梁，遗憾的是我不能亲眼看到他出人头地的那天了。"

隋末中原大乱时，房玄龄心中十分沉痛，不禁心忧天下。

这时，父亲患病在床。房玄龄侍奉在侧，接连一百天衣不解带。父亲去世后，他五天滴水不进。

唐太宗率军攻取渭北时，房玄龄策马到营门谒见。唐太宗和他一见如故，任命他为渭北道行军记室参军。唐太宗进封秦王后，任命他为秦王府记室，封临淄侯。

唐太宗每次出征时，房玄龄没有不跟从的。人们在战争中争相寻取奇珍异宝，唯独房玄龄为唐太宗招揽人才到幕府供职。

房玄龄和诸将亲密团结，相处和谐。在这种环境中，人人都愿意拼命效力。唐太宗曾说："汉光武帝得到邓禹，门人更加亲近了。如今我有房玄龄，真像邓禹一样啊。"

房玄龄在秦王府任职十年，军书、奏章和幕府檄文，他能在顷刻之间写成，文辞简约，说理详尽。唐高祖说："这个人机敏有才识，是可以委以重任的。每写文章向我陈述事情，虽然远在千里之外，就好像面对面谈话一样。"

太子和秦王有隔阂，秦王召房玄龄商议对策，房玄龄回答说："国难世代都有，只有圣人能够克服。大王功盖天下，不是仅靠人的谋划，也有神在相助。"于是，他引用杜如晦协助他制定大计，协助秦王。

太子忌惮房玄龄和杜如晦，暗中向父皇诬告，他俩都被贬回家了。

后来，李世民决定发动玄武门之变，秘密召房玄龄和杜如晦两人装扮成道士进入府中，于夜间筹谋大事。

玄武门之变后，李世民做了皇太子，提拔房玄龄担任右庶子。

李世民即位后，房玄龄升任中书令。

唐太宗论功行赏，房玄龄和杜如晦、长孙无忌、尉迟敬德、侯君集等功居第一，房玄龄晋爵邗国公，食邑一千三百户，其他人都按功劳大小封官赐爵。

唐太宗对群臣说："朕衡量公等的功劳决定封邑，恐怕有不够周全之处，各位不要有所隐讳，可直接对朕讲。"淮安王李神通说："皇上起义之初，是臣最先率军前来响应的，如今房玄龄等办理文书的笔吏却位居第一，臣有些不明白。"唐太宗说："叔父的确带兵先到，但未曾亲自冲锋陷阵，所以窦建德向南侵犯时，你的军队一蹶不振。讨伐刘黑闼反叛时，你又望风而逃。如今房玄龄等人有运筹帷幄、建立国家的功劳，这就是萧何所以位居诸将之上的原因。叔父是我的亲戚，朕应该没有什么吝惜的，但却不能因为私情和功臣们争先后啊！"当初，将军丘师利等人都自恃有功，喋喋不休地陈述功劳，看到李神通屈服后，都说："皇上连自己的亲戚都不偏爱，我等还乱说什么呀！"

不久，房玄龄又升任尚书左仆射，监修国史，改封魏国公。

房玄龄多次上书劝谏皇帝，希望不要轻敌，要慎重持久地对付外族的入侵。

房玄龄晚年多病，唐玄宗出行时，让房玄龄留守京城，听凭他卧床办理国事。

房玄龄终年71岁，追赠太尉，陪葬昭陵。

房玄龄担任宰相时，日夜勤劳，尽心为公，不让一件事出差错。

房玄龄没有妒忌之心，见到别人有优点，就像自己有一样。

房玄龄不用自己的长处衡量别人，选取人才不求全责备，即使卑贱之人也能够尽其所能。

房玄龄治家有方，怕孩子们骄傲奢侈，仗势欺人，特地收集古代家训，写在屏风上，让他们各拿一件，说："对这些要多多留心，就能够保全自身了！汉朝袁氏几代忠诚守节，我很崇尚，你们也应该当作楷模加以效法。"

后来，《晋书》被收入"二十四史"，成为"二十四史"中的第五史。

姚思廉和《梁书》、《陈书》

出自《旧唐书·列传第二十三》

　　唐太宗贞观十年（公元636年），姚思廉撰《梁书》五十卷、《陈书》三十六卷，实现了他父亲的遗志。这一年，他80岁，第二年便去世了。

　　《梁书》包括本纪六卷、列传五十卷，主要记述了南朝萧齐末年的政治和萧梁王朝（公元502年至公元557年）五十余年间的史事。

　　姚思廉修《梁书》，除了使用他父亲的遗稿外，还参考了梁、陈、隋历朝史官编写的梁史。

　　《陈书》共三十六卷，其中本纪六卷、列传三十卷，是南朝陈国的纪传体断代史，记载自陈武帝陈霸先即位至陈后主陈叔宝亡国前后三十三年间的历史。

　　姚思廉，本名简，是南朝陈国吏部尚书姚察的儿子，陈武帝永定元年（公元557年）生于吴兴(今浙江湖州)。

　　祖父姚僧垣自幼喜好文史，医术高明，多次治愈皇帝和王公大臣的疑难病症，所受赏赐极多，名声也越来越大，以至于外国患者都前来求医。祖父每次得到赏赐时，都送给儿子姚察、姚最两兄弟做读书之用。二人靠这充裕的收入游历各地，遍访名师求学，大量购买图书，见闻日益广博。姚察13岁时就显露出文史才华，为儒者所称道。

　　姚察这种勤奋好学的精神保持终生，即使在官拜陈朝吏部尚书之后，仍大力求购天下图书，遇到没见过的书立即抄录下来。后来，他聚书多达万余卷，并都阅读过，终于成为一名饱学之士，是梁、陈、隋之际公认的著名学者。

　　隋文帝灭陈后，见到姚察极为高兴，对臣下说：

"姚察学问品行天下无双，朕此次平陈只得姚察一人。"姚察著作极富，有《汉书训纂》三十卷，《说林》十卷，《西聘》、《玉玺》、《建康三钟》等各一卷，还有《文集》二十卷。此外，还有未修完的梁史和陈史。

姚察对儿子姚思廉有极大的影响。

陈朝灭亡后，姚察迁到长安居住。姚思廉从小随父亲学习《汉书》，对历史产生了浓厚的兴趣。他没有别的欲望，一门心思扑在学业上，从不过问家中产业的情况。

姚察在陈国时就开始撰修梁史和陈史，没有撰修完就去世了。临终前，他把这个重任交给了姚思廉。姚思廉上表陈述父亲遗志，隋文帝降诏准奏，让姚思廉继续撰写。

隋炀帝即位后，曾命姚思廉和起居舍人崔祖浚撰修《区宇图志》。后来，姚思廉升任隋炀帝爱子代王杨侑的侍读。

唐高祖攻入长安时，代王府的僚属纷纷逃散，只有姚思廉一个人随侍代王。唐军士兵刚要进宫，姚思廉厉声喝道："唐公起义为的是安定王室，你们不得对代王无礼。"众人听了大吃一惊，被他这霹雳一样的话音震住了，一个个急忙后退，列成一队站在宫外台阶下面。唐高祖听说此事后，十分赞赏他的忠义精神，允许他把代王扶到顺阳阁。安顿好代王后，姚思廉哭着向代王告别，然后才离去。

看到这情景的人都赞叹说："'仁者有勇'，这话说的就是姚思廉呀！"

不久，姚思廉被唐高祖任命为秦王府文学。文学在这里指的是负责文笔的官，多由饱学之士担任。秦王就是后来的唐太宗，他曾慨叹道："姚思廉面对刀枪能保持大节，这在古人中也是很难找到的。"秦王特地派使者送给姚思廉布帛三百段，还在信上说："仰慕先生节义，所以有此赠送。"

秦王当皇太子后，姚思廉升任太子洗马。

秦王即位后，姚思廉改任著作郎、弘文馆学士。唐太宗降诏叫他续修《梁书》、《陈书》。姚思廉采集谢炅、顾野王等诸家之书，修成梁、陈二史，完成了父亲的未竟之业。唐太宗下令赏赐他杂彩五百段，加授通直散骑常侍。

因姚思廉深受唐太宗敬重，凡政事得失，唐太宗准许他秘密上奏，姚思廉便直言进谏，无所回避。有一天，唐太宗要去九成宫，姚思廉进谏道："离开皇宫游玩是秦始皇、汉武帝的事情，不是尧、舜、禹、汤所做的。"为此，唐太宗下令赐他布帛五十匹，拜为散骑常侍，封丰城县男。

贞观十一年（公元637年），姚思廉去世。唐太宗深为悲伤，特地辍朝一日，追赠姚思廉为太常卿，谥号为"康"，并在自己未来的墓地昭陵赐给他一块小墓地。

《梁书》和《陈书》较多地保存了有关农民起义的珍贵史料，如发生在齐的程延期起义，发生在梁的焦僧护起义、始兴起义、吴承伯起义等。

《梁书》和《陈书》收了好多诏册、奏表、书札、文赋，保存了大量有价值的历史资料。如《梁书·武帝纪》载录了大同七年（公元541年）十一月和十二月发布的两个诏书，透露了梁代社会黑暗、阶级压迫严重的事实。

《梁书·诸夷传》有较为详细的关于边疆少数民族和一些外国历史的记载，使人们对外部世界的了解加深了。

《梁书》和《陈书》卷数虽然不多，但文化史料颇多，多为学者立传。《梁书》的《儒林》、《文学》两传

就为四十二名学者立了传，另外，《处士》传中记的也大多是学者。《陈书》的《儒林》、《文学》也为三十一名学者立了传，还为一些学者另外单独立了传。著名学者如范缜、钟嵘、刘勰、阮孝绪、裴子野、顾野王、沈约、徐陵等人，都有内容详细的列传，他们的事迹及学术成就靠《陈书》得以流传下来。

姚思廉还较多地记载了史学史方面的宝贵资料，梁、陈二代较知名的史家在书中都立了传，并著录其作品，有时还略加评论，或注明其作品是否行世。

姚思廉文风朴实，《梁书》、《陈书》全用散文写成，语言通畅简练，在唐初八史中独树一帜。六朝盛行骈文，唐初文风受其影响，仍多用骈文，注重辞藻典故，过分强调音韵和对偶。这种形式主义文风往往影响思想内容的表达，颠倒了思想内容与表现形式的主从关系。唐以前的《宋书》、《南齐书》叙事及论赞都用骈文。贞观年间所修《晋书》，其论赞仍喜用骈文，唐太宗亲撰的四篇史论即用骈文写成，可见唐初仍有崇尚骈文的风气。而姚思廉抛弃以骈文写史的做法，代之以朴实、准确的散文。

一般学者都认为韩愈是唐宋古文运动的发起者，但韩愈生于公元768年，是中唐时期的人，而姚思廉在初唐时就以实际行动开拓古文运动了。这不能不说他是个极有见地的人，也是一个走在时代前面的人。

李百药和《北齐书》

出自《新唐书·列传第二十七》

李百药，字重规，北齐后主高伟天统元年(公元565年)生于定州安平(今属河北)。

父亲李德林在北齐担任中书侍郎，曾奉诏修国史，成书二十七卷，全书未完成。进入隋朝后，李德林曾任隋朝内史令，继续撰写北齐史，增至三十八卷，上呈朝廷，藏于秘府。

李百药儿时爱生病，因此祖母赵氏给他取名百药。

李百药自幼受父亲影响，好学博闻，富有独立见解。李百药7岁就能做文章，人称神童。有一天，父亲的朋友陆乂、马元熙来家赴宴，有人高声诵读徐陵的一篇文章，当读到"既取成周之禾，将刈琅琊之稻"时，陆、马二人听后不知所指何事。这时，恰好李百药侍立在侧，上前说："《传》称：'郧人藉稻。'杜预《注》云：'郧国在琅琊开阳。'"陆乂等人听了大吃一惊，认为李百药博闻强记，异于常人。

开皇十九年 (公元599年)，隋文帝在仁寿宫召见李百药，叫他继承父亲的爵位安平公。

仆射杨素、吏部尚书牛弘欣都欣赏李百药的才学，任命他为礼部员外郎。

后来，李百药奉诏修定了五礼、律令、阴阳等书。

隋炀帝即位前，为了培养个人势力，曾召李百药到他手下任职，李百药不肯去，隋炀帝因此怀恨在心。隋炀帝即位后，下令削夺李百药的封爵，贬他为桂州司马。

官爵被撤销后不久，李百药的司马一职也被免去，于是他回归乡里，以读书著述为乐。

隋炀帝大业五年 (公元609年)，李百药出任鲁郡 (治所在今东曲阜) 步兵校尉。大业九年 (公元613年)，李百药戍守会稽 (治所在今浙江绍兴)，立了军功。隋炀帝见了功劳簿，不悦道："怎么这个人还在？"于是，有司又将他贬为建安 (治所在今福建建瓯) 郡丞。

这时，隋末农民大起义如火如荼，李百药途经乌程（今浙江吴兴南）时，隋炀帝被部将宇文化及杀于江都，隋朝统治集团内部一片混乱。

李百药未到建安就职，参加了反隋的农民起义，先后于沈法兴、李子通、杜伏威等义军中任职。唐高祖李渊起兵后，派使者招抚杜伏威，李百药力劝杜伏威归唐。杜伏威听了他的建议，动身前往长安，命部将辅公祏与李百药留守。不料，杜伏威在途中又后悔了，竟写信密令辅公祏杀掉李百药，多亏杜伏威的养子王雄诞极力保护，李百药才得免一死。

随后，辅公祏起兵反唐，任命百李药为吏部侍郎。

有人告诉李渊说："李百药与辅公祏一同造反了。"李渊闻言大怒，等平定辅公祏后，李渊要治李百药之罪。幸好这时发现了杜伏威密令辅公祏杀掉李百药的信，

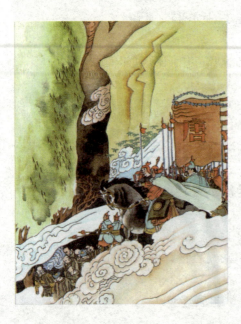

证明李百药与辅公祏并非同党，李渊怒气稍平，但仍以反唐罪名将李百药流放到泾州（今甘肃泾川北）。直到武德末年，李百药始终未能获得唐高祖的任用。

唐太宗很看重李百药的才学，即位后，于贞观元年（公元627年）召李百药进京，担任中书舍人，赐爵安平县男，并命其修撰北齐史。

李百药奉诏后，日夜挥毫，于贞观十年（公元636年）正月修成《北齐书》上呈，得到嘉奖，加官散骑常侍，赐绢四百段。

《北齐书》虽以记载北齐历史为主，但实际上记述了从高欢起兵到北齐灭亡前后约八十年的历史，全面反映了东魏、北齐王朝的兴亡。

北魏末年，北方发生了声势浩大的六镇起义，出身于下级武官的高欢利用二十余万鲜卑人控制了北魏朝政。公元534年，高欢所立的北魏孝武帝元修不甘心当傀儡，西奔长安，投奔宇文泰。高欢于是另立孝静帝元善见为帝，迁都邺城。于是，北魏分裂为东魏和西魏。公元550年，高欢之子高洋废掉孝静帝，自立为帝，建立北齐。后来，西魏被北周取代。北周越来越强大，又于公元577年将北齐灭掉。

李百药学问渊博，见解独特，为常人所不及。他撰写的《封建论》和《赞道赋》十分有名。

贞观初年，朝廷中有一次重大的政治辩论，是关于实行封建制还是实行郡县制的辩论。唐太宗对大臣萧瑀说："朕欲使子孙永保帝位，传之长久，如何是好？"萧瑀回答道："臣观前代国祚所以长久者，皆因分封诸

侯，国家才有磐石之固。秦并六国，罢诸侯，置郡守，二代而亡；汉高祖得天下后，郡国各半，得以延年四百余；魏晋两朝废诸侯，国家因而不能长久。依臣之见，分封诸侯之法可行。"唐太宗又征求其他大臣的意见，李百药写了著名的《封建论》上奏。他认为时代变了，制度也必须改变，实行郡县制是必然趋势，赞成分封诸侯者是不通古今之变。当今如果实行分封制，就如同刻舟求剑一样。接着，李百药具体分析了分封制的危害：分封之后，诸侯以高贵自傲，忘记先人创业之艰难，不愿靠个人才干求进取，一代比一代骄奢残暴。数代之后，王室一旦衰弱，藩国就会各行其是，强国欺凌弱国，争夺土地和人口，战事连年不断。春秋战国数百年间从无宁日，便是分封之祸。而郡县制就不同了，其优越性是设官分职，选贤任能，内外百官都由朝廷决定，可以从全国提拔人才，还可以考察他们，用资格确定其官品，以政绩确定其黜升。爵位不世传，启用贤人之路就广；百姓无定主，与朝廷的离心力才不大。

李百药的《封建论》维护国家统一，反对分裂割据，充分肯定了郡县制取代封建制是历史的进步。

李百药的卓越政治见解打动了唐太宗，唐太宗接纳了他的建议。

李百药以才学和操行闻名于世，受到各方面的敬重。他为人沉静寡言，乐于引荐青年，提携后进，又不喜聚敛财富，所得俸禄，多散发给亲友。

李百药不但在史学上有突出成就，而且文学上也造诣颇深，尤其擅长五言诗，传世之作有二十余首，通俗易懂，收录《全唐诗》中。

贞观末年，李百药因年老辞官，回到故里。贞观二十二年（公元648年）去世，享年84岁。

《北齐书》共五十卷，其中本纪八卷、列传四十二卷。《北齐书》贯彻了以史为鉴的宗旨，揭露了以高洋为代表的北齐统治者的荒淫残暴，总结了北齐灭亡的教训。李百药修史态度认真，下笔一丝不苟，对于一些荒诞不经的史实作了大量的删减。

后来，《北齐书》被收入"二十四史"，成为"二十四史"中的第十一史。

李延寿和《南史》、《北史》

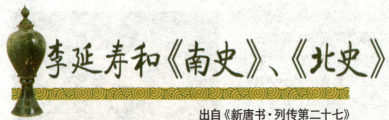

出自《新唐书·列传第二十七》

　　李延寿世代居住相州。父亲李大师，字君威，自幼勤奋好学，知识广博，善于作文，尤其擅长史学，对前代旧事了如指掌，是个饱学之士。他认为南北朝宋、齐、梁、陈、齐、周、隋时天下大乱，南北分裂，南方贬称北方为索虏，北方贬称南方为岛夷，各国的史书记载本国史事很详细，记载他国史事则过于简略，而且往往在褒贬与毁誉上严重失实。为此，李大师想弥补缺漏，并加修正，于是模仿《春秋》的编年方法，对南北朝的史事进行删定。李大师一生坎坷，年轻时做过几任小官，升迁极慢。隋炀帝末年，政治腐败，官吏贪污成风，李大师担任信都（今河北冀县）郡司户书佐时，两袖清风，十分廉洁，无所营求，生活窘迫。郡丞鞠孝稜见状，感佩地说："真是'岁寒知松柏之后凋也'，先生正合此言。"

　　隋末农民大起义爆发后，窦建德占有河北，李大师在窦军担任尚书礼部侍郎。

　　义军被唐太宗镇压后，李大师被流放到西会州。他在那里郁郁寡欢，作了一篇《羁思赋》，寄托愁思。镇守凉州（今甘肃武威一带）的杨恭仁见到这篇赋后，极赞赏李大师的才学，于是把他召到府内，待为上宾，极其敬重。

　　李大师早有编著南北朝历史的志向，此时正有闲暇，而且杨恭仁家中藏书甚丰，可以披阅佐证。于是李大师开始辛勤修史，度过了几年时光。

　　唐高祖武德九年（公元626年），唐廷大赦天下，李大师得以回到京城长安。他的旧友房玄龄、封德彝已在朝中担任高官，都劝他留在京城做官，但他早已无心仕进，便回到河南老家继续撰修南北朝史。

写南北朝史是李大师的夙愿，这也是他发明的新颖的做法。那时史家已习惯于或仿司马迁写从古到今的通史，或仿班固写某朝某代的断代史，而李大师要把数代历史连起来写。他认为南北朝时期国家分裂，南北各政权相互攻击，各国修史者站在本国立场上抱有偏见，记他国史事时既不详备，又往往失实。这些史书在隋唐大统一之后显得与时代极不协调。为了全面真实地反映南北朝时期的历史，李大师不辞辛苦地挥笔修史，日夜不息。不幸的是，这项工作尚未完成，李大师就去世了。

李延寿自幼聪明好学，熟读史书，继承了父亲的家学。贞观年间，李延寿担任了崇贤馆学士。因参与唐初修史有功，转任御史台主簿，并且在史馆做官。李延寿担任史官后，

着手搜集资料，决心完成父亲的遗愿。通过辛勤笔耕，终于用十六年时间，独力修成《南史》、《北史》两部历史巨著。

《南史》共八十卷，有本纪十卷、列传七十卷，记载从南朝宋武帝永初元年（公元420年）到南朝陈后主祯明三年（公元589年）约170年间宋、齐、梁、陈四朝兴亡的历史。此书据《宋书》、《南齐书》、《梁书》、《陈书》、《魏书》、《北齐书》、《周书》、《隋书》删繁补缺而成，较旧史为优。

《北史》共一百卷，有本纪十二卷、列传八十八卷，记事起于北魏道武帝登国元年（公元386年），止于隋恭帝义宁二年（公元618年），包括北魏、北齐、北周和隋四朝230年间的史事。因李延寿家居北方，对北朝见闻较多，所以《北史》比《南史》详细。

李延寿所撰的《南史》和《北史》并非简单将旧史删节、编排而成，而是尽量充实

了一些新的史料。针
对旧史作者重视官
方资料而忽视私人
记载的弊端，李延寿
有意把补充史料的
重点放在小说笔记
上。他认为这些材料
具有较高的史料价
值，正如著名史评家
刘知几所说："大抵
偏记小录之书，皆记
即日当时之事，求诸
国史，最为实录。"
因为官方史书在记

载时受到种种限制，往往不能据事直书，隐讳之处较多，而私家记
载多记亲历之事，没有审查之类的限制，能够据实求真。南、北二
史和《南齐书》、《梁书》、《北齐书》、《北周书》比较，增加了不少
重要的史实，如《南史》中萧梁一朝的部分比《梁书》要多，多立了
王琳等十多个列传，对原有的一些列传也充实了内容，如《范缜列
传》等。

　　《南史》、《北史》在思想上极有价值，最突出的是宣扬天下
一家的统一思想，改变了一个多世纪以来南方与北方互称"岛夷"
与"索虏"的陋习。李延寿认为南朝与北朝占有同样的历史地位，
反对把北魏以及北方一些少数政权的历史编为四夷。同时，他还指
出东晋、宋、齐、梁、陈各朝虽偏安江南，但前后相承300余年，不承
认它们历史地位的做法是不可取的。李延寿在《南史》、《北史》中
给南北朝各政权以同样的地位，是历史的进步，在当时是十分难得
的。这正是李延寿的伟大之处。

　　对原有八史中相当一部分内容，李延寿不轻易改动，只要是合
适的内容，就全抄旧文，或略加编排。对于《陈书》、《隋书》，李延
寿未做大的增删改动，好多第一手资料完整地保存下来了。

　　后来，《南史》和《北史》被收入"二十四史"，《南史》为
"二十四史"中的第十五史，《北史》为"二十四史"中的第十六史。

后梁太祖朱温

出自《旧五代史·梁书·太祖本纪》

朱温于唐宣宗大中六年（公元852年）生于砀山县午沟里，在兄弟中排行老三。

父亲朱诚在本乡以教书为业，不幸早死。朱诚熟读五经，因此人们都称他"朱五经"。

朱诚死后，朱温的母亲王氏见生活无着，便带着三个儿子投奔萧县富户刘崇去了。

刘崇原与朱诚同乡，后来迁到萧县。刘崇见老乡来投，就收留了他们。于是，王氏在刘家为佣，三个孩子在地里干农活。

三个孩子成年之后性格各异：老大朱昱老实本分，尽心为刘家种田；老二朱存与老三朱温虽然身体极壮，却不安心干活。尤其朱温几乎不到田里去，整日舞枪弄棒，经常受到刘崇的打骂。

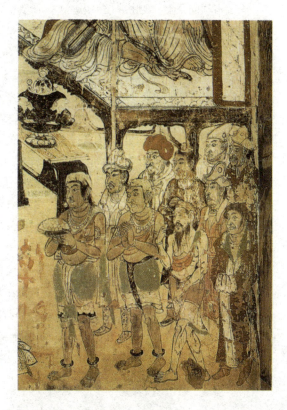

刘崇的母亲对朱温十分偏爱，从小就亲手为他洗头。朱温每次挨打，她都尽力遮护，并告诫家人要善待朱温。在她的关爱下，朱温仍然我行我素，别人也无可奈何。

唐僖宋乾符年间（公元875年至公元879年），农民起义领袖王仙芝与黄巢在曹、沂、徐、宋、汝、邓等州一带活动时，许多人都去投奔了。朱温闻讯后，约上二哥朱存，辞别了母亲和大哥，前去投奔黄巢。这年，他已经26岁了。

朱温从来不怕死，又兼天性聪明过人，因此作战时机智勇敢。不管大战小战，他总是冲在最前面，多次立下战功。不久，他被提升为起义军的队长。

几年间，朱温追随黄巢转战于安徽、浙西、浙东、福建、广州，又经湖南、湖北、浙西、河南向长安进军。这期间，朱存战死在江南，朱温则因作战勇敢连连被提升。黄巢攻入长安后，朱温被任命为东南行营先锋使，成为独当一面的重要将领。

唐僖宗中和二年(公元882年)正月，黄巢任命朱温到唐军控制的同州去担任刺史，命令他夺占同州。朱温大军一到，同州刺史慌忙弃城逃往河中，朱温顺利地占领了同州。

朱温占领同州后，乘胜进攻河中。这时，唐朝的河中守将王重荣率领所部包围了同州。朱温在同州三面受敌，向河中地区进攻也未获胜。于是，他接连向黄巢告急，请求救援。

黄巢在攻克长安之后，没有及时追击唐朝的残余势力，任其逃往四川，赢得了喘息机会，得以组织力量反扑。这时，唐军

云集，合围在长安城下。唐僖宗还请了沙陀族李克用、党项族拓跋思恭各率本部人马助战，将长安城围得如同铁桶一般。在这种情况下，黄巢根本无法顾及朱温。

朱温怀疑黄巢坐视不救，心中愤愤不平。这时，部将谢瞳对他说："黄巢乘朝廷衰弱之机攻下长安，做了皇帝。现在，朝廷调集四方人马围困长安，看来他这个皇帝当不了几天了。将军要及早考虑自己的出路呀！"

不久，王重荣派人前来诱降。朱温见援军不至，而黄巢建立的大齐政权正岌岌可危，于是便斩了黄巢派来的监军使，投降了王重荣。

朱温是黄巢义军中的骁将，勇猛善战，为官军所畏惧。因此，成都行宫里的唐僖宗听到他投降的消息后，心中大喜，连声呼道："这是上天赐朕的！"他立即下诏，授朱温为左金吾卫大将军、河中行营招讨使，并赐名全忠。朱温为了讨好王重荣，自称母亲王氏与王重荣同姓，认王重荣为舅父。

朱温投降后，削弱了义军的力量，使长安东面的屏障完全丧失，对义军是一个重大的打击。由于朱温受到朝廷重用，动摇了义军的军心。在朱温的影响下，义军将领叛变的事时有发生。

朱温被皇帝重用，受宠若惊，拼命为朝廷效力。

唐僖宗中和三年(公元883年)四月初九，黄巢主动撤出长安，由蓝田退入河南。朱温率部与官军疯狂镇压义军。因屠杀义军有功，朱温被朝廷升为宣武军节度使。

这年六月，黄巢在狼虎谷遇害。义军将领唐宾、王虔裕率部投降朱温，朱温的势力

进一步扩大了。

　　黄巢义军被镇压后，一些新军阀出现了。军阀之间相互吞并，攻城掠地，肆无忌惮。

　　为了巩固和扩大自己的势力范围，朱温开始吞并其他藩镇。这样，黄河中下游的绝大部分地盘都落到朱温手中了。

　　朱温拥有河南地区后，与李克用展开了对河北的争夺。

　　唐昭宗光化二年(公元899年)，朱温已控制长江、淮河以北和黄河中下游的广大地区，成为最有势力的割据军阀了。于是，朱温想直接控制朝廷，模仿曹操，挟天子以令诸侯。

　　这时，唐廷内部矛盾越来越尖锐。唐昭宗即位后，宦官韩全诲与凤翔节度使李茂贞勾结，将唐昭宗转移到凤翔，罢免了想要抑制宦官的宰相崔胤。

　　崔胤想到了拥有实力的朱温，忙修书一封，引朱温带兵入关，击破李茂贞。李茂贞只得杀掉韩全诲求和，送回唐昭宗。朱温率军进入长安，杀死大小宦官五百余人，彻底清除了韩全诲的残余势力。

　　为了独揽大权，朱温又杀掉了引他入关的崔胤及其党羽。

　　唐昭宗天复四年(公元904年)，朱温指使牙将寇彦卿向唐昭宗上表，请求迁都洛阳。这时，唐昭宗已成为傀儡，身不由己了。朱温命人拆毁宫殿和民舍，取出木材，沿黄河而下。居民被迫东迁，一路哭声不绝。他们痛骂道："国贼崔胤，勾结朱温，引狼入室，致使我们百姓流离失所。"

　　唐昭宗到了洛阳，虽名知道朱温是个奸雄，但孤掌难鸣，只得暂时依附他。不久，他暗中派密使联络吴、蜀、河东等藩镇，让他们前来救驾。

　　朱温见唐昭宗英气勃勃，有帝王之姿，恐生他变，便想不如杀了他另立幼主，好易于禅代。于是，他暗地里派谋士李振带人去洛阳，收买宫廷卫士，夜里叩开宫门，杀死了唐昭宗。

　　唐昭宗死后，朱温另立13岁的辉王李柷为帝，史称唐哀帝。

　　唐哀帝天祐四年(公元907年)，朱温改名朱晃，导演了一场大臣劝进，唐朝皇帝自愿禅位的闹剧，当上了皇帝，建都汴梁，国号为梁，史称后梁。

　　从此，中国历史进入了五代时期。后梁是五代的第一代，建于公元907年，亡于公元923年，历时十七年。

后唐庄宗李存勖

出自《旧五代史·唐书·武皇纪》《旧五代史·唐书·庄宗纪》

朱温称帝后，全国还有许多割据政权存在，如河东的李克用、四川的王建等。

李克用是北方少数民族沙陀人，本姓朱邪，李是唐朝皇帝赐给他的姓。他瞎了一只眼睛，外号叫"独眼龙"。因为他镇压黄巢起义有功，唐僖宗任命他为河东节度使，后来又封他为晋王。他拥兵占据着河东大片地区，成为实力雄厚的地方军阀。因此，他和大军阀朱温发生了利害冲突，朱温总想消灭他。

唐僖宗中和四年(公元884年)春天，李克用率军打败了黄巢。回军路上，经过朱温的辖地大梁。朱温把他和他的随从官员接进上源驿，设宴招待他们。朱温表面上对李克用客客气气，握手言欢，显得很亲密。背地里，朱温早已布置好了除掉他的杀手。

宴会结束后，李克用酩酊大醉，留在驿馆里安歇。朱温的部将在驿馆周围埋下的伏兵趁李克用呼呼大睡时一跃而起，冲进驿馆。李克用惊醒后，已经来不及抵抗，被随从用席子裹起来藏在床底下才未被发现。

这时，忽然天降大雨，电闪雷鸣，李克用和随从乘机溜出驿馆，用绳子从城墙上缒出城去，侥幸逃走了。

从此，李克用恨死了朱温，长期和朱温交战。后来，朱温篡唐称帝，许多藩镇都表示服从，李克用坚决不予承认，继续发兵攻打朱温。

李克用临死前，拿着三支箭对他的儿子李存勖说："这三支箭，一支用以讨伐幽州的刘仁恭，一支用以击败北方的契丹，还有一支一定要消灭朱温！"李存勖哭着接过三支箭，发誓道："儿子一定实现父亲的遗愿。"

唐僖宗光启元年(公元885年)，李存勖生于晋阳。唐昭宗时，一次李克用大捷，派11岁的李存勖进京报捷。见李存勖两目有光，英气逼人，唐昭宗不禁叹道："这孩子不亚于他父亲。"从此，他有了"李亚子"的称号。唐昭宗抚摸着他的后背叮嘱道："你将来一定是国家栋梁，千万不要忘了要忠于朕家啊！"

李克用死后，李存勖继任晋王。为了给父亲报仇，为了争夺天下，他把军队训练得十分精锐。他治军很严，给军队定了三条军法：第一，出兵作战时，骑兵不见敌人不许骑马。步兵和骑兵要按照各自的位置作战，碰到危险也不许越位躲避；第二，各部队分路并进时，必须在规定的时间到达指定的地点会合，不许误时；第三，行军路上，如果有敢于称病的人，立即斩首。对这样严厉的军法，将士们都很害怕，不敢违犯，因此打起仗来人人争先，拼死向前，无不以一当十。

李存勖勇力过人，武艺精湛，一向把打仗当做游戏。作战时，他不顾自己的统帅身份，常常冲在最前面，冒险跟敌人单身搏斗。

朱温一心想统一全国，为了实现野心开始穷兵黩武。经过将近一年的苦战，后梁军将潞州城层层包围。朱温满以为可以稳操胜券了，不料李克用的儿子李存勖亲自率领大军将后梁军击败，并缴获了大批粮草器械。朱温感叹地说："生子当如李存勖。我的儿子比起他来，真如猪狗一般！"朱温不肯罢休，亲自

率军与李军大战，仍是大败，损失惨重。

李存勖出兵跟后梁军打了几次大仗，把五十万梁军打得大败而逃。朱温又羞又恼，一病不起。

接着，李存勖发兵攻破幽州，活捉刘仁恭父子，把他们押回晋阳斩首了。李存勖又大破南侵的契丹军队，把他们赶回北方去了。

李存勖跟朱温的儿子后梁末帝打了十几年仗，多次遇险。一次他亲自率军渡过冰封的黄河，只带十几个骑兵去敌营前挑战。部下劝阻他，他斥责道："深居王府，不身经百战，能平定天下吗？"结果，他中了埋伏，陷入十分危险的境地，被敌兵包围数十层，随从一个个倒下了。最后，部将拼死把他救了出来，他仍毫不在乎，只是说："险些给别人笑话。"后来，他仍然我行我素。

朱温的长子朱友裕早已死去，另有二子朱友珪、三子朱友贞、幼子朱友敬与养子朱友文。在这几个儿子中，朱温对养子朱友文更看重一些。

后梁太祖乾化二年(公元912年)五月末，朱温病重，自知将不久于人世，便命王氏去召朱友文。这时，朱友珪的夫人也在旁边，马上出宫将此事报告给丈夫。朱友珪认为自己年龄最长，理应立为太子，对父皇看中朱友文一直愤愤不平。他听说父皇要召朱友文，立刻调兵五百人埋伏在禁中，夜半斩关入宫，冲到朱温寝宫，一刀将朱温刺死。

朱温死后，朱友珪自立为帝，不久便被朱友贞率军推翻。

朱友贞被众人推为皇帝，史称后梁末帝。

后梁末帝龙德三年(公元923年)，李存勖攻入洛阳，末帝自杀，后梁灭亡了。

李存勖统一了中国北方，即位称帝，建国号为唐，定都洛阳，史称后唐，他就是后唐庄宗。后唐是五代中的第二代。

石敬瑭和《旧唐书》

出自《新五代史·本纪第八》《旧五代史·列传四》

石敬瑭生于唐昭宗景福元年(公元892年),沙陀人。石敬瑭的父亲是沙陀部落一员善于骑射的武将,曾为后唐立过不少战功。石敬瑭是他的第二个儿子。

石敬瑭自幼习武,以将门之子自命,极崇拜战国名将李牧和西汉名将周亚夫。他苦读兵书,苦练骑射,决心走父亲的道路。

石敬瑭性格深沉,沉默寡言,举止与众不同。唐末晋王李克用的义子李嗣源非常器重他,招他为婿。后来,李嗣源做了后唐皇帝,石敬瑭掌握了后唐军权。

李嗣源的养子李从珂即位后,要除掉石敬瑭。石敬瑭为了保住身家性命,向辽主耶律德光求援,称臣称儿,并割让燕云十六州。于是辽国发兵打败了后唐军队,立石敬瑭为帝,建立了后晋。

石敬瑭称帝后,日子并不好过。他在位七年,各地藩镇仍各自为政,根本瞧不起他。他手下一些将领、官吏忍受不了向契丹称臣的耻辱,有的起兵,有的投南了。内外交困的石敬瑭终于忧郁成疾,一病不起,于天福七年(公元942年)六月病死了。石敬瑭割地称臣,罪不可恕。纵观石敬瑭一生,只做了一件好事,那就是修《唐书》。

本来,唐朝建国后,历代皇帝都修实录。自初唐开始,便在实录基础上撰写国史,以吴兢、韦述所撰最为有名。吴兢曾撰《唐书》六十五卷,韦述又加以补充,撰成一百一十二卷。此后,柳芳等人又有续作。但是,到了唐武宗,实录便不全了。唐武宗以后的宣宗、懿宗、僖宗、昭宗、哀宗五代,连实录都没有。

唐朝灭亡后,我国历史进入五代:后梁、后唐、后晋、后汉、后周。后梁、后唐两代皇帝都曾下令广泛征集唐史资料。后晋时,贾纬用他搜集的遗文和父老传说编成《唐年补录》六十五卷。

后晋高祖石敬瑭天福六年（公元941年），石敬瑭命大臣修唐史，由宰相赵莹监修。

赵莹，字元辉，华阴人。曾祖赵溥曾任江陵县丞，祖父赵孺曾任秘书正字，父亲赵居晦在家务农。赵莹相貌秀美，天性淳朴严谨，深受石敬瑭的器重，官至同平章事，负责监修国史。

赵莹监修国史时，先挑选得力文士，拟订了完整而庞大的计划，搜集资料，在已有唐史的基础上，利用当时所收集的晚唐史料加以补写。全书修成于后晋出帝开运二年（公元945年），历时四年多。因为书成时刘昫正在执政，按当时的规定，宰相要担任国家修史的监修，因此刘昫在《旧唐书》上署了名。

其实，从组织作者到提出修史计划，从史料搜集到监修，都由赵莹负责，所以古人一致认为《旧唐书》能够编修成功，赵莹功不可没，而且应居首功。

出帝嗣位后，赵莹官拜守中书令。次年，出任晋昌军节度使。当时，天下蝗灾严重，蝗虫所过之处禾粟为之一空。赵莹下令境内凡捕蝗一斗者便给粟一斗，使饥民得以获救，远近争相传诵赵莹的德政。

这时，《旧唐书》已经修了三年。赵莹出京后，监修任务落在了大才子张昭远的头上。张昭远原籍广东惠州，是惠州仅有的几个进士之一。他在编写《旧唐书》时极其敬业，用力最勤。

《旧唐书》成书的第二年，辽国借口出帝不肯称臣，出兵灭了后晋，赵莹被俘。辽主爱惜赵莹的才德，让他担任太子的老师。赵莹思念故国，一次遇到北来的中原使臣，他悲不自胜，向南磕头，泪如涌泉。后来，他向辽主请求死后归葬故里，辽主同意了。在他67岁去世后，辽主派人送灵柩南归，葬于陕西华阴故里。

《旧唐书》流传了一百年后，在宋仁宗时遭到了厄运。宋仁宗认为《旧唐书》芜杂不精，另命宋祁和欧阳修编撰《新唐书》。《新唐书》问世后，《旧唐书》在很长一段时间里被废弃了。

现在，《旧唐书》重新引起了史学界的重视，因为《旧唐书》在如实保存史料方面有巨大的功劳。在《旧唐书》里，保存了唐朝的第一手史料。在唐朝三百年历史中，屡有战乱，原始史料几经浩劫，尤其是安史之乱和唐末军阀混战致使史籍荡然无存。幸而有唐肃宗时韦述编纂的国史，到后晋时成为修唐书的主要依据。唐肃宗以后，史料留存更少。全赖张昭远和贾纬等人广采各家传闻和笔记编出的《唐年补录》和《唐末三朝闻见录》，使史实略有所补。石敬瑭下令编撰《旧唐书》时，离唐朝灭亡仅三十多年，许多史料直接从唐人得来。因此，《旧唐书》使这些难得的史料保存至今。

《旧唐书》被收入"二十四史"，成为"二十四史"中的第十六史。

后汉高祖刘知远

出自《旧五代史·汉书·高祖纪》

刘知远是沙陀人，生于唐昭宗乾宁二年（公元895年），自幼庄重寡言，从不嬉游。

从军后，隶属后唐大将李嗣源部下。在一次与后梁作战中，曾救过石敬瑭。

后来，李嗣源做了后唐皇帝，任命石敬瑭为北京留守。因为刘知远曾经救过他，他特地上表将刘知远转到他帐下做了大将。对于石敬瑭认贼做父，割让领土，出卖民族利益，甘心做儿皇帝，刘知远是不同意的。

石敬瑭做皇帝后，刘知远做了晋阳留守。石敬瑭临死前，要召刘知远到朝中任职。石敬瑭的儿子石重贵即位后，对刘知远一直不信任，不肯召他进京。刘知远知道后，便暗暗招兵买马，收罗各方面的力量壮大自己，以求自保。

石重贵即位后，任用景延广为宰相。景延广力主抗辽，不久晋辽战争爆发了。

战争开始时，后晋军民同仇敌忾，奋力作战，打退了辽军。石重贵和文武大臣被胜利冲昏了头脑，竟误以为这是他们的功劳，不但不感激军民，反而更加残暴地压榨百姓。百姓饥寒交迫，对后晋王朝彻底绝望了。

不久，辽主耶律德光率辽兵卷土重来。石重贵任命姑父杜重威为全军统帅，率军抗辽。杜重威是个有野心的人，他也想像石敬瑭那样借辽国的力量做中国的皇帝。因此，他一到前线就出卖了民族利益，解除武装投降了辽国。辽军如入无人之境，直捣开封。石重贵出降，后晋灭亡了。

耶律德光在开封穿上了汉族皇帝的龙袍做了皇帝，杜重威的皇

帝梦破灭了。

刘知远闻变，立即在晋阳集合各路兵马，宣布抗辽。将士们齐声说："辽兵攻陷京城，俘虏皇上。国不可一日无君，而今日可以为君的非将军而谁？请将军登基称帝，然后名正言顺地出征。"刘知远说："契丹的势力仍然很大，我们的军威还不足以先声夺人。因此，我们必须先建功立业，你们当兵的懂得什么！"

过了两天，行军司马张彦威一连三次上书，请刘知远称帝。刘知远犹像不决，大将郭威劝道："如今不论远近，军心民意都盼望将军称帝，这正是天意啊。如果不趁此机会早登大位，人心一变，反而会酿成大祸的。"刘知远听了这话，才点头同意称帝。

公元947年，刘知远在晋阳称帝。第二天，他降诏说："各地立即停止为辽国搜刮金钱绸缎。汉人被胁迫担任节度使的要到皇帝所在地报到，辽人担任节度使的就地

诛杀。"

刘知远称帝后，仍用后晋的年号，并声称要打败辽兵，接石重贵回来。这样，他很快便赢得了后晋旧臣的好感，也受到一些豪强的支持。

与此同时，刘知远还下令奖励抗辽的人，禁止用搜括百姓的办法筹集军款。这样，他也受到了百姓的支持。

接着，他派使者携带诏书，让躲避战争、逃到高山深谷去的农民回乡种田。

这年三月十七日，耶律德光因中原百姓的反对，在开封站不住脚了。于是，他动身北归，留下表哥萧翰坐镇开封。四月二十一日，耶律德光病死在北归的路上。

五月七日，刘知远召集文武大臣讨论进军开封的策略。许多将领建议说："可以从井陉东进，先扫平河北平原，则黄河以南自然臣服了。"刘知远说："不如从石会经上党直接南下。"郭威说："耶律德光虽然死了，但辽军的战斗力还很强，他的部下仍然占据着坚固的城池。如果我们东进，道路遥远，途中没有支援，会陷于进退两难的境地。前进则辽军挡住去路，后退则辽军切断归途，那是极其危险的，因此去河北是不行的。至于上党一带，山路崎岖难行，地僻民穷，无法筹集军粮。因此，南下也是不可考虑的。而陕州、晋州新近归降，如果从西路进军，经那里南下，则是绝对安全，万无一失的。用不了二十天，就可以拿下洛阳和开封了。"刘知远听了，连声叫好。

五月十二日，刘知远率领大军从晋阳出发了。第二天，就接到大将史弘肇的捷报——泽州攻下了。泽州攻下后，黄河以南的

辽军纷纷北逃。刘知远兵不血刃，从晋阳一直进入开封。

萧翰听说刘知远大军快到了，便想逃回北方。但他又怕中原无主，顿时大乱，使他无法脱身。于是，他从洛阳接来后唐明宗李嗣源的幼子李从益，假传诏书说："命李从益主持南朝军国事务，调萧翰前往恒州。"读罢，便立李从益为皇帝，自己则仓皇北逃了。

当文武百官晋见李从益的母亲王淑妃时，王淑妃哭道："我们母子被推上高位，这是存心害我们！"

六月三日，刘知远到达洛阳，派人到开封清宫，将李从益母子诛杀。王淑妃临死时哭道："我儿被辽国所逼，有什么罪？为什么不留他一条命，每年寒食时盛一碗麦饭祭祀他爹？"听到这话的人无不落泪。

六月十一日，刘知远进入开封，后晋各地的节度使相继前来投降。

刘知远改国号为"汉"，史称他为后汉高祖。他下令大赦天下，让文官武将仍任原职，不作变动。

刘知远见北方大乱，土匪遍地，觉得治乱世当用重典，便下令道："只要是抢劫偷盗，不论多少，一律处以死刑。"

第二年正月二十七日，刘知远病危，召苏逢吉、杨邠、史弘肇、郭威进宫接受遗诏说："我力气已尽，呼吸困难，不能多说话了。承祐年纪还小，后事全靠你们了。"接着又说："要谨防杜重威！"不多时，瞑目而死。苏逢吉等人商量后，决定暂时封锁消息，不使外人知道。

过了三天，苏逢吉等人用刘知远的名义降诏说："杜重威等人在我生病时妖言惑众，动摇军心，应将杜重威以及他的儿子杜弘璋、杜弘琏、杜弘璨一律斩首。后晋公主石氏及其他远近亲族不加追究。"

杜重威的尸体拖到街上示众时，百姓争着割他的肉吞吃，顷刻间割尽，只剩下一堆白骨了。

次日，又用刘知远的名义降诏，封皇子刘承祐为周王兼同平章事。不久，宣布刘知远去世的消息，公布遗诏，刘承祐即位，史称隐帝。

郭威建立后周

出自《新五代史·本纪第十一》

郭威于唐昭宗天复四年（公元904年）生于邢州尧山（今邢台市隆尧县西）。

父亲郭简是后晋顺州刺史。河北军阀刘文恭攻破顺州时，郭简被杀。这时，郭威年方数岁，母亲不久也去世了。郭威孤贫无依，只得投奔潞州人常氏。18岁时，郭威投军，在后梁潞州留守李继韬部下当兵。

郭威身材魁梧，力大无穷，作战勇敢，深受李继韬的赏识。郭威好喝酒，喜欢打抱不平。一天，郭威酒后上街，见一个屠户欺行霸市，大家都很怕他。郭威不服气地走到这个屠户面前，让他割肉。屠户割完肉后，郭威故意说割得不对，并大声斥责他。屠户咽不下这口气，扯开衣服用手指着肚子说："算你有胆量，你敢杀我吗？"郭威借酒使气，照他肚子就是一刀，当场将他捅死了。屠户一命呜呼，郭威被抓进监狱。李继韬佩服他的勇气和胆量，偷偷地将他释放，然后又把他召到麾下。

后唐庄宗李存勖攻灭后梁时，杀了李继韬。李继韬的部队被收编，郭威因为识字，粗通文墨，被任命为军吏。

郭威喜欢读书，特别是兵书《阃外春秋》。《阃外春秋》的作者李筌道号达观子，陇西人，唐玄宗开元（公元713年—公元741年）年间曾担任荆南节度使。后来，他被奸相李林甫排挤，怀才不遇，便隐居于嵩山的少室山修道。他留下了几卷兵书，比较著名的有《太白阴经》、《阃外春秋》等。郭威很喜欢《阃外春秋》，经常手不释卷，细心揣摩，终于懂得用智慧打仗了。

在刘知远担任后晋侍卫亲军都虞候时，他主动投到他的麾下，深受刘知远的器重。

契丹灭晋后，刘知远起兵太原，即位后拜郭威为枢密副使。刘知远临终前，将太子刘承祐托孤于郭威和史弘肇。

太子刘承祐即后汉隐帝，即位后进封郭威为枢密使。

这年三月，河中李守贞、永兴赵思绾、凤翔王景崇相继反叛，隐帝派遣白文珂、郭从义、常思等前去征讨，过了很久都无功而返。

隐帝对郭威说："朕想麻烦你行吗？"郭威回答说："我不敢申请，也不敢推辞，只听从陛下命令。"于是隐帝加授郭威同中书门下平章事，让他到前线督战，统率各个将领。

郭威到了军中，接见宾客时穿宽袍，扎大带，上阵时用头巾束发，身穿短衣，与士兵无异。皇上有所赏赐，他就召集众将习射，任他们随便拿取，剩下的全部分给士兵，将士无不欢心。

郭威到河中后，自己在城东建营栅，命常思在城南建营栅，命白文珂在城西建营栅。接着，又征调五县壮丁二万人修筑连接三座营栅的壁垒，护卫三座营栅。

各将都说："李守贞是气数已尽的贼子，不久就可攻破，大帅不必如此劳

费人力。"郭威不听这些建议。

不久，李守贞频频出兵，击坏了连营壁垒，郭威立即命人重新修复。

李守贞频频出击，每次出击都损兵折将。过了很久，李守贞城中的将士和粮食快消耗完了，郭威说："可以攻城了！"于是准备攻城器械，定下日期，从四面攻城。很快便攻破了河中外城，李守贞见状，和妻子儿女自焚而死，赵思绾、王景崇相继投降。

隐帝庆功，用玉带慰劳郭威，加授检校太师兼侍中，郭威推辞说："我事奉先帝，见过的功臣很多，都不曾用玉带赏赐。"接着又说："我有幸能够统率军队，凭借大汉之威打败贼军，并非我一人之功，全靠将相贤明，能够安定朝廷，存抚天下，而又按时送给军需，因此我才能够用心打仗。"隐帝认为郭威是贤人，于是将杨邠、史弘肇、苏逢吉、苏禹珪、窦贞固、王章等人全部召来，都赐予玉带，郭威这才接受了。

郭威又把功劳推给大臣，请求给予封爵和赏赐，于是加窦贞固为司空，苏逢吉为司徒，苏禹珪、杨邠为左右仆射。

这年冬天，契丹侵犯边境，郭威以

枢密使的身份率军北伐，兵到魏州，契丹不战而遁。

三年二月，郭威率军返回。四月，隐帝任命郭威为邺都留守、天雄军节度使，仍然以枢密使的身份赴任。

隐帝大权旁落，竟和心腹李业等人秘密策划，杀死了在京的史弘肇等人。接着，隐帝又降诏给镇宁军节度使李弘义，让他在澶州杀死侍卫步军指挥使王殷；降诏给侍卫马军指挥使郭崇，让他在魏州杀死郭威和宣徽使王峻。

诏书先送到澶州，李弘义担心不能成事，把诏书拿给王殷看。王殷看了之后，和李弘义一商量，马上派人告诉郭威。

不久，传诏杀死郭威、王峻的使者也骑马飞驰而至，郭威把诏书收起，到卧室和枢密使院吏魏仁浦谋划。

魏仁浦劝郭威起兵，教郭威重新写一道诏书，诏书上写命令郭威诛杀各将校，以此激怒他们。郭威依计而行，将校们果然都很气愤，一致表示愿为郭威效命。于是，郭威起兵，向汴京进军。隐帝闻讯，将郭威的家属全部杀死。

公元950年11月，郭军抵达汴京城下。隐帝到城外刘子坡观战，见后汉军大败，于第二天清晨慌慌张张逃回。不料开封尹刘益已经据城反叛，投了郭威，拒绝他进城。隐帝只得带着苏逢吉、聂文进和茶酒使郭允明等人向西北逃去。

逃到赵村时，忽见后面尘土大起，隐帝以为是追兵，便仓皇下马，打算躲入村民房中。郭允明见形势危急，想以隐帝作为进见礼投降追兵，便上前一刀将隐帝刺死。其实后面并不是追兵，而是隐帝的亲兵赶来护驾。郭允明见自己弄巧成拙，立即自刎而死。

郭威进京后，率百官朝太后于明德门，请立嗣君。太后下令："文武百官、六军将校，可议择贤明之人以承大统。"几天后，郭威率百官到明德门，请立武宁军节度使刘赟为嗣。

十二月，王峻派郭崇率骑兵七百到宋州迎接刘赟，出其不意将其杀死。

次年正月，郭威在众将拥戴下做了皇帝，建立周朝，史称后周。后周是五代中最后的一代。

宋太祖建立宋朝

出自《宋史·本纪第一、本纪第二》

宋太祖姓赵，名匡胤，涿郡人。高祖父赵朓在唐朝时曾担任永清县、文安县、幽都县县令。曾祖父赵珽曾担任唐朝藩镇从事，兼任御史中丞。祖父赵敬曾担任营州、蓟州、涿州三州刺史。父亲赵弘殷骁勇善战，精于骑射，曾援救过五代后唐庄宗。庄宗喜爱他的勇敢，留他掌管禁军。后汉乾祐年间，他被敌军射中左眼，仍奋勇作战，大败蜀军，因功升任护圣都指挥使。后周时，他追随后周世宗，屡立战功。

赵匡胤是赵弘殷的第二个儿子，母亲杜氏，教子极严。

后唐天成二年（公元927年），赵匡胤生于洛阳夹马营。夹马营是个地名，其地在今河南洛阳市东北。

赵匡胤状貌雄伟，豁达大度，有见识的人都知道他不是平常人。赵匡胤学习骑马射箭时，学得又快又好，超过了其他人。

周世宗即位后，赵匡胤掌管了禁军。在高平之战中，赵匡胤振臂一呼，为后周军获得最后胜利起了关键作用。

公元951年，郭威建立后周，史称后周太祖。三年后，郭威病死，皇后柴氏无子，她的侄儿柴荣即位，史称后周世宗。北汉主刘崇闻讯后，趁后周国丧时期，勾结契丹南侵，想一举消灭后周。周世宗闻讯，毅然率领人马前去抵御。这年三月十八日，两军在高平相遇。

当时，双方都有数万人马，但柴荣的一支后续部队尚未赶到，并且由于急行军，士兵都很疲劳。北汉刘崇率领三万大军居中，契丹大将杨衮率军居西为右军，先锋张元徽率军居东为左军，阵势十分严整。后周一些将领见状，不由得胆怯起来。两军刚一交锋，后周右军将领樊爱能、何徽便扔下部队，率少数骑兵逃离阵地。右军骑兵大乱，步兵数千人逃跑已经来不及，都丢下武器向敌军投降。樊爱能、何徽拼命逃窜，还造谣说后周大军已经战败投降，阻止后军前进，扰乱了军心。柴荣派人命令他们停止逃跑，他们反而杀害使者，继续逃跑。柴荣见此情景，仍能镇定自若，端坐马上督战，没有丝毫惧色。他率身边的亲兵数十人向前冲去，直奔刘崇营帐。这时，赵匡胤振臂大呼道："皇上尚且不怕死，我们还不拼命吗？"说着，便和禁军将领张永德分左右两翼直冲敌阵。周军将士见皇上和主帅如此奋勇杀敌，便也都争先恐后地奋勇冲杀起来。一时间杀声震天，吓破了敌胆。北汉军没有料到周军来势如此凶猛，顿时大乱，左军大将张元徽在激战中被杀。刘崇见状，只得披上衰衣，戴上斗笠，仅带一百余人狼狈地逃回太原。

此后，在同南唐作战中，赵匡胤多次冲锋陷阵，身先士卒，在军中树立了极高的威信。

显德六年(公元959年)，正当后周世宗柴荣凤兴夜寐，南征北战，打算统一全国的时候，不幸突然生病去世了。他7岁的儿子柴宗训即位，史称后周恭帝。

第二年正月初一，正当后周君臣庆贺新年的时候，北方传来警报说："北汉和辽国联兵南下，声势很大！"朝廷闻报，忙派赵匡胤率领大军前去抵抗。

赵匡胤这年33岁，正担任殿前都点检，是皇帝亲军的最高长官。他还兼任归德军节度使，肩负防守都城汴京的重任，掌握着后周的军事大权。

赵匡胤率领大军出发后，走到汴京东北一个叫陈桥驿的地方宿营时，将士们议论说："如今皇上年幼，不能主持朝政。我们舍生忘死为国杀敌，有谁知道呢？不如立赵点检做天子。"

五更时分，军士齐集驿门前，宣称要立赵匡胤做天子。

黎明时分，军士拥到赵匡胤寝门前，赵匡胤的弟弟赵光义忙进去通报。赵匡胤起身来到户外，只见众将手持兵器，列队站在庭前，齐声说："诸军无主，我们愿意拥戴点检做天子！"赵匡胤还未来得及回答，就有人将事先准备好的黄袍披在他的身上。接着，众将士跪了一地，高呼万岁，然后拥他一起上了马。

　　赵匡胤揽辔问道："我惟有号令，你们肯听吗？"众将士纷纷下马，异口同声地回答说："我们惟命是听！"赵匡胤说："那就好，当今皇上和太后都是我侍奉的，你们不能惊扰；朝中的大臣都是我的同辈，你们不许冒犯；国库和百姓的家，你们不许抢劫。凡是听令的，今后一定重赏；违令的，一定严办！"众将士再拜齐呼："听令！"于是，赵匡胤整军回京。

　　后周大臣韩通性情刚直，听说赵匡胤反了，忙从内廷飞奔回家，要起兵镇压，被赵匡胤的部将王延升杀死了。

　　众将将后周宰相范质等大臣拥到赵匡胤面前，赵匡胤见了他们，呜咽流涕说："我有背天地，竟做出了这种事！"范质还未来得及回话，赵匡胤的部将罗彦瓌按剑上前大喝道："我辈无主，今日必须立一位天子！"范质等人互相看了看，计无所出，只得走下台阶，列队下拜，然后召集文武百官。

　　到了下午，朝班确定下来。翰林承旨陶谷从袖中拿出周恭帝的禅位制书，宣徽使引导赵匡胤向北下拜接受禅让，然后扶赵匡胤登上崇元殿，穿上龙袍，戴上皇冠，即皇帝位，建立了宋朝。

　　赵匡胤死后，被谥为太祖，因此史称宋太祖。

　　宋朝建于公元960年，亡于公元1279年，历经十八帝，国祚三百二十年。

宋太祖和《旧五代史》

出自《宋史·列传八》《宋史·列传二十三》

从公元907年朱温篡唐称帝到公元960年赵匡胤建立北宋王朝的五十三年间，是我国历史上大规模分裂割据时期。中原地区相继出现了后梁、后唐、后晋、后汉、后周五个王朝，史称"五代"。与此同时，中原以外地区还存在过吴、南唐、吴越、楚、闽、南汉、前蜀、后蜀、南平、北汉等十个小国，因此 这一时期又称"五代十国"。在五代十国时期，我国周边还有契丹、吐蕃、渤海国、东丹、党项、南诏、于阗等少数民族建立的政权。《旧五代史》记载的就是这五十三年间的历史。

《旧五代史》共一百五十卷，其中包括纪六十一卷，志十二卷，传七十七卷。按五代先后次序断代，分为《梁书》、《唐书》、《晋书》、《汉书》、《周书》。五代史中《志》是五代典章制度的通史，《杂传》记述包括十国在内的各割据政权的情况。《旧五代史》原名《五代史》，也称《梁唐晋汉周书》，是宋太祖下令编纂的官修史书。

宋太祖开宝六年（公元973年），宋太祖降诏修五代史，由薛居正监修，卢多逊、扈蒙、张澹、刘兼、李穆、李九龄等同修。

修史时，五代时期的各朝实录基本没有散失，又有宋人范质在实录基础上整理出的简编《建隆五代通录》作底本，再加上编书者亲身经历过五代时期，对史料比较熟悉，因此成书时间很短。

范质字文素，大名府宗城县人，父亲范守遇是郑州防御判官。

范质自幼聪明过人，9岁便能写文章，13岁即钻研《尚书》，开始教授学生，当上一名先生了。

当年，周太祖郭威起兵向汴梁进发时，京城一片混乱。范质躲在民间，周太祖寻访到他后，非常高兴。当时天降大雪，十分寒冷，周太祖忙脱下自己身上的袍子亲自给范质穿上。

宋朝初年，范质担任宰相后，上奏宋太祖赵匡胤说："臣闻担任宰相的要举贤荐能，辅佐天子。枢密副使赵普精通治国之道，阅历很深，能秉公尽忠，是陛下可以倚重的人。"宋太祖高兴地接纳了他的建议，由此赵普便以半部论语治天下，成了一代名相。范质推荐的还有吕庆余、窦仪等一大批栋梁之材。宋太祖能够统一天下，正是得益于这些清正廉洁、精明强干的官员。

范质饱读诗书，博闻强记，每次上朝议事之前仍手不释卷。范质一生经历五朝，一直受到重用，一是因为他才华出众，无人可以取代；二是他清正廉洁，大得人心，朝野敬仰。范质从不接受馈赠，甚至自己的俸禄和所得赏赐也大都分送给了老弱孤寡。

范质出身文人，虽公务繁忙，仍笔耕不辍，著述颇丰，著有《范鲁公集》、《建隆五代通录》等著作百余卷，为后人留下了一笔宝贵的精神财富。

《旧五代史》正是在范质所著《建隆五代通录》的基础上编成的。宋太祖开宝六年（公元973年）四月开始修史，至次年闰十月甲子日修竣上呈，前后只用了一年半左右时间。宋太祖对修五代史十分重视，修史班子的水平也特别高，因而保证了修史的进度和质量。

薛居正字子平，开封浚仪人，父亲薛仁谦在后周时曾担任太子宾客。薛居正自幼好学，胸怀大志。

后唐末帝清泰初年，薛居正参加进士考试落榜后，写了一篇《遣愁文》来自行宽解，寓意倜傥不凡，有识之士认为他有宰相的器量，不会是个不第秀才。过了一年，他果然进士及第了。

后汉大将史弘肇统领侍卫亲军，威权震主，残忍专横，无人敢违背他。有一次，他的属下官吏控告平民违犯盐禁，依法当斩。薛居正怀疑案

情不实,详加追问,原来是官吏与平民有私仇,因而诬陷。薛居正逮捕了这名官吏并严加审问,将其依法处理。史弘肇虽然恼怒,但碍于国法,无法改变薛居正的判决。

宋太祖建隆三年(公元962年),任命薛居正为朗州知州。适逢逃亡士兵数千人啸聚山林,落草为盗,监军使怀疑城中僧侣一千余人都是土匪的同党,要全部逮捕杀掉。薛居正设计令其暂缓执行,接着率领人马剿灭群盗,擒获贼帅,审问之后,得知僧侣并非他们的同党。由于薛居正注重调查,才保住了一千多无辜僧侣的性命。

薛居正气度非凡,仪表雄伟,饮酒数斗而不醉。他性情孝顺,行为纯正,日常生活俭朴。担任宰相后,处事宽松,为政简易,不喜欢苛刻烦琐,受到大臣们的一致称赞。

薛居正喜好读书,撰写文章时,一动笔就停不下来。在薛居正的监修下,《旧五代史》很快便修成了。

宋太祖曾对薛居正说:“做君主的很少有人能够自己纠正自己,做大臣的多数没有远略,虽然官居显位,却不能名垂青史,而身陷不义,让子孙也遭到灾祸。这是君臣之道均有未尽之处。唐太宗接受进谏,直言指责他的错误也不以为耻。依朕看来,不如自己不做那些事,使大臣无话可说,岂不更好。另外,古代大臣大多不能有始有终,能保全自身而享受厚福的靠的是忠诚和正直。”

宋太祖对薛居正说的这些话,他们两个人基本上都做到了。

《旧五代史》编成后,受到文人和史学家的重视。司马光修《资治通鉴》时,相关部分大多从此书取材。北宋大科学家沈括在著作中也多次援引此书。

《旧五代史》编修时,南方诸国尚存。编者对南方史事十分熟悉,因而编进了有关十国的第一手资料。明清之际吴任臣撰《十国春秋》时,也曾引用过《旧五代史》。

后来,《旧五代史》被收入“二十四史”,成为“二十四史”中的第十八史。

耶律阿保机的故事

出自《辽史·本纪第一》《辽史·本纪第二》

　　唐懿宗十三年（公元872年），一代天骄耶律阿保机降生了！耶律阿保机一降生，就面临着血腥的权力争夺。契丹贵族为了争当部落联盟首领动了刀枪，耶律阿保机的祖父匀德实不幸被杀了。

　　契丹族源于柔然。公元389年，鲜卑拓跋氏建立的北魏大败柔然后，北柔然退到外兴安岭一带，成为蒙古人的祖先室韦；而南柔然避居今内蒙古的西喇木伦河以南、老哈河以北地区，过着游牧和渔猎的氏族社会生活，共有八个部落：迭剌部、乙室部、品部、楮特部、乌隗部、突吕不部、涅剌部、突举部。后来，各部走向联合，形成契丹民族。契丹八部中，各部部长称为大人，再由八部大人推选一人为首领统率八部，一般任期三年，特殊情况下临时补选。八部中，迭剌部距中原较近，躲避中原战乱的北方汉族人逃入契丹地区，带来了先进的生产技术，使迭剌部的发展很快超过了其他七部。"耶律"是迭剌部的首领姓氏。迭剌部拥有世选夷离堇(官名，部落联盟军事首领)的特权。从耶律阿保机的七世祖开始，耶律家族就掌握了八部联盟的军权，地位仅次于八部联盟首领。

　　唐朝安史之乱后，藩镇相对独立，中央政权支离破碎，出现了军阀割据的局面，这给生活在西辽河流域的契丹人提供了发展壮大的机会。"契丹"一词原意为镔铁，是古代的一种钢，把表面磨光再用腐蚀剂处理，可见花纹，又称"镔铁"。镔铁主要用来制作刀剑，极其锋利，有"吹毛透风"之誉。

　　耶律阿保机的祖父遇难后，家人四散逃亡，襁褓中的阿保机由祖母照管。祖母怕耶律阿保机被追杀者认出来，就把他的脸涂得脏脏的，整天东躲西藏。有一天，大队骑兵追踪而至，祖母急中生智，把耶律阿保机藏到另一个帐篷里，才算躲过一劫。

　　后来，多亏耶律阿保机的伯父重掌大权，才把年幼的耶律阿保机接到身边抚养。

耶律阿保机自幼聪明过人，长大后身体魁梧健壮，武功高强，胸怀大志。他身长九尺，目光射人，能开三百斤硬弓。

耶律阿保机带领侍卫亲军多次立下战功，受到伯父的赏识。伯父从他身上看到了重振家族的希望，于是有意培养耶律阿保机，让他参与政务。

唐昭宗景福元年（公元892年），20岁的耶律阿保机迎娶14岁的表妹述律平为妻。述律平的父亲是回鹘人的后代，母亲是耶律阿保机的姑姑。述律平十分聪明，有胆有识。耶律阿保机娶了述律平后，有了贤内助，更是如虎添翼。

在八部联盟后期，耶律阿保机被推选为夷离堇。伯父死后，耶律阿保机继承了伯父的职位，成为八部落联盟的军事统帅，地位仅次于可汗，掌握联盟的军事大权。这时，耶律阿保机只有30岁，手中掌握的联盟军事大权为他建立军功、树立权威创造了有利条件。他率军四处征伐，接连攻破室韦和奚人等部落，同时南下进攻汉人聚居地区，俘获大批的汉人和大量的牲畜、粮食，实力大为增强。

唐朝末年，幽州（今北京一带）节度使刘仁恭多次出兵进攻契丹，契丹人深受其苦。八部大人归咎于可汗无能，要求改选可汗。耶律阿保机凭借自己强大的实力和崇高的威望，于唐哀宗天祐三年（公元906年），也就是唐朝灭亡的前一年登上了八部联盟可汗的宝座。

按照传统制度，可汗要三年改选一次。汉人谋士经常对耶律阿保机说："中原汉人的帝王是世袭的，从来不改选。"于是，耶律阿保机在任满三年时拒不交出大权，像中原皇帝一样要实行终身制和世袭制。

为了争权，耶律阿保机的兄弟首先起来反对他，由此发生了契丹历史上的"诸弟之乱"。

从公元911年到公元913年，兄弟叛乱一共发生了三次。耶律阿保机不愿手足相残，想将几个兄弟教育后释放。这时，述律平说："可汗还想看到第四次叛乱吗？"于是，耶律阿保机狠了狠心，将参加叛乱的兄弟及他们的亲属上百人全部处死。

诸弟叛乱平息后，另外七部贵族为了夺权，仍在暗中做着推翻耶律阿保机的准备。

公元915年，在耶律阿保机征讨黄头室韦部后的回军途中，七部贵族假装欢迎他，乘他不备时将他抓住，刀架在脖子上逼他让

位。面对死亡，耶律阿保机只好辞去可汗之职，带着自己的部落迁到滦河一带。

为了东山再起，耶律阿保机大量重用汉族知识分子。韩延徽原是定州节度使刘仁恭的幕僚，受命出使契丹时，刘仁恭又在边界滋事。耶律阿保机一怒之下扣押了韩延徽，面对刀枪，韩延徽慷慨陈词，面不改色，令阿保机十分佩服，便以至诚相待，并委以重任，终于打动了韩延徽，将其留在帐下辅佐自己。

从此，韩延徽成了阿保机的军师，提了很多建议，为阿保机建辽称帝起了重要的作用。

耶律阿保机重用韩延徽，使许多汉人文官相继归附。耶律阿保机一律委以重任，让他们在各部门做官。

耶律阿保机采用汉族谋士的建议，在滦河建起了一座城市，并改变契丹的游牧习俗，大力发展农业和盐铁业。很快，耶律阿保机所部的军事实力和人口总数开始雄踞契丹八部之首。

由于其他七部都要由耶律阿保机提供盐铁，耶律阿保机便掐住了其他七部的经济命脉。

耶律阿保机见时机成熟，便开始了扫平称帝障碍的计划。他亲赴其他七部，对七部大人说：“感谢各位大人宽待我，让我苟活至今。请大人光临寒舍，我特备薄酒略表谢意。再者，我又新建了几个盐场，请大人们聚在一起议议新盐的分配。”

七部大人被耶律阿保机的表面诚恳所迷惑，信以为真，都准时赴宴了。宴会上，耶律阿保机谈笑风生，频频举杯劝酒。就在七部大人喝得酩酊大醉时，耶律阿保机一声令下，早已安排好的伏兵一拥而出，挥刀砍死了七部大人。耶律阿保机随即率大军杀出滦河，统一了契丹八部。

公元916年3月17日，耶律阿保机用青牛白马祭旗，敬告先祖，登基称帝，建立了大契丹国，年号神册。耶律阿保机称天皇帝，述律平称地皇后。

耶律阿保机在与中原和西部各国的交往中，能够融会众长，卓有成效地促进了契丹政治、经济和文化各个方面的迅速发展。

称帝不久，耶律阿保机率军统一了中国北方，密切了各族人民之间的联系，为我国北部社会发展和民族融合作出了贡献。

1125年，辽为金国所灭，历经九位帝王，国祚二百一十年。

欧阳修和《新唐书》

出自《宋史·列传第四十三》《宋史·列传第七十八》

宋仁宗是北宋第四位皇帝,在中国历史上被称为仁君。他在位长达四十二年,国家太平,边境安定,经济繁荣,科学文化发达,人民生活安定。

宋仁宗认为石敬瑭下令编修的《旧唐书》过于浅陋,于是决定重修。前后参与修史的有欧阳修、宋祁、范镇、吕夏卿、王畴、宋敏求、刘羲叟等人。其中列传部分由宋祁负责编写;志和表分别由范镇、吕夏卿负责编写,最后由欧阳修完成。为此,《新唐书》署"欧阳修、宋祁撰"。

欧阳修字永叔,宋真宗景德四年(公元1007年)生于江西庐陵。4岁时父亲去世,母亲郑氏一直守节未嫁,亲自教欧阳修读书。因家境贫寒,欧阳修只能以芦荻作笔,在地上学习写字。

欧阳修自幼聪明过人,读书过目不忘。成年后,更是超群出众,闻名遐迩。

那时,宋朝建立虽已百余年,但文章休裁仍然沿袭五代遗风,骈文盛行,刻意雕琢词句,对偶刻板庸俗。士人大多因循守旧,文章只重形式,内容浅薄,格调不高。

苏舜元、苏舜钦、柳开、穆修等人都想提倡古文,改变当时的文风,但因能力不足,未能如愿。

欧阳修出游随州时,在废书筐中得到一部唐代古文大家韩愈的遗稿,读后十分仰慕。从此,欧阳修刻苦学习韩文,探寻其中精义,竟致废寝忘食。他下决心赶上韩愈,和他并驾齐驱,写出漂亮的文章。

欧阳修参加进士考试时,名列礼部会试第一名,被选为甲科进士,出任西京推官。

欧阳修结交名士尹洙后,和他一起写作古文,议

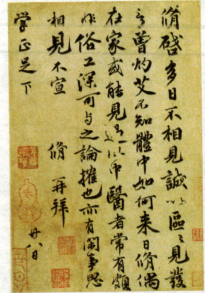

论时事，互为师友。欧阳修还结交梅尧臣，与之吟诗作歌，相互唱和，从此文名遍天下。

不久，朝廷征欧阳修入朝做官，担任馆阁校勘。

范仲淹因关心国家，议论政事而被贬，朝臣大多上奏章解救他，只有司谏高若讷认为应当贬黜。欧阳修大怒，写信谴责高若讷，说他简直不知人间有羞耻事。

高若讷将欧阳修的信交给皇帝，欧阳修因此获罪，被贬为夷陵县令，不久又改任乾德县令、武成节度判官。

范仲淹出镇陕西时，特地聘请欧阳修为书记官。欧阳修笑着辞谢说："我昔日救君之举岂是为了一己之利？我们虽然同时被贬，但也不必同时升迁。"

过了很久，欧阳修复任馆阁校勘，后来又升任集贤校理。

宋仁宗庆历三年（公元1043年），欧阳修兼掌谏院。不久，升为翰林学士，参与修撰《唐书》。

欧阳修曾主持嘉祐二年（公元1057年）的进士考试。当时读书人崇尚写作新奇怪僻的文章，号称"太学体"，欧阳修坚决排斥，凡是写这样文章的都不予录取。录取之事结束后，落榜者一见欧阳修，就聚在他马前起哄，巡街的士兵都无法制止。欧阳修虽受了不少苦，但考场的文风从此大为改观了。

《唐书》修完后，欧阳修官拜礼部侍郎兼翰林侍读学士。

欧阳修平生与人谈论事情时，总是尽其所言，从无隐瞒。他执政时，士大夫有什么请求，他立即当面说明行还是不行。他性格刚强，见义勇为，虽有陷害他的圈套摆在眼前，

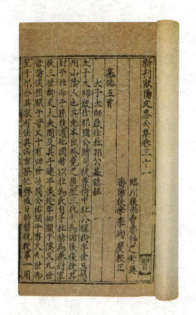

一触即发，他也奋不顾身。为此，欧阳修曾先后几次被贬，但他依然如故。

在贬到夷陵县时，他平时没有什么消遣，就取出前任办过的案卷反复查看，结果发现案中是非颠倒、违法错判的不可胜数。于是，他拍案仰天长叹道："这样一个偏僻小县尚且如此，全国更可想而知了。"从此以后，他遇事慎之又慎，不敢半点疏忽。

欧阳修幼年丧父，母亲曾经对他说："你父亲做官时，常在夜间秉烛办公，多次停下来叹息。我问他为何叹息，他说：'这是件死刑案子，我想寻求保全犯人生命的可能，却没有找到。'我说：'生路可以寻求吗？'他说：'寻求生路而得不到，被判死刑的人和我就都没有遗憾了。经常为死囚寻求生路，仍然还有失误，造成不该死的人被处死了，而世间的官吏却常为犯人寻找处死的理由。'你父亲平日经常用这些话教导别人的子弟，我都听熟了。"欧阳修牢

记这些话，终生不忘。

欧阳修的文章才华横溢，朴实流畅，不繁复不简略，恰到好处，天下人一致效法他，尊崇他。

欧阳修提携后进唯恐不及，得到他赏识、举荐的人大多成为天下名士了。如曾巩、王安石、苏洵以及苏洵的儿子苏轼、苏辙，原来都是民间的布衣百姓，不为人所知，欧阳修广为传扬他们的名声，认为他们将来一定会闻名天下。

欧阳修对朋友非常忠实，朋友在世时就推荐他们，帮助他们，去世后就尽力保护和周济他们的家属。

欧阳修喜爱古代文化，酷爱学习，凡是周朝、汉朝以来的金石遗文、断章残简，他都尽量收集，并记录下来，仔细研究，一一加以确凿的考证，将自己的观点写出来，取名为《集古录》。

苏轼为欧阳修文集作序说："论说道理与韩愈相似，议论政事与陆贽相似，记叙事情与司马迁相似，诗词歌赋与李白相似。"有识之士认为这番评论是很有见地的。

宋祁字子京，与哥哥宋庠同时考中进士，礼部上奏宋祁第一名，宋庠第三名。宋仁宗的母亲刘太后不愿意让弟弟位于哥哥之前，就提拔宋庠为第一名，而置宋祁于第十名。人们称呼他们哥俩为"二宋"，以"大宋"、"小宋"来区别。

宋祁博学多才，精通韵律，善于填词，名句"红杏枝头春意闹"就出自宋祁之手。当时，太常旧乐几次增减，声律仍不协调。宋仁宗命宋祁前去查考，制定新乐；铸造钟磬也由宋祁掌管。他还参与编写《广业记》，修起居注。

当时，陕西发生战事，费用日益紧张，宋祁上疏说："兵以食为本，食以财货为基础，这是圣人统一天下所具备的条件。现在国库没有积年的银子，太仓没有三年的粮食，南方冶铜缺乏而不能运来，这是由于取之既尽，用之无度。我听说人不做表率则不被服从，不先身体力行则不被信任。陛下如能亲身节俭，衣服起居不逾越原来的规模，后宫锦绣珠玉不滥用，则天下响应，百姓丰足，人心不再动摇，则战事会一帆风顺，定能饮马西河了。"

宋仁宗景祐年间，皇帝下诏求直言，宋祁上奏说："皇帝不果断这叫作乱。《春秋》上载：'降霜，不能伤害豆类。'天威不能伤害小草，就像皇帝不果断，不能控制臣下。"宋祁还说："让贤人谋划而让不贤的人决断，重视选择大臣但轻视任用他们，大事不考虑而小事急着办，这叫作三患。"

宋祁的议论多能切中时弊，深受士人重视。

宋祁修《新唐书》时，无论做什么总是把手稿带在身边，全力以赴。前后十多年，撰写列传一百五十卷。

《新唐书》在体例上第一次写出了《兵志》、《选举志》，系统论述了唐代府兵制和科举制。这是我国正史的一大新开创，为以后《宋史》等所沿袭，保存了我国军事制度和用人制度的许多宝贵史料。

后来，《新唐书》被收入"二十四史"，成为"二十四史"中的第十七史。

阿骨打的故事

出自《金史·太祖本纪》

北宋末年，我国东北地区的女真族逐渐强大起来。女真族是我国古代少数民族之一，"女真"译成汉语是"海东青"。海东青是一种雄鹰，极其凶猛，个头比天鹅小得多，但能直上苍穹啄杀天鹅。

女真人长期受辽国贵族的统治，对统治者产生了强烈的反抗情绪。

宋徽宗政和二年（公元1112年）春天，辽天祚帝耶律延禧到东北春州（在今吉林省）巡游，兴致勃勃地在混同江（今松花江）捕鱼，并且命令当地的女真各部酋长都到春州朝见。

按照当地风俗，每年春季最早捕到的鱼要先给死去的祖先上供，并且摆酒宴庆祝，称为"头鱼宴"。这年，辽天祚帝在春州举行头鱼宴，请酋长们喝酒。辽天祚帝几杯酒下肚，有了几分醉意，叫酋长们给他跳舞助兴。那些酋长虽不愿意跳，但不敢抗命，就挨个儿离开座位，跳起民族舞蹈来。

当轮到一个青年时，他两眼直瞪瞪地望着天祚帝，一动也不动。这个青年就是女真族完颜部酋长的儿子，名叫阿骨打。

阿骨打排行老二，自幼力大无穷，举止端重，父亲特别喜爱他。有一次，父亲在战争中受了重伤，将阿骨打放在膝上说："这孩子长大后，我还愁什么？"

阿骨打善于射箭，百发百中，而且射得极远，无人能赶上他。有一天，一群人向远处的一座高阜射箭，别人射出的箭距高阜还差一百步，而他的箭竟射过高阜了。后来，人们为了纪念这件事，特地在那里

立了一座射碑。

再说辽天祚帝见阿骨打居然敢当着大家的面顶撞他，很不高兴，一再催他跳；一些酋长怕他得罪天祚帝，也从旁劝他跳。可阿骨打拿定主意就是不跳，叫辽天祚帝下不了台。

这场头鱼宴闹得不欢而散。辽天祚帝当场没发作，散席之后，他对大臣萧奉先说："阿骨打这样跋扈，实在让人无法容忍。不如趁早杀了他，免生后患。"萧奉先说："阿骨打并无大过，杀了他恐怕引起其他酋长的不满。再说他是个粗人，不懂礼节，跟他计较不值得。即使他有什么野心，小小一个部落也成不了气候。"辽天祚帝觉得萧奉先说得有理，也就把这事搁在一边了。

阿骨打是个刚强的人，多年来对辽国贵族欺负女真人早就不满了。现在，眼看辽国越来越腐败，他决心独立了。

不久，阿骨打继任完颜部首领。他上任后，立即下令建筑城堡，修理武器，训练兵马，逐步统一了女真各部，准备反辽。

辽天祚帝得知阿骨打备战，一面派使者到阿骨打那里去责问，一面调动河北几路人马到东北威胁女真人。

阿骨打对部下说："现在辽人快要动手了，我们要先发制人，免得被动。"他集中女真各部骑兵二千五百人，亲自率领他们袭击辽国。辽将没有防备，兵败如山倒，狼狈而逃。

辽天祚帝得知消息，立刻派大军镇压女真人。在混同江畔，辽兵遭到阿骨打骑兵痛击，落荒而走。女真人乘胜追击，兵力发展到一万人。

宋徽宗政和五年（公元1115年），阿骨打在会宁（今黑龙江阿城南）正式称帝，国号大金，史称金太祖。

金太祖即位后，率军攻打辽国东北重镇黄龙府（今吉林省农安县）。辽天祚帝派二十多万步兵、骑兵到东北去守城，被金兵打得大败而逃，连武器都丢光了。

辽天祚帝闻讯，一筹莫展，想跟金国讲和，但金太祖不同意，要他投降。

辽天祚帝恼羞成怒，率领七十万大军，

亲自到黄龙府去会战。

金太祖命令将士筑好营垒,挖掘壕沟,准备迎战。

正在这时,辽国发生内乱,辽天祚帝下令撤兵。金太祖趁机下令追击,几十万辽军如水溃堤,一下子全垮了。辽天祚帝一天一夜逃了几百里,才算保住了一条命。

这时,辽国兵力大都已经丧失,北方人民不满辽国贵族的统治,纷纷起义。

有人向宋徽宗提议说:"辽国快要灭亡了,收复北方燕云十六州,这可是千载难逢的个好机会。"宋徽宗派人从山东渡海前往金国,会见金太祖,表示愿意夹攻辽国。双方约定灭掉辽国之后,北宋收回后晋石敬瑭割让给辽国的燕云十六州,北宋把每年送给辽国的银、绢如数转送给金国。历史上称这次协约为"海上之盟"。

金天辅四年(公元1120年),金兵攻克辽上京临潢府(今内蒙古巴林左旗南)。六年,又攻克辽中京(今内蒙古宁城西)。最后,还剩一座燕京城,按照宋金双方协定,应该由宋军攻打。

宋朝大宦官——监军童贯刚刚镇压了方腊起义军,就率领十五万大军赶到北方攻打燕京。他满以为辽兵的主力已经被金军消灭,攻克燕京可以不费吹灰之力。不料辽兵虽然软弱,但比宋军战斗力要强得多。童贯一连打了两次败仗,不但燕京没有收复,而且损兵折将,把多年以来积蓄的粮草和武器全丢光了。

童贯为了逃避失败的责任,暗地派人请金兵攻燕京。天辅六年年底,金军一举攻克燕京,但不肯还给北宋。童贯只好答应把燕京的租税每年一百万贯钱献给金国,才把燕京赎了回来。

金天辅七年八月,阿骨打在北返金上京(今黑龙江省阿城附近)途中病死。

阿骨打一生驰骋疆场,为女真的统一与金国的建立立下了赫赫战功。金国建立后,他对女真以氏族血缘关系为基础的部落联盟组织进行了改革,废除了同姓通婚等落后习俗。他重视发展生产,创制了女真文字,使女真人结束了刻木记事的落后状态,对女真政治、经济、文化的发展起到了巨大的促进作用。

金国建于公元1115年,亡于1234年,历经九帝,国祚一百二十年。

包青天

包拯字希仁，宋真宗咸平二年（公元999年）生于庐州合肥。考中进士后，官拜大理评事，奉命出京担任建昌县知县。这时，因父母都已年老，包拯不肯前去就职。于是，朝廷让他就近监管和州税务，因父母不愿出行，包拯就辞官回家奉养父母。几年后，父母相继去世。包拯守墓三年，服丧期满，仍然徘徊不忍离去。家乡父老多次前来劝勉，过了很久包拯才出任天长县知县。天长县位于安徽最东端，素有"安徽东大门"之称。

在天长知县任上，有一天，县里发生了一件刑事案件，有人偷偷地割掉了别人家耕牛的舌头，耕牛主人前来告状。包拯想了想，对耕牛主人说："你尽管回去，将耕牛杀了卖掉吧。"耕牛主人遵命回家杀了耕牛，然后把肉卖了。

第二天，有人前来告发耕牛主人犯了法，私自杀牛卖肉，包拯一拍惊堂木，喝问道："大胆！你为什么割掉人家耕牛的舌头，现在还要来告发他？"告状的人一听，吓得跪在地上叩头认罪。百姓闻讯，无不佩服包拯精明强干，断案如神。

后来，进行考核政绩，包拯升任端州知州。端州即今广东肇庆市，南濒西江，北倚北岭，盛产佳砚，人称端砚，为我国四大名砚之一。

包拯前任历届太守趁着向朝廷进贡端砚时，总要向民间索取几十倍的端砚送给权贵作为进身之阶。包拯到任后，两袖清风，命令制砚者制足上贡的数量即可。后来，包拯任职期满，不拿民间一块砚，两手空空地离去了。

不久，包拯官拜监察御史。当时，国家北疆的契丹人经常入侵，烧杀淫掠，成为严重的边患。朝廷为了安抚契丹人，每年要向他们进献三十万两白银，以求苟安。针对此事，包拯进言说："国家每年向契丹交纳财物，这不是抵御侵略的良计。国家应该操练军队，选择名将，充实边境守备。"

有一年，包拯奉命出使契丹，契丹命令典客问包拯说："你们国家的雄州城最近开了便门，是想引诱我国的叛徒，以便刺探情报吧？"包拯回敬说："你们国家在涿州城也曾开过便门，刺探边疆情报一定要开便门吗？"契丹典客听了，无言以对。

当时，官僚机构过于庞大，贪官污吏鱼肉百姓，风气很坏。包拯建议说："已经废黜的贪官污吏不得做官，要为国家选择贤人担任郡守县宰，推行考核试用制度。"

张尧佐是宋仁宗宠妃张美人的伯父，没有什么才干，却凭借张美人的关系，官运亨通。最初，张尧佐被委任为三司使，包拯极力反对，向皇帝进谏说："像张尧佐这样的人，就连小官也没有资格做，更不用说三司使这

样显赫的大官了。"三司使是北宋前期最高的财政长官。五代后唐时期开始设置三司(盐铁、户部、度支)使，总管国家财政。宋初沿用旧制，用三司总理财政，成为仅次于中书、枢密院的重要机构，号称"计省"，三司的长官三司使被称为"计相"，地位略低于参知政事。宋仁宗不但不理会包拯的意见，反而又加封张尧佐为节度使。包拯非常痛心，继续进谏，而宋仁宗置若罔闻。第二年，更加封张尧佐宣徽南院使。宣徽院是官署名，唐代后期设置，有南、北二院。宣徽使掌管内侍户籍、郊外祭祀、朝廷会议、宴会礼仪和官员的供奉等。包拯第三次向皇帝进谏，沉痛陈词，甚至在朝廷上跟皇帝当面争辩起来，终于迫使皇帝罢了张尧佐的官。

皇祐二年（公元1050年），包拯升任天

章阁待制，担任了谏官的长官。在任上，他多次斥责权贵和得宠大臣，请求免去一切由内廷施予的额外恩赐。

包拯以唐代著名谏官魏徵为师，选了魏徵三篇奏章呈给宋仁宗，希望皇帝能够从中吸取经验教训，将其作为座右铭。

包拯进言说："天子应当听取忠言，采纳合理建议，分辨朋党，爱惜人才，不坚持先入为主的说辞，废除苛刻不宽厚的做法，抑制侥幸投机求官，正刑法，明禁令，戒除兴建劳民，禁止妖言妄说。"包拯的建议朝廷大多接受了。

包拯在做谏官时，向朝政提了许多意见，使皇帝在许多重大的决策中避免出错。

包拯对自己的这段经历曾做过十六字的总结："披肝沥胆，冒犯威严，不知忌讳，不避怨仇。"

三司使张方平利用手中的权力假公济私，中饱私囊。东京商人刘保衡开了一间酒坊，经营不善，欠官府小麦折合现钱一百多万贯，一时拿不出。张方平令刘保衡变卖家产抵偿欠债，并乘人之危用极低的价格买下了刘保衡的家产。包拯获悉后，认为张方平作为朝廷命官，却利用职权巧取豪夺，实属罪不容诛，于是上书皇帝，参了张方平，张方平因此被罢了官。

这年九月，久涝之后天气突然放晴，宋仁宗认定这是吉兆，下令在京城举行祭祀天地的大典，还大赦天下，给所有文武百官每人晋升一级。包拯对此提出异议说："罪犯服刑是对他们以往犯下的罪行所给予的惩罚，怎么可以因为洪水退去而减轻对他们的惩罚呢？至于官员晋升，更要考核他们的政绩。假如这样马马虎虎地随便升迁，对那些确有政绩的官员不是太不公平了吗？以后谁还会勤奋地为朝廷出力呢？"

酷吏王逵出任地方官时，横行不法，随意增派各种名目的苛捐杂税，仅其中一次就多收了三十万贯

钱。他把搜刮来的大量钱财贿赂京官，牟取私利。他的手段非常残忍，随意杀害百姓。在他出任湖南路转运使时，百姓为了躲避迫害，闻风逃散，纷纷藏进深山密林的洞穴里。老百姓对他恨之入骨，可他在京官的庇护下竟受到朝廷的宠信，官运亨通。包拯为民请命，七次上书朝廷，要求罢免王逵。有一次，他在皇帝面前力陈利害，慷慨激昂，甚至把唾沫喷到了皇帝的脸上。在包拯的不断弹劾下，王逵终于被罢官了。

嘉祐二年（公元1057年），包拯出任北宋都城开封的知府。开封知府是一个要职，过去一般都由亲王、大臣兼任。由于皇权随便干预地方事务，皇亲国戚都聚集在开封，仗势欺人，所以开封知府极不好当。在北宋一百多年间，出任开封知府的多达一百八十余人，平均每任知府的任期只有半年多。包拯在开封知府任内秉公理政，铁面无私，得罪了不少皇亲国戚。但因为他行得正，谁都拿他没办法。包拯严格执法，贵戚宦官大为收敛，都很怕他。按旧规矩，凡是诉讼都不能直接到官署递交状子。包拯打开官署正门，让告状的人能够到他面前陈述是非，办事小吏因此无法隐瞒实情，不敢包庇坏人。

包拯为民请命，为官廉洁，因此人称"包青天"。

包拯性情刚直，跟人交往光明正大，不曲意附和，不以巧言令色取悦人。

包拯平常没有私人信件，连朋友、亲戚也断绝往来。他虽然地位高，但穿的衣服、用的器物、吃的饮食跟百姓一模一样。

包拯曾说："后代子孙当官从政，假若贪赃枉法，不得放回老家，死了不得葬入家族墓地。假若不听我的话，就不是我的子孙。"

宋仁宗嘉祐七年（公元1062年），包拯病逝，享年64岁。

世界著名科学家苏颂

出自《宋史·列传第九十九》

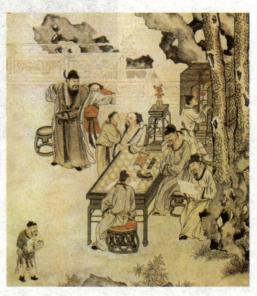

苏颂字子容，于宋真宗天禧四年（公元1020年）生于泉州南安（今福建同安）。

苏颂自幼聪明，学习刻苦。练毛笔字时，他练得手指都长出了老茧。苏颂在同安县芦山堂读书时，经常在门外一个水池里洗毛笔和砚台。时间一久，水池的水都变成黑墨水了。苏颂成名以后，乡亲们就将这个水池称为"洗墨池"，以此纪念苏颂。

5岁时，苏颂随母亲离开家乡，到在外做官的父亲苏绅身边一起生活。

苏绅去世后，家人欲将其遗体归葬同安，但途经润州时，因路遥难行，遂择地葬于丹阳。至此，苏颂随家人居住丹阳，一直到他23岁考中进士后才离开。

宋仁宗庆历二年（公元1042年），苏颂与王安石同榜考中进士。

考中进士后，苏颂历任宿州观察推官、江宁知县。

凡民间有争讼的，苏颂总是劝道："乡里之间应相亲善，若因小忿失和，一旦有了缓急，依赖谁啊？"当事人听了，往往称谢而去。有的走到半路，细思其言，觉得有理，也就作罢了。

苏颂调任南京留守推官时，留守欧阳修常说："子容办事细心，一经他阅过的文书，我就不必再看了。"

当时，前任宰相杜衍正住在睢阳，见到苏颂后，十分器重他，曾对他说："你一身正气，人们既不能亲近你，也不能疏远你。"

杜衍将自己从小官至侍从、宰相所做的一切全都教给苏颂，并说："因为你是我的知己，并且我知道你异日必做宰相，所以才告诉你，并非老夫自矜啊。"

不久，苏颂迁任集贤校理，负责编定书籍。苏颂在馆中长达一年，一直奉养祖母及母亲，还供养姑姊妹与外族数十人，让他人丰衣足食，而自己妻子和儿女的衣食却经常无力供应，但他处之怡然。为此，大臣富弼称赞说："苏颂真是古之君子。"

有一次，苏颂出使契丹，恰遇冬至。契丹历比宋历晚一日，北人问苏颂道："两种历法不同，当以孰为是，以何为准啊？"苏颂回答说："历法制定时，计算者小有差异，迟速不同：如亥时节气交，还是今夕；若逾数刻则属子时，就是明日了。或先或后，可以各从其便啊。"北人听了，深以为然。

出使任务完成后，苏颂回京后将这件事上奏宋神宗，宋神宗嘉奖道："朕曾想过，这件事最难处理，卿回答得太好了。"于是向苏颂询问契丹山川形势、人情向背等事，苏颂回答说："契丹与我朝讲和日久，多窃取中国典章礼仪以维持其政，上下相安，未有离心。昔日汉武帝曾说：'高皇帝给朕留下平城之忧，朕虽长年征讨，而匈奴始终不服。'汉宣帝时，呼韩单于稽首称藩。唐自中叶以后，河湟陷于吐蕃，唐宪宗每读《贞观政要》，慨然有收复之意。至唐宣宗时，吐蕃终以三关、七州归唐。由此观之，外国叛服无常，并不关中国盛衰。"苏颂这段话有讽劝之意，宋神宗认为他说得对。

宋哲宗元祐（公元1086年至公元1094年）初年，苏颂出任刑部尚书，又迁任吏部尚书兼侍读。苏颂奏道："国朝典章沿袭唐制，请命史官采《新唐书》、《旧唐书》中君臣言行，每日呈上数则，以备圣览。"于是宋哲宗下诏，令经筵官每遇非讲读日进呈汉、唐故事二条。

苏颂每每进呈可为规诫、有补时政的故事，并奏明自己的意见，向皇帝反复陈述。

苏颂进言道："人主聪明，不可有所骛，有所骛则偏，偏则为患甚大。如今乃守成之际，应无为而治。"每当讲到弭兵息民时，苏颂必援引古今事例，以动皇帝之心。

为了观测天象，苏颂奏请制造浑仪。元祐七年（公元1092年），浑仪竣工。这是

一座把浑仪、浑象和报时装置三组器件合在一起的高台建筑，整个仪器用水力推动运转，后称水运仪象台，其中有许多突出的发明创造。水运仪象台制成后，苏颂又将水运仪象台的总体和各部件绘图加以说明，形成《新仪象法要》一书。这项科学成果领先于当时的世界水平。

苏颂在国史馆任职九年，曾利用接触宫廷秘笈的机会，每天坚持背诵二千字，回家后默写下来。他与掌禹锡、林亿等编了《补注神农本草》，校正出版了《急备千金方》等书，又独立编著《本草图经》二十一卷。《本草图经》这部书引用文献二百多种，集历代药物学著作和中国药物普查之大成，记载三百多种药用植物和七十多种药用动物或其副产品，以及大量重要化学物质，记述了食盐、钢铁、水银、白银、汞化合物、铝化合物等多种物质的制法，对历史地理、自然地理、经济地理等方面也有记述。该书对动物化石、潮汐理论的阐述、植物标本的绘制，都在相应学科中占有领先的地位。明代著名药学大师李时珍对《本草图经》的科学价值给予很高评价，他在《本草纲目》中引用《本草图经》多达七十四处。

苏颂担任宰相后，务在奉行旧例，使百官守法尽职，量能授任，杜绝侥幸，深戒疆臣邀功生事。朝中论议如有未妥处，一定毅然力争。

苏颂执政时，见宋哲宗年幼，诸大臣上朝时乱哄哄的，便说："皇上长大后，追究起来，谁负其咎啊？"当时，每有大臣奏事，全取决于宣仁皇后。宋哲宗说话时，有时无人回答，只有苏颂奏明宣仁皇后之后，一定再禀明宋哲宗，还告诉诸大臣要听皇上说的话。

后来，朝廷贬元祐旧臣时，御史周秩曾弹劾苏颂。宋哲宗说："苏颂知道君臣之义，不要再轻议此老了。"

宋徽宗建中靖国元年（公元1101年）夏至那天，苏颂自草遗表，次日病逝，享年82岁。

苏颂器度宽宏，不与人计较，以礼自律。虽贵为宰相，但为人节俭，自奉如寒士。自书契以来，经史、九流百家之说，至于图纬、律吕、星官、演算、山经、本草，无所不通。尤其明白典故，乐为人道，娓娓不

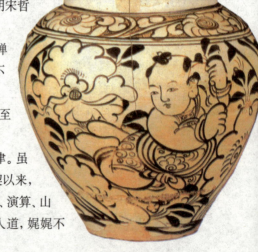

倦。

苏颂学富五车，才高八斗，终日手不释卷。他在《书帖铭》中说："非学何立？非书何习？终以不倦，圣贤何及？"意思是说"不学习怎么能建功立业？没有书怎么学习？如果能终身孜孜不倦地学习，就是圣贤也不如你"。

苏颂中进士后，历任宿州观察推官、江宁知县等职。为父守孝期满后，就在当时大文学家欧阳修手下担任南京留守推官。由于他工作认真负责，很得欧阳修的器重。苏颂虚心地从欧阳修身上学到不少知识和为人从政的本领，恭恭敬敬地尊他为师。

苏颂为人谦恭，办事公正，不久提升为淮南转运使。这时，欧阳修被贬为亳州刺史，反成了苏颂属下的官员。有一天，苏颂出巡，路过亳州，欧阳修照例率大小官员出城迎接上司，口称："亳州刺史欧阳修率属下官员恭迎运使大人。"苏颂一见欧阳修，立即翻身下马，整理好衣冠玉带，下跪叩头，口称："恩师在上，晚生苏颂拜见。"这时，大小官员都大吃一惊，不知这是怎么回事。欧阳修赶紧上前扶起苏颂说："苏大人如此相待，下官怎当得起呀！"苏颂说："这是理所当然的，古语说'一日为师，终身为父'嘛！苏颂能有今天，断不敢忘记恩师教诲之恩。"众官员和百姓都为苏颂位高不忘恩师的高尚品德所感动。

苏颂在天文和医学方面的成就，不但传遍了全中国，也传遍了全世界。

苏轼的故事

出自《宋史·列传第九十七》

苏轼字子瞻，于宋仁宗景祐四年（公元1037年）生于四川眉州眉山。

苏轼10岁时，父亲苏洵游学四方，母亲程氏亲自教苏轼读书。每次听到母亲讲古今成败之事，苏轼都牢记心中，并能言其大要。

有一天，程氏读罢东汉《范滂传》，不禁问母亲道："孩儿长大后愿意做范滂那样的人，母亲大人同意吗？"程氏回答道："你能做范滂，我难道就不能做范母吗？"

范滂是东汉末年的大清官，字孟博，汝南征羌（今河南郾城东南）人。范滂少年时便有澄清天下之志，为人疾恶如仇，为官清廉严厉。

苏轼在母亲的鼓励下，发誓要做一名像范滂一样爱民如子、正直敢言的清官。

20岁时，苏轼已经博通经史，每日作文数千字，喜好贾谊、陆贽的文章。

后来，苏轼又读了《庄子》，不禁叹道："从前我心中每有所思，口中说不出来；如今读了这部书，我能做到心口如一了。"

宋仁宗嘉祐二年（公元1057年），苏轼参加礼部考试。当时文风弊病很重，主考官欧阳修很想矫正文风。他看到苏轼的《刑赏忠厚之至论》后，十分惊喜。欧阳修对梅圣俞说："此人定将超过我。"听说此话后，人们议论纷纷，久后才都信服。

宋神宗熙宁二年(公元1069年)，适逢上元佳节，宋神宗敕令开封府购买浙产宫灯，而且下令要压低价格。苏轼上疏说："陛下难道是想用宫灯来取乐吗？不过是想让两宫皇太后高兴罢了。然而百姓不可能家家明白陛下之心，都会说陛下是在用不急之物来夺他们的衣食啊！此事虽小，影响却大，希望陛下收回成命。"宋神宗览疏后，立即下诏停止购买宫灯。

苏东坡在密州知府任上时，正值王安石推行新法。苏轼虽然反对新法，但他不保守，也主张改革，只不过侧重点不同。他对王安石的新法采取现实主义态度，对当地老百姓有好处的就推行，没好处的就抵制，密州百姓非常喜欢他这种务实的做法。

密州有盗案发生，安抚司派三班使臣率领强悍的士兵前来搜捕。士兵趁机横行，甚至用"藏有违禁物品"的罪名来诬陷百姓，进入百姓家中杀人，又畏罪逃散，将要作乱。百姓急忙上告苏轼，苏轼扔掉百姓的投诉书不看，拍案大怒道："朝廷的兵一定不会做这种事的。"逃散的士兵听说后，又都回来了。这时，苏轼暗中派人查出肇事的士兵，将其逮捕斩首。

苏轼刚到密州时，正值当地大旱，又有蝗灾。苏轼见老百姓生活十分苦，饿殍遍野，弃儿满地，苏轼的心情十分沉重。他为自己无力解救百姓而愧疚，如芒在背。为救民于水火之中，他上疏朝廷，请求减免税赋。同时祈雨抗旱，驱除蝗虫，赈灾捕盗。百姓非常欢迎这些措施，社会渐趋安定。对于弃婴，苏轼发动官员去捡，然后分配到有条件的人家去抚养，官府按月给抚养费。两年间，苏轼共救活数十个弃婴。百姓一提起苏轼，都说他是百姓父母。

熙宁十年(公元1077年)，苏轼调任徐州知州，恰遇黄河在曹村决口，梁山泊泛滥成灾，洪水聚于徐州城下，城墙即将被洪水冲毁。富民争相出城躲避洪水，苏轼说："富民出城，全城百姓都会动摇，我和谁来守城？我在这里，决不能让洪水冲毁城墙的。"说完，派人驱使富民重新回到城里。苏轼亲自到武卫营对士兵长官说："河水即将冲毁城墙，形势危急。虽然你们是禁军，但也请你们助我一臂之力。"士兵长官说："太守尚且不避洪水，我辈小人更应效命。"立即带领士兵手持畚箕铁锹，前去筑堤。大雨日夜不停，城墙露出水面只有三版了。苏轼搭建草屋住在城墙上，

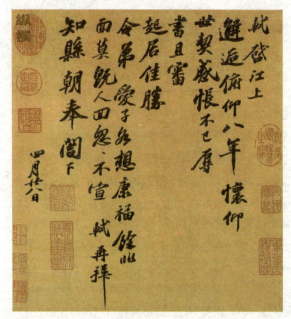

治疗了近千人。由于他是个大书法家，有些人假装生病，求他开药方来获取他的字。苏轼也不拒绝，有一次开了一个药方，其中有四味药："一曰无事以当贵；二曰早寝以当富；三曰安步以当车；四曰晚食以当肉。"得到这个药方的人如获至珍，广为传播，以致流传至今。

杭州靠海，地下水又苦又咸。唐朝杭州刺史李泌首先引来西湖水，修了六口井，百姓的饮用水解决了。后来，白居易又疏浚西湖，湖水自运河流入农田，所灌溉的农田多达千顷，百姓因此富足起来。

西湖水草多，自唐代以来年年都要疏浚。宋朝建立后不再疏浚，水草淤积形成葑田，湖水几乎干涸。运河失去西湖水的补给，就从钱塘江的潮水中引水。海水挟带大量的泥沙淤堵运河，每隔三年就得淘一次，成为百姓一害，六井也几乎废弃了。

苏轼看到茅山有一条河，专门容纳钱塘江潮水；盐桥有一条河，专门容纳西湖水。于是，他疏浚这两条河道，修造堤堰闸门，以控制西湖水的蓄积与排泄。这样，钱塘江潮水不再进入杭州城内了。苏轼又用剩余的人力修复了六井，再把挖出来的淤泥堆积在西湖中，筑成长堤，南北长30里，便于人们来往。长堤筑成后，苏轼又在堤上种植花草树木，一眼望去美如图画。为了纪念苏轼，杭州人把长堤称为"苏公堤"，简称"苏堤"。

因为苏轼对杭州百姓有恩，所以百姓家中都挂他的画像，吃饭前一定要在像前祝福。人们还修建了一座苏轼生祠，报答他的恩

路过家门也不进去，派官吏分别堵塞缺口，保护城墙，终于挡住了洪水，保住了徐州城，保住了徐州百姓。

洪水退后，苏轼请求征调下一年应派夫役增筑徐州旧城，并修建木质护岸，以防洪水再来，朝廷同意了他的请求。

不久，苏轼到杭州上任。适逢杭州大旱，饥疫双全。苏轼向朝廷请求减免本路贡米三分之一，又得到赐给剃度和尚的度牒一千张，换成大米来救济饥民。

第二年春天，苏轼又减价出卖常平米，做了很多粥和汤药，派人带医生分街坊给百姓治病，救活很多人。苏轼说："杭州乃水陆交会之地，因瘟疫死亡的人常常比其他地方多。"于是集中多余的公款二千缗，又拿出自己的黄金五十两办起病坊，积蓄一些钱粮，收治有病的百姓。这是他在杭州设立的第一个公立医院。

苏轼用自己的俸禄建的病坊，三年里

德。

元祐八年(公元1094年)九月,宣仁太后去世,18岁的宋哲宗亲政,将苏轼一贬再贬,一直贬到海南岛。那时,海南岛十分荒凉,贬到那里的官员很少有生还的。

苏轼到海南后,一面写诗自娱,一面跟周围的读书人交朋友,并进行学术著作的撰写。苏轼为人达观,把任何一个地方都当作他的故乡,这是庄子思想的反映。

海南文化教育起于唐,兴于宋,以"滨海邹鲁"闻名于世,这与苏轼有直接关系。苏轼到海南后,使海南教化日兴,求学者日众。在他返回大陆的第三年,他曾指导并寄予厚望的姜唐佐在广州会试中中举,成为海南有史以来第一个举人。又过七年,符确成为海南第一个进士。苏轼是海南文化的重要启蒙者,有力地推动了海南文化对大陆文化的认同,并成为海南文化的偶像。海南人通过这个偶像大力地吸收和传承了中国优秀的传统文化。

当时,海南条件恶劣,生活艰苦,当地人尚感难耐,更何况一个从中原跋山涉水而来的六十老翁了。但苏轼未被艰苦环境压倒,不但顽强地挺了下来,还为海南百姓发现了草药"东坡黑豆",还带海南百姓挖了"东坡井"。

元符三年(公元1100年),宋哲宗驾崩,苏轼得以回到大陆。次年七月,苏轼在常州去世,享年66岁。

自告别海南至去世,苏轼仅活了一年零两个月,善良的人无不为他惋惜。

苏轼到常州时,花掉最后一点积蓄买了一所房子。正准备择日入住时,忽听一个老妇人哭得十分伤心。他问老妇人哭什么,老妇人说:"我有一处房子,相传百年了,被不肖子孙所卖,因此痛哭。"细问之下,原来苏轼买的房子就是老妇人所说的祖传老屋。于是苏轼对她说:"你老的故居是我买下了,你不必悲伤,我现在就把房子还给你。"苏轼说完,立即烧了房契,一文钱未要,自己另租房子住。这年七月,苏轼客死于租住的房子内。

苏轼不仅是一位清官,还是一位才华横溢的大文豪,是唐宋古文八大家之一,这是家喻户晓的。

苏轼有《东坡集》四十卷、《后集》二十卷、《奏议》十五卷、《内制》十卷、《外制》三卷、《和陶诗》四卷传世。

"一代儒宗"朱熹

《宋史·列传第一百八十八》

朱熹字元晦,一字仲晦,宋高宗建炎四年(公元1130年)生于徽州婺源。

父亲朱松字乔年,与岳飞、秦桧是同时代人,进士出身,曾担任秘书省正字、校书郎、著作郎、度支员外郎,兼任史馆校勘、吏部郎。

秦桧与金人议和后,朱松与同僚一同上书,极力反对议和。秦桧大怒,暗中指使御史弹劾朱松怀有异心,因此朝廷将他贬到饶州去做官,还没成行就去世了。

朱熹自幼颖悟,刚会说话时,父亲指着天空告诉他:"那是天。"朱熹问道:"天上面有什么?"朱松听了,十分惊奇,不知如何作答,认为这孩子的头脑与众不同。

朱熹从师学习后,老师教他学习《孝经》时,他在《孝经》封面上题字自勉道:"若不如此,便不成人。"

宋高宗绍兴十八年(公元1148年),19岁的朱熹考中进士,出任泉州同安县主簿,开始走上仕途。

朱熹读书认真,喜好钻研,终于建立了一家之言——理学。

朱熹认为在超现实、超社会之上存在着一种天理,它是人们一切行为的准则。人们只有发现和遵循天理,才是真、善、美,而破坏这种真、善、美的是人欲,因此他提出"存天理,灭人欲"的主张。这是朱熹思想的核心。

宋高宗绍兴三十一年(公元1161年)秋,宋金关系紧张,金国统治者完颜亮分兵四路南侵，抵达长江北岸。宋高宗打算出海南逃，被右相陈康伯极力劝阻而作罢。

不久，宋军击溃金兵。消息传来，朱熹欣喜若狂，特地写了贺诗，表达出不可抑制的喜悦心情。同时，他又给负责军事的大臣写信，指出坐视中原沦陷而不进取是不明智的，必须乘胜出击。

宋高宗退位后，宋孝宗继位。宋孝宗在广大军民的压力下起用抗战派张浚，平反了岳飞的冤案，贬了秦桧党人。朱熹听到这个好消息，立即上书提出三项建议：一、讲求格物致知之学；二、罢黜和议；三、任用贤能。

宋孝宗见了朱熹的上书，召他进京。他赶到杭州时，正值宋军失利，朝廷派人议和，朱熹强烈反对议和，在宋孝宗召见时慷慨陈词。宋孝宗见朱熹忠心耿耿，命其担任博士，随侍在侧。

朱熹求见抗金名将张浚，提出北伐中原的具体做法。但是，不久张浚罢相，出任外职，病死途中。朱熹专程赶到豫章（今南昌）哭灵，痛惜抗金大业受挫。

这时，朝廷内主和派十分猖獗，朱熹忧心如焚。

宋孝宗隆兴二年（公元1164年），宋金议和，结为叔侄，关系暂时缓和下来。

朱熹见主战无望，便一门心思钻研理学去了。他在家乡修建一座寒泉精舍，讲学十余年，并编写了大量的理学书籍。这期间，朝廷多次让他做官，他都不肯出山。

宋孝宗淳熙三年（公元1176年），朱熹与当时著名学者陆九渊在江西上饶鹅湖寺相会，交流学习心得。

陆九渊的学说是主观唯心论，认为在人们的心中先天存在着真、善、美。他主张"发明本心"，即要人们在自己心中去发现真、善、美，从而达到自我完善。

这与朱熹的客观唯心主义思想是不同的。因此，他们二人展开辩论，发生争执，互相嘲讽，结果不欢而散。

这就是中国思想史上有名的"鹅湖会"，从

此产生了"理学"与"心学"两大派。

宋孝宗淳熙五年（公元1178年），朱熹应朝廷之召，出任知南康军，南康在今江西星子一带。

上任不久，南康发生灾荒，饥民遍地。朱熹上疏要求减免租税，开仓放粮。同时，他请求朝廷兴修长江石堤，一方面解决石堤失修问题，一方面可以雇用饥民，解决他们的就业问题。饥民闻讯，拍手称善。

百姓得救后，朱熹在庐山唐代李渤隐居旧址建了一座白鹿洞书院，并始讲学，并制定了一整套学规："父子有亲、君臣有义、夫妇有别、长幼有序、朋友有信"的"五教之目"、"博学之，审问之，谨思之，明辨之，笃行之"的"为学之序"、"言忠信，行笃敬，惩忿窒欲，迁善改过"的"修身之要"、"政权其义不谋其利，明其道不计其功"的"处事之要"、"己所不欲，勿施于人，行有不得，反求诸己"的"接物之要"。

白鹿洞书院后来成为我国著名的四大书院之一，而其学规则成为各书院的楷模，对后世产生了巨大的影响，直至今日。

淳熙八年（公元1181年），朱熹解职回乡，在武夷山修建了一座武夷精舍，广召门徒，传播理学。为了帮助人们学习儒家经典，他在儒家经典中精心选出《大学》、《中庸》、《论语》、《孟子》刻印发行，称为"四书"。这是我国教育史上的一件大事，"四书"影响深远，后来成为元、明、清三朝的教科书，使儒家思想更进一步成为中国封建社会的主导思想。

这年8月，浙东闹饥荒，朱熹被宰相王淮推荐出任提举两浙东路常平茶盐公事。朱熹途经杭州时，曾上书揭露时弊。到职后，朱熹微服私访，调查贪官污吏的劣迹，弹劾了一批贪官，镇压了不法大户。他不徇私情，连推荐他的王淮也受到牵连。王淮大怒，指使人上书抨击理学，将其斥为"伪学"，结果朱熹被解职回乡。

淳熙十四年（公元1187年），朱熹出任江南西路提点刑狱公事，管理赣州（今赣县）、江州（今九江）一带的司法、刑狱、监察、农事。

不久，王淮罢相，理学开始受到朝廷的重视，朱熹在仕途上也一帆风顺了。

宋光宗绍熙元年（公元1190年），朱熹出任福建漳州知州。时值土地兼并盛行，官僚地主仗势吞并农民的耕地，而税额却不随地划归地主，田税不均，失地的农民受到更为沉重的剥削，阶级矛盾进一步激化了。为此，朱熹提出核实田亩，随地纳税的建议。这一建议势必减轻农民的负担，损害大地主的利益，因此遭到后者的强烈反对。朱熹的建议未能实行，朱熹愤而辞职，以示抗议。

绍熙四年（公元1193年），朱熹任职湖南时，不顾政务繁忙，主持修复了四大书院之一的著名书院——岳麓书院，讲学授徒，传播理学，为推动湖南教育的发展起了巨大的作用。

不久，宰相赵汝愚推荐朱熹担任焕章阁侍讲，做了皇帝的顾问和老师。

宋宁宗即位后，全面肯定了理学，称朱熹为"一代儒宗"。

朱熹为宋宁宗讲解《大学》时，常借此机会批评朝政，终于引起宋宁宗的不满，竟以干预朝政的罪名将朱熹逐出朝廷。

宋宁宗庆元六年（公元1200年）三月初九，朱熹忧愤而死，享年71岁。

朱熹是宋朝理学的集大成者。他继承了北宋时期程颢、程颐的理学，完成了客观唯心主义的思想体系。他认为理是世界的本质，"理在先，气在后"，提出"存天理，灭人欲"的主张。朱熹学识渊博，对经学、史学、文学、乐律乃至自然科学都有研究。

朱熹一生从事理学研究，竭力主张以理学治国。朱熹既是我国历史上著名的思想家，又是一位著名的教育家。他一生热心于教育事业，孜孜不倦地讲学授徒，在教育思想和教育实践上都取得了重大的成就。

朱熹是儒家的主要代表人物之一，他的学术思想在中国元、明、清三代一直是封建统治阶级的官方哲学，标志着封建社会意识形态的更趋完备，因而得以在孔庙中配祀孔子。

朱熹的学术思想在世界文化史上也有重要影响，他所创立的理学至今仍被美国、日本、韩国、马来西亚等国所推崇。

铁木真统一蒙古

出自《元史·本纪第一》

元太祖铁木真是蒙古族孛儿只斤部酋长也速该的儿子，生于南宋高宗绍兴三十二年（公元1162年）。

铁木真幼年时，金统治者对蒙古民族实行残酷的统治。在浩瀚的蒙古草原上，分布着许许多多蒙古部落。各部落之间为了争夺水草，常常互相打冤家。铁木真降生时，恰逢他父亲在打冤家时俘获了一名勇士叫铁木真。于是，父亲给他命名铁木真，希望勇士铁木真的神勇能传给儿子。

在金朝统治下，蒙古人的生活十分困苦，就像奴隶一样，连生命也没有保障，铁木真的祖先俺巴孩就是被金朝皇帝杀害的。

铁木真9岁那年，一天也速该带着他到一个朋友家去为他定亲。事情办得很顺利，也速该便把铁木真留在朋友家里，然后独自一个人回家了。

也速该赶了很远的路，肚子走饿了，想找点东西吃。这时，他发现一群塔塔儿部的牧民正在草原上举行宴会，便下马走进人群，按照当地风俗参加了塔塔儿人的宴会。

过去，塔塔儿部和孛儿只斤部曾经打过冤家。因为打冤家是常事，时间过去一久也速该竟淡忘了。不想在宴会上，塔塔儿部有人认出了也速该，竟偷偷地在也速该吃的食物里放了毒药。也速该吃饱喝足，在回家的路上忽然肚子剧烈地疼痛起来，到家不久就咽了气。

也速该死后，孛儿只斤部失掉了首领，很快就散伙了。原来归附也速该的泰亦赤部也脱离他们，并带走了不少奴隶和牲畜。从此，铁木真和家人陷入了窘境。

泰亦赤部的首领怕铁木真长大后报仇，就带人捉拿铁木真，想杀掉他。铁木真连忙逃到一座森林里，躲了九天九夜没吃没喝，后来实在忍不住饥饿就走了出来。他刚一走出森林，就被泰亦赤人抓住了。泰亦赤人给他戴上木枷，带他到各个营帐去示众。

有一天，泰亦赤部在斡难河（今鄂嫩河）之滨举行宴会，只留下一个年轻人监视铁木真。铁木真趁看守不备时，举起木枷将他砸昏，然后逃了出来。

铁木真跑回家，带上母亲、弟弟和妹妹躲进深山，捉野鼠当饭吃，渴了就喝山泉和溪水，日子过得极其艰苦，像野人一样。

铁木真在父亲的影响下，养成了艰苦奋斗的精神。他百折不挠，雄心勃勃。为了恢复父亲的事业，他跋山涉水，想尽办法，渐渐把本部落失散的亲属和百姓重又聚拢在一起。他英勇善战，足智多谋，在跟敌对部落的战斗中屡战屡胜，渐渐强大起来。

铁木真同另一个部落的首领札木合从小在一起长大，好得像亲兄弟一样。铁木真部落强大起来后，札木合的部下有人投奔了铁木真，为此札木合很不高兴。有一天，札木合的弟弟抢夺铁木真的马群，被铁木真部下杀了，双方发生了冲突。札木合集合三万人马攻打铁木真，铁木真也不示弱，率部下三万人马抵抗札木合的进攻。双方在斡难河滨的草原上展开了一场激战，铁木真败退了。札木合获胜后，把抓住的战俘成批杀害，引起札木合部下的不满，纷纷脱离札木合投奔铁木真。这次大战，铁木真虽然打了败仗，实力却更加强大了。

铁木真缅怀父亲，没有忘记杀害他父亲的仇人塔塔儿部首领蔑古真。不久，金朝派丞相完颜襄约铁木真进攻塔塔儿部。铁木真见报仇的机会到了，立即率军和金兵夹击塔塔儿部。塔塔儿部全军覆没，铁木真俘获了大批塔塔儿人和牲畜，实力进一步壮大了。

金朝统治者见铁木真立了大功，封铁木真为前锋官。

南宋宁宗嘉泰三年（公元1203年），克烈部首领王罕见铁木真智勇双全，十分爱重他，将他收为长子。不料这一举动引起王罕之子桑昆的忌妒，与铁木真结下了深仇。札木合鼓动桑昆联合王罕夹击铁木真，铁木真大败，他的军队只剩下四千多人了。

铁木真认为三十六计，走为上策，便逃到贝尔湖以东，总算避过了一劫。

这年秋天，铁木真突发奇兵，袭击王罕驻地，以少胜多，仅用三天就彻底消灭

了克烈部。

南宋宁宗开禧二年（公元1206年），札木合被他的叛将送到铁木真手里，札木合请死，铁木真成全了他。

接着，铁木真征服了蒙古草原各部，在斡难河源头召开大会，被各部尊为成吉思汗，意为宇宙的大汗。从此，蒙古帝国走上了历史舞台。

成吉思汗即位后，建立了军事和政治制度，使蒙古成了一个强大的国家。这时，金朝还把蒙古当作它的附属国，要成吉思汗继续进贡。成吉思汗立志要改变这种屈辱的地位，使蒙古成为一个独立的国家。

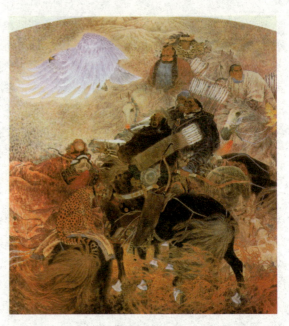

南宋宁宗嘉定四年（公元1211年），成吉思汗登上高山向上天祈祷说："金朝皇帝杀害了我的祖先俺巴孩，请允许我报这个仇吧！"祈祷完毕，他选了三千名精锐骑兵南下进攻金朝的中京（今北京市）。金将胡少虎率三十万金兵抵抗，被蒙古军打得一败涂地。两年后，蒙古军打进居庸关，围攻中京。

成吉思汗同他的四个儿子分兵五路，在河北广大平原上横冲直撞，所向披靡，如入无人之境。

这时，金朝发生内乱，金主完颜永济被杀，新即位的金宣宗不得不向成吉思汗求和，献出大批金帛，还把公主嫁给了成吉思汗，成吉思汗这才撤兵回去。

南宋宁宗嘉定十二年（公元1219年），成吉思汗派遣一支蒙古商队到西方去进行贸易。当这支商队途经花剌子模（在今里海东，咸海西）时，被当地人杀害了。成吉思汗闻讯大怒，亲自率领二十万蒙古大军攻打花剌子模。接着，又向西进军，占领了现在的中亚细亚各国，前锋一直打到现在的欧洲东部和伊朗北部。

成吉思汗这次西征前，曾要西夏发兵助战，西夏拒绝出兵，还和金朝结成了同盟。

成吉思汗从欧洲回来后，决心灭掉西夏。不料，在围攻西夏京城的最关键时刻，他于南宋理宗宝庆三年（公元1227年）去世了。这年西夏投降后，成吉思汗才发丧。

成吉思汗死后七年，他的儿子窝阔台终于灭了金朝。

公元1271年，成吉思汗的孙子忽必烈建立了元朝。

元朝自成吉思汗起历经十五帝，国祚一百六十三年；自忽必烈定国号起历经十一帝，国祚九十八年。

科学家郭守敬

出自《元史·列传第五十一》

　　郭守敬，字若思，顺德邢台人，生于南宋理宗绍定四年（公元1231年）。

　　郭守敬生来与别的孩子不一样，很少出去玩耍。祖父郭荣精通五经、算数、水利。当时，刘秉忠、张文谦、张易、王恂一同在邢州城西紫金山上学习，郭荣让郭守敬跟随刘秉忠学习。

　　元世祖忽必烈十分重视汉族的读书人，吸收他们参政，帮助他筹划朝中大事。他重用刘秉忠，让他当谋士。忽必烈称帝和定国号为元，都是刘秉忠的主意。

　　刘秉忠向忽必烈推荐了一些朋友和学生，一个个都当上了元朝的重要官员，其中一个便是郭守敬。

　　忽必烈统一中国北方后，为了发展农业生产，决定整治水利，开始征求这方面的人才。忽必烈中统三年（公元1262年），张文谦把郭守敬推荐给忽必烈，说他"习水利，巧思绝人"。于是，忽必烈很快就在开平（今内蒙古正蓝旗东）召见郭守敬。郭守敬对北方水利情况十分熟悉，向忽必烈提出六条整治水利的措施。忽必烈听了十分满意，每听完一条，都点头赞许。最后，他感慨地说："让这样的人去办事，才不会是摆空架子吃闲饭呢。"接见后，派郭守敬担任提举各路河渠的职务，经办河道水利的事。这一年，郭守敬32岁。

　　第二年，郭守敬升任副河渠使。

　　忽必烈至正八年（公元1271年），郭守敬随张文谦到西夏视察。那里渠道纵横，古渠在中兴就有两条：一名唐来，长四百里；一名汉延，长二百五十里。其他州计有十条正渠，均长二百里；支渠有大有小，计有六十八条。这些古渠纵横密布，可灌田九万余顷。但是，自从多年战乱以来，渠道淤塞，土地荒芜，当地生产遭到了严重的破坏。

郭守敬到了西夏，经过详细勘察，发动民工修复水坝，疏浚渠道。不出一年时间，这一带九万多顷农田都得到了灌溉，粮食大丰收，百姓的生活大大改善了。

为了加强大都（今北京市）到江南的水路运输，郭守敬上书建议治理大都周边的水利。于是，忽必烈派郭守敬去勘测。在郭守敬的指挥下，不但修通了原来的运河，还开凿了一条从大都到通州的通惠河。这样，从江南到大都的水路运输畅通无阻了。

至元十二年（公元1275年），大元帅伯颜南征前，忽必烈决定在沿途设立水站，派郭守敬踏察河北、山东的河流，凡能通航者均绘制成图，郭守敬圆满地完成了这次绘图任务。

元世祖统一全国后，十分重视农业生产的恢复。

农业生产需要历法，刘秉忠认为二百年来一直沿用辽、金颁布的历法，这种历法误差很大，连农业上常常使用的节气也算不准。因此，他打算重修历法，但还未来得及重修就去世了。

元世祖按照刘秉忠的遗愿，决定统一制订一个新历法。他下令成立编订历法的机构，名为太史局，后来又改为太史院，由郭守敬和他的同学王恂负责。

郭守敬认为研究历法要重视观测天象，而观测天象必须依靠仪器。原来从开封运来的那架观察天象的大型浑天仪已经破旧不堪，不可能测出可靠的数据，于是郭守敬设计制造了一套新的仪器。他制作的仪器结构简单，刻度精密，精巧和准确程度都比旧的仪器高得多。

有了好的仪器，还要进行精确的实地观测。郭守敬对元世祖说："唐朝天文学家一行法师曾在全国设了十三个观测点，现在我朝疆域如此辽阔，除了在太史院里建造一座新的司天台之外，同时还要在全国范围进行大规模的天文测量。"这个正确的建议马上得到了元世祖的批准。

在郭守敬等人的指挥下，在全国设立了二十七个观测点。最北的观测点是铁勒，在今西伯利亚的叶尼塞河流域；最南的观测点在南海，在今南海西沙群岛上。太史院选派监候官员分别到各地进行观测，郭守敬也亲自带人到几个重要的观测点去观测。

各地的观测点把得到的数据全部汇总到太史局，郭守敬根据大量数据，用两年时间编出了一部新的历法，名为《授时历》。这种新历法比旧历法精确得多，它算出一年有365.2425天，同地球绕太阳一周的时间只差26秒。

这部历法同现在通行的格里历（即公历）一年的周期相同，但郭守敬的《授时历》比欧洲人确立公历的时间要早三百零二年。

元成宗大德二年（公元1298年），召郭守敬到上都，商量开凿铁幡竿渠的事。郭守敬奏道："山水连年暴下，必须造宽五十至七十步的大堰才行。"负责工程的官员吝惜工费，认为其言太过，竟将堰宽定为郭守敬所定宽度的三之一。第二年天降大雨，山洪冲了下来，渠道太窄，容纳不下，山水溢出，漂没人畜庐帐，几乎冲到行宫。为此，元成宗对宰相说："郭太史真神人也，惜其言不用耳。"

大德七年（公元1303年），元成宗规定京内外的官员凡年满七十的一律退休，但郭守敬不许请退。

元仁宗延祐三年（公元1316年）郭守敬去世，享年86岁。

元代包公苏天爵

出自《元史·卷一百一十七》

苏天爵字伯修，于元世祖至元三十一年(公元1294年)生于真定（今河北正定县）。

苏家是真定大户，在真定滋水北岸建有一座藏书院，取名"滋溪书堂"。堂中藏书非常丰富，对苏天爵少年时读书和后来著书都大有帮助。

苏天爵的父亲苏志道曾在户部、枢密院、中书省、刑部等处任职，官至岭北行中书省左右司郎中。苏志道在岭北救荒中立有大功，仁政泽人，被称为"能吏"。

苏天爵从小受家风熏陶，年轻时又受业于安熙、吴澄、虞集等儒学大师，因而学富五车，出类拔萃。

元仁宗延祐四年（公元1317年），苏天爵参加国子学生公试，名列第一，被授为从仕郎、大都路蓟州判官，时年24岁。

至顺三年（公元1332年），苏天爵奉命去湖北虑囚。虑囚又称录囚，就是审察囚犯判罪的情况，如有疑点即重新审理。苏天爵作为监察御史，不顾道路僻远和天气炎热潮湿，辛苦奔波于湖北各地，纠正了许多冤假错案。

江陵有个叫文甲的人，结婚多年，没有儿子，便收养了外甥雷乙。不料过了几年后，文甲自己又生了两个儿子。文甲逐渐开始偏爱自己的亲生儿子，而冷落了雷乙，后来干脆将雷乙赶出家门。雷乙怀恨在心，趁文甲的两个儿子外出卖茶时，在船上用斧头将他们劈死，然后将斧头沉入水中，血溅在他的衣服上，物证俱在。事发后，雷乙已经服罪，而在任的官员却将其定为疑案，把雷乙释放了。苏天爵仔细看完卷宗后说："事件发生到现在才两年半，而且物证俱全，如果他没有杀人，哪来的血衣，又何以知道杀人的斧头沉在水中？他的住处和作案处很近，这怎么能是疑案呢？"于是判定雷乙有罪，重新捉拿归案。

常德人卢甲、莫乙和汪丙一同出去做雇工，一天卢甲乘船不慎坠水而死。卢甲的弟弟是个出家的和尚，听说哥哥在外地打工死了，便想和嫂子私通。遭到拒绝后，卢甲的弟弟恼羞成怒，竟诬告卢甲妻子与莫乙私通，是莫乙将卢甲推下水的。于是，官府将莫乙捉拿到案，莫乙无法辩明，屈打成招，承认说："卢甲是我杀的，我将卢甲的头割下扔到草丛中，尸体扔在一个姓谭人家的水沟里了。"官府派衙役调查，只找到一个骷髅，而未找到尸体。有个姓谭的说曾见到一具尸体顺水漂走，于是官府便草草结案了。苏天爵感到疑点重重，将姓谭的找来仔细询问，原来姓谭的是个瞎子，而且在卢甲未死之前就已经失明了。苏天爵当即断定这是冤狱，下令释放莫乙。

因为苏天爵两袖清风，铁面无私，断案如神，所以被湖北百姓誉为"当代包公"。

至元六年（公元1340年），苏天爵升任吏部尚书，参议中书省事。

苏天爵忠于职守，知无不言，言无顾忌。日夜为国操劳，以致须发皆白。

不久，苏天爵改任京师宣抚使。苏天爵体察百姓疾苦，严惩贪官污吏，弹劾官吏近千人，京城百姓誉之为"包青天"。为此，苏天爵得罪了宰相和权贵，被罢官回家。

至正十二年（公元1352年），苏天爵病逝，享年59岁。

苏天爵为人多才，秉性耿直，卓有政绩，堪称良吏。但其主要贡献是在学术上，尤其是在史学上。

苏天爵撰写的《国朝名臣事略》和《文类》是两部中国史学名著，奠定了他在中国史学史上的地位，成为元代著名史学家。

苏天爵曾参与《英宗实录》和《文宗实录》的修纂。此外，他还编有《辽金纪年》、《宋辽金三史目录》两书。

苏天爵一生的史学著作在历史上具有极其重要的意义，对宋、辽、金三史的编修提供了难得的资料。

苏天爵有些散文写得非常出色，例如《七聘堂记》写一个读书人回家养亲，朝廷七次征聘他做官，他都不肯出山。后来，朝廷要他到灾区任职，他一请便出，到任后开仓放粮，救活了无数灾民，十分尽职。又如《新乐县壁里书院记》记述赵氏兄弟二人只有中人之产，却慷慨解囊，出资办学，造福乡里，使许多儿童有书可读。

因苏天爵一生全心全意为百姓做事，不畏权贵，伸张正义，因此历史上称他为"元代包公"。

脱脱和《宋史》

出自《元史·列传第二十五、列传第六十九》

　　元朝初年，元世祖忽必烈曾降诏编修宋史、辽史和金史，但是，因为这三个国家同时存在，修史时究竟以哪一个国家为正统才好，大家争论不休，所以未能修成。

　　元顺帝时，脱脱担任宰相，主张分别撰写这三个国家的历史，不分谁是正统，谁为附庸。

　　元顺帝同意后，由脱脱担任都总裁，开始修史。脱脱亲自制订修史义例，于元顺帝至正三年（公元1343年）三月动笔撰修辽、金、宋三史，铁木儿塔识、张起岩、欧阳玄等七人担任总裁，三史各有纂修多人。

　　至正五年（公元1345年）十月，三史分别修成，只用了两年半的时间。

　　至正六年（公元1346年），三史在江浙行省刊刻。其间，脱脱于至正四年五月（公元1344年）因事辞职，中书右丞相阿鲁图继任都总裁，但阿鲁图虽名为都总裁，却不懂汉文，只是署名而已。

　　宋、辽、金三史虽署名脱脱撰，但具体撰修三史的则是张起岩、欧阳玄等人，其中出力最多的是欧阳玄。欧阳玄不仅发凡举例，而且增删定稿，其中论、赞、表、奏多出自欧阳玄之手。

　　脱脱自幼聪颖，学过汉人典籍，是个饱学之士。出任宰相后，采取一系列措施缓和社会矛盾，对解决尖锐的社会危机起了很大作用。因此，脱脱被称为元末贤相。

　　脱脱仪表雄伟，器宏识远，功在社稷而不自夸，位极人臣而不骄傲，轻财货，远声色，

好贤礼士,人人敬之。

至正十四年(公元1354年),正当脱脱收复徐州,大败张士诚于高邮之际,皇太子因未受册封之礼,心中不满,竟支持奸臣康里人哈麻弹劾脱脱,使脱脱无罪革职,流放云南。至正十五年(公元1355年)十二月,权臣哈麻假传圣旨,派遣使者用药酒将脱脱毒死。脱脱的死使他殚精竭虑修补元王朝大厦的计划付诸东流,也成为元王朝走向灭亡的转折点。

欧阳玄字原功,浏阳人,自幼聪明过人。母亲李氏亲自教他学习《孝经》、《论语》、《小学》,他8岁即能背诵了。10岁时,有位道士见到他,凝视他好久,然后告诉他的老师说:"这个孩子神气凝远,目光逼人,以后文章定为天下之冠,能担负朝廷重任,可要好好培养啊。"

不久,朝廷派遣使者巡视各县。欧阳玄以学生身份去拜见使者,使者命其作梅花诗,他当即作成十首呈上。晚上,使者回来时,见他已经作了上百首了,不禁大吃一惊。

14岁时,欧阳玄向宋朝遗老学习填词,能够出口成章,一挥而就。每次参加乡学考试时,他总是下笔千言,名列前茅。成年后,他闭门读书达数年之久,人们都见不到他的面了。经史百家没有他不研究的,而且无书不通。

欧阳玄出任太平路芜湖县尹时,见县中多疑难官司,前任长期不能判决。欧阳玄认为人命关天,不可小觑,便认真踏察,公正地进行判决或平反。有的豪门大族不遵守法律,虐待汉族奴隶,欧阳玄不畏强权,让这些奴隶恢复了自由身。

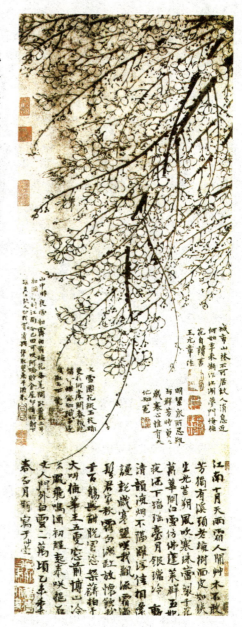

欧阳玄出任武冈县尹时,那里蛮獠杂居,经常械斗。欧阳玄到任一个月后,赤水、太清两洞獠人又聚众相互攻杀起来,当地官员束手无策。欧阳玄闻讯,立即带领两个差役前往獠人争斗的地方。只见死伤满地，獠人仍在械斗不止。听说欧阳玄来了，獠人纷纷扔掉兵器，拜倒马前说："我们不是不怕法律，只因向县衙投诉，县官判决不公，反而横征暴敛，搜刮我们。我们无法忍受，只得铤而走险，没想到有劳父母官亲自前来。"欧阳玄好言抚慰，晓以祸福，并表示回去后一定公正地为他们审理官司。从此，獠人安定下来，再也不械斗了。

不久，朝廷召欧阳玄进京担任国子博士，升任国子监丞。后来，欧阳玄又改任翰林待制，兼任国史院编修官。

参加《宋史》、《辽史》和《金史》的编撰工作后，欧阳玄发挥了他的特长，起到了决定性作用。

《宋史》全书有本纪四十七卷、志一百六十二卷、表三十二卷、列传二百五十五卷，共计496卷，约500万字，是二十五史中篇幅最长的一部官修史书。

宋史对于宋代的政治、经济、军事、文化、民族关系、典章制度以及活动在这一历史时期的许多人物都做了详尽的记载，是研究两宋三百多年历史的基本史料。

《宋史》的主要史料来源是宋代的国史、实录等宋朝史官的原始记述，而这些史籍现在几乎全部散失了。虽然在其他书中也有引用，但取舍、详略各不相同。在记载宋朝历史的各种文献中，只有《宋史》比较全面、系统地反映了宋朝政治、经济、军事、思想、文化等各个方面的状况，内容广泛而丰富，史料价值相当高。

《辽史》共一百一十六卷，包括本纪三十卷、志三十二卷、表八卷、列传四十五卷，以及国语解一卷。记载上自辽太祖耶律阿保机，下至辽天祚帝耶律延禧的辽代历史，即公元907年至公元1125年间的历史。

《金史》共一百三十五卷，其中本纪十九卷、志三十九卷、表四卷、列传七十三卷，反映了女真族所建金朝的兴衰，记载了上起金太祖收国元年（公元1115年）阿骨打称帝，下至金哀宗天兴三年（公元1234年）蒙古灭金共一百二十年的历史。

朱元璋建立明朝

出自《明史·太祖本纪》

朱元璋，字国瑞。父亲朱世珍是濠州钟离（今安徽凤阳东）一个贫苦农民，母亲陈氏生了四个儿子，朱元璋最小。

朱元璋17岁那年，淮北地方闹了一场严重的旱灾和蝗灾，接着又蔓延了瘟疫。朱元璋的父亲、母亲和大哥接连染上疫病，先后去世。朱元璋和哥哥无钱买棺材，在乡亲的帮助下才把父母埋葬了。

朱元璋失去父母后，生活没有着落，便到附近的皇觉寺出家，当了一名和尚。

皇觉寺是靠收租米过日子的，因灾情严重，皇觉寺收不到租米。朱元璋在寺里呆了五十天后，便到淮西一带化缘去了。三年后，濠州一带的灾情缓和了，他又回到皇觉寺。

一年后，红巾军起义爆发了。

原来，元朝统治中国后，政治越来越腐败，百姓的灾难日益深重。最后一个皇帝元顺帝即位后，荒淫残暴，崇佛虐民，闹得国库空虚，物价飞涨，百姓实在忍受不了，很多地方爆发了农民起义。

河北农民韩山童组织白莲会，聚集了不少受苦受难的农民烧香拜佛。韩山童对会员说："现在天下大乱，佛祖将要派弥勒佛下凡拯救百姓了。"这个传说很快传到河南和江淮一带，百姓都盼望弥勒佛下凡，救民于水火之中。

韩山童有个伙伴刘福通对韩山童说："现在元朝压迫百姓太厉害了，百姓都在怀念宋朝。如果打起恢复宋朝的旗号，一定会有人拥护。"韩山童很赞成这个主张，就向大家宣布说："我本来不姓韩，而是姓赵，按辈分排起来是宋徽宗的第八代孙子；刘福通则是南宋大将刘光世的后代。"百姓听了都十分相信。

于是，韩山童和刘福通选个日子，聚集了一批人，杀了一匹白马和一头黑牛祭告天地。大家推韩山童做领袖，号称"明王"，并约定日子，在颍州颍上（今安徽阜阳颍上）起义，用红巾裹头作为义军的标志。

不料，正当他们歃血立誓时，有人走漏了消息。官府派兵将韩山童抓去杀了，韩山童的妻子带着儿子韩林儿逃到河北武安（今河北武安）躲了起来。

刘福通逃出重围，带领起义的农民攻占颍州等地。因为义军头上裹着红巾，当时的百姓把他们称作红军，历史上则把他们称作红巾军。

不到十天，红巾军发展到十多万人，于是刘福通拥戴小明王韩林儿在亳州称帝，号召天下百姓起兵反元。

江淮一带的农民早就受到白莲会的影响，听到刘福通起义的消息后纷纷响应，如蕲水（今湖北浠水）的徐寿辉、濠州（今安徽凤阳）的郭子兴都打起红巾军的旗号，率领穷苦百姓起义了。有的起义军不打红巾军的旗号，如江苏北部的张士诚。

朱元璋听说红巾军到处起兵，元军节节败退，心想穷人出头的日子到了，便离开皇觉寺，到濠州投奔郭子兴。

郭子兴见朱元璋身材魁梧，相貌不凡，口齿伶俐，十分赏识他，让他留在身边担任亲兵首领。

朱元璋作战勇敢，而且足智多谋。郭子兴把他当作心腹，打仗前总要先跟他商量。在起义军中，朱元璋的声望越来越高了。

不久，朱元璋发现起义军中的将帅心胸狭窄，在他们手下成不了气候，就回老家去招兵。他少年时的伙伴徐达、汤和听说朱元璋做了红巾军的将领，都来投奔他，不到十天就招募了七百人。后来，他们又袭击元军，收降了一批元军士兵。

朱元璋有了自己的军队，忙着整顿纪律，加紧训练，把手下的军队训练成一支战斗力很强的新军。

定远有个文人叫李善长，是个很有抱负的人，也来投奔朱元璋了。朱元璋知道他有学问，就让他在身边当了一名谋士。有一天，朱元璋问李善长说："现在全国到处都在打仗，什么时候才能太平呢？"李善长回答说："秦朝末年，天下也曾这样大乱过。汉高祖虽然是一介平民，但他气量大，能够重用人才，又不乱杀人，因此只花了几年时间就统一了天下。现在元朝政治这样混乱，天下土崩瓦

解, 将军何不向汉高祖学习, 动手统一天下呢?"

朱元璋听了这话, 心中大喜, 从此便一心一意学习汉高祖了。

朱元璋带着自己训练出来的队伍连续打下滁州、和州。

不久, 郭子兴患病死了。小明王就封郭子兴的儿子郭天叙为元帅, 朱元璋为副元帅。

不久, 郭天叙在攻打集庆 (今江苏南京) 时被叛徒杀死, 朱元璋成了元帅。

朱元璋独掌兵权后, 率领大军大破元朝水军, 渡江攻下集庆, 把集庆改为应天府, 以应天府作根据地向江南一带发展。

朱元璋消灭了南方最大的割据势力陈友谅后, 开始自称吴王。

刘福通牺牲后, 朱元璋把小明王接到滁州, 名义上还接受小明王的领导。

后来, 朱元璋想做皇帝了, 觉得留着小明王对他称帝是个障碍, 便于至正二十六年 (公元1366年) 去接小明王到应天府, 趁小明王在瓜步 (今江苏六合东南) 渡江时, 派人偷偷将船凿沉, 溺死了小明王。

第二年, 朱元璋消灭了张士诚割据势力。接着, 他命令徐达为征虏大将军, 常遇春为副将军, 率领二十五万大军北伐。徐达旗开得胜, 一举占领山东。

至正二十八年 (公元1368年) 正月, 朱元璋在应天即位, 做了皇帝, 建立了明朝, 死后被谥为明太祖。

明军乘胜进军, 元兵节节败退。这年八月, 徐达率领大军直捣大都 (今北京市), 元顺帝逃往上都, 统治中国九十七年的元王朝终于被推翻了。

明朝建于公元1368年, 亡于1644年, 一说亡于1683年, 共经历十二世, 十六位皇帝, 国祚二百七十六年。

宋濂和《元史》

出自《明史·列传第十六》

《元史》是系统记载元朝兴亡过程的一部纪传体断代史，成书于明朝初年。由宋濂、王祎主编。全书二百一十卷，包括本纪四十七卷、志五十八卷、表八卷、列传九十七卷，记述了从蒙古族兴起到元朝建立和灭亡的历史。

明太祖朱元璋十分重视修史工作，他在即位的当年（公元1368年），即元朝灭亡那年便降诏编修《元史》。

这年，明军攻克大都，并改大都为北平府，元朝灭亡了。

大将军徐达占领大都后，将缴获的元代十三朝实录和元代撰修的典章制度史——《皇朝经世大典》悉数运到南京，朱元璋即下令据此编修《元史》。

洪武二年（公元1369年）二月，元史局成立于天界寺（今南京朝天宫东），以中书左丞相李善长为监修，宋濂、王祎为总裁，汪克宽、胡翰等十六人为纂修，正式开始编纂元史。

李善长是丞相，修史依惯例要领衔署名。宋濂与王祎同为总裁，负责修史的具体工作。他俩既是同乡，又均为柳贯、黄潽的门生，因此配合极其默契。早在八年前，朱元璋就曾称赞誉他们两人为"浙东二儒"。如今他们一位六十刚过，一位48岁，双双受命担任总裁，一时传为佳话。

宋濂、王祎以元代《十三朝实录》和《皇朝经世大典》等历史文献作参考，从二月初一开始编纂，到八月十一日暂告一段落，仅用一百八十八天的时间便修成了除元顺帝一朝以外的本纪三十七卷，志五十三卷，表六卷，传六十三卷，共一百五十九卷。因为元顺帝在位时

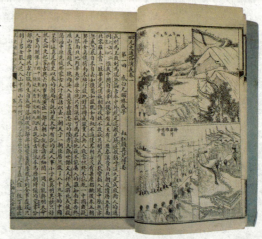

史官被废，没有实录，所以缺乏元顺帝一朝三十六年间的历史资料，编纂无法继续下去了。为此，朱元璋命令儒士欧阳佑等十二人到全国各地搜集元顺帝元统、至元、至正年间的遗事，供元史局继续编纂之用。

不久，欧阳佑等人搜集了大量资料返回朝廷。洪武三年（公元1370年）二月初六，元史局重新开局，仍由宋濂、王祎担任总裁，又命赵埙等十四人为纂修，其中除赵埙第一次曾参加修史外，其余十三人都是新征聘的。七月初一，第二次编修结束，经过一百四十三天，增编了顺帝纪十卷，增补元统以后的《五行》、《河渠》、《祭祀》、《百官》、《食货志》各一卷，三公和宰相表的下卷，《列传》三十六卷，共计五十三卷。然后与第一次写成的部分合在一起，共计本纪四十七卷、志五十八卷、表八卷、列传九十七卷。

在中国历朝正史的编纂史上，编纂开始时间距前朝灭亡时间最短的是《元史》，仅隔半年左右。成书时间最快的也是《元史》，先后两次相加还不到一年，才三百三十一天。《元史》体例整齐，本纪仿《汉书》、《后汉书》，志仿《宋史》，表仿《辽史》、《金史》，列传则吸取众长，据历代史籍酌的变通。

《元史》在编纂过程中忠实地依据元朝的国史，因此保存了大量的原始史料，如元代《十三朝实录》、《皇朝经世大典》、《大元大一统志》等书多已散失，其中许多内容全赖《元史》得以保存下来，因此十分珍贵。

《元史》的体例整齐，全书文字浅显，明白易懂，保留了当时的大量方言土语。这要归功于朱元璋，因为朱元璋极力提倡浅显通俗的文字。宋濂修《元史》时，遵照朱元璋的指示，强调文词不可艰深，叙事务须明白。因此，人们公认《元史》是一部较好的正史。

宋濂，字景濂，先祖是金华潜溪人，到宋濂这一代迁到了浦江。宋濂自幼机敏，博闻强记，通晓《五经》。

元顺帝至正年间，宋濂被朝廷任命为翰林编修。但他借口父母年迈不肯就职，躲入龙门山著书去了。

十多年后，明太祖朱元璋攻克婺州，召见宋濂，让他担任讲授《五经》的老师。

第二年三月，因李善长的举荐，宋濂与刘基、章溢、叶琛一起到应天，宋濂被拜为江南儒学提举，给太子讲授经书，不久改任起居注。

宋濂长刘基1岁，都负有盛名。刘基豪迈有气概，而宋濂自命为儒者，事事低调。刘基辅佐朱元璋，参与军中谋略；宋濂以文学才华受到知遇，时常侍奉在朱元璋左

右，以备顾问。宋濂给明太祖讲解《春秋左氏传》时，曾说："《春秋》是孔子褒善贬恶的书，陛下如果能遵守奉行，则赏罚适中，天下即可平定。"

有一天，明太祖驾临端门，听宋濂讲解黄石公《三略》。宋濂说："《尚书》有二《典》、三《谟》，帝王主要的经典法则已经齐备了，希望陛下留意。"又说："得天下以人心为本。人心不稳，即使金帛充盈，将怎么用它啊？"明太祖听了，连声称好。

《元史》修成后，宋濂升任翰林院学士。

宋濂教导太子先后十多年，凡一言一行，都用礼仪法度讽谏规劝，使太子步入正道。每当讲到有关政治教化及前代兴亡的事，宋濂必定拱手说："应当这样，不应当那样。"皇太子每每脸色严肃地表示听从，说话时一定口称师傅。

明太祖拜宋濂为中顺大夫，打算委以政事，让他做官，他推辞说："我没有其他特长，能够待罪于皇帝身边就够了。"皇帝见他无意功名，更加器重他了。

明太祖曾赞誉宋濂说："朕听说最高为圣人，其次为贤人，再次为君子。宋景濂侍奉朕十九年，不曾有一句话是假的，不曾嘲笑过一个人的短处。他始终如一，不只是君子，也可称得上是贤人了。"

明太祖每次于办公之余会见宋濂时，必设座上茶。每天早上必命宋濂陪着用膳，反复咨询，常常到夜半才作罢。

宋濂不能饮酒，一天明太祖曾勉强劝他喝了三杯，结果走路都迈不成步了，引得明太祖大笑不止。

洪武十三年（公元1380年），宋濂的长孙宋慎被定为胡惟庸奸党，明太祖闻讯大怒，想置宋濂于死地。多亏皇后和太子极力搭救，宋濂才免于一死，被流放到茂州去。

第二年，宋濂在赴茂州途中死于夔州，享年72岁。

于谦保卫北京

出自《明史·列传第五十八》

于谦，字廷益，钱塘人，自幼聪明过人，爱好读书，相貌堂堂，声音洪亮，胸怀大志。

7岁时，一位老僧见到于谦后，惊奇地说："这孩子将来一定是救世宰相啊！"

于谦的祖父收藏了一幅文天祥的画像，于谦十分钦佩文天祥，总把那幅画像挂在墙上激励自己。他还在画像上题词，表示一定要向文天祥学习。

明成祖永乐十九年（公元1421年），于谦考中进士，做了几任地方官。在任上，他严格执法，廉洁奉公，成了全国闻名的大清官。他奖励生产，赈灾济贫，爱民如子。后来，他升任河南巡抚。

大宦官王振专权时，朝廷上贪污成风，地方官进京办事都得先送白银贿赂王振，而于谦从来不送礼。有人劝他说："你不肯送金银财宝，难道不能带点土特产去？"于谦甩了甩两只袖子笑着说："在下只有两袖清风。"他还写了一首诗，表明自己的态度，诗的后面两句是"清风两袖朝天去，免得闾阎话短长"。后一句意思是说免得被人说长道短，"闾阎"是"里巷"之意。"两袖清风"的成语就是由这里来的。

为此，王振恨透了于谦，捏造罪名将他关进监狱长达三个月，于谦几乎死在狱中。

明英宗正统十二年（公元1449年）二月，蒙古瓦剌部首领也先派使者到北京进贡，要求与明朝皇帝通婚，娶公主为妻。明朝翻译官马云、马青和指挥吴良私自答应了他，于是也先特地前来贡马作为聘礼。明廷大臣问

道："皇上并未许婚，为何送聘礼？"也先一听，又羞又恼，悻悻而去。

这年七月，也先率军攻打山西重镇大同。边报传来，太监王振劝明英宗说："也先要求通婚，无礼已极，不给他点颜色看看，他是不会老实的，请陛下御驾亲征吧。"明英宗对王振言听计从，立即答应了。

原来，王振是明英宗的贴身太监，粗通文墨。入宫后，他曾教幼年的明英宗识字，因此明英宗怕他。他很有心机，常出宫买些玩具给幼年的明英宗玩，因此明英宗从小就特别喜欢他。明英宗长大后，王振不仅掌管后宫，在前朝也是说一不二。他恃宠专权，朝廷内外无不怕他。

明英宗御驾亲征，命王振为统帅。粮草还未准备充足，五十万大军就仓促出发了。一路上正逢天降大雨，道路泥泞，行军缓慢，士兵饿死无数，遍地都是尸体。

也先闻报，心中大喜，认为这正是捉拿明英宗、平定中原的大好时机。他命令

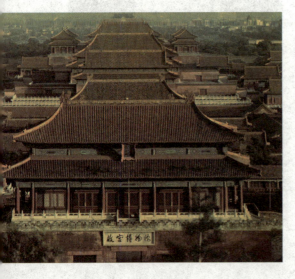

故宫博物院

将士佯败，要将明军引入重围。王振以为瓦剌军惧怕明军，正在逃跑，便下令追击瓦剌军。也先见明军中计，下令道："兵分两路，从两侧包抄明军！"结果，明军前军遭到瓦剌军伏击，全军覆没。明英宗见败局已定，急忙下令道："速速班师回京！"

明军撤到土木堡时，已近黄昏时刻，大臣纷纷建议说："请陛下令大军再前行二十里，进怀来城等待援军吧。"王振驳斥道："糊涂！尚有千辆辎重未到，岂能抛弃？必须在土木堡等待！"明英宗在王振面前是个不敢拿主意的人，连忙点了几下头。其实，那些车里装的大多是王振一路上收取的礼物。

也先深怕明军进驻怀来据城固守，急忙下令军中道："马不停蹄，给我猛追！"在明军抵达土木堡的第二天，也先就追了上来，将土木堡重重包围。

明英宗几次突围不成，被也先生擒。明军见天子做了俘虏，顿时溃不成军，五十万大军全军覆没。

消息传到北京，太后和皇后急得大哭不止，忙从内库拿出大量金银珍宝、绫罗绸缎，偷偷派太监带上去寻找瓦剌军，想把英宗赎回来，结果只是徒劳一场。

从土木堡逃回来的伤兵陆续在北京城里出现，有断手的，有缺腿的。官民见了，人心惶惶。京城里留下的兵马不多，瓦剌军来了怎么抵挡呢？这是大家最担心的事。

为了安定人心，皇太后宣布由明英宗的弟弟——郕王朱祁钰监国，代理皇帝的职权，并召集大臣商量御敌之策。大臣们七嘴八舌，不知怎么办才好。其中一个大臣徐有贞说："瓦剌兵强马壮，我们抵挡不住，不如迁

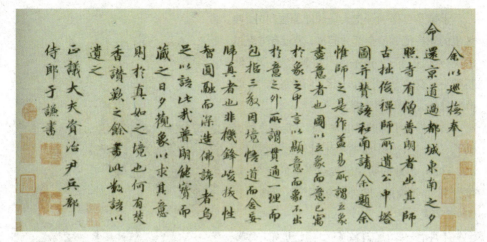

都到南方去，暂时避一下再说。"

兵部侍郎于谦严肃地向皇太后和郕王说："主张逃跑的应该斩首。京城是国家根本，如果朝廷一撤，人心一散，大局就不可收拾了。我们要汲取北宋亡国的教训啊！"

于谦的主张得到许多大臣的支持，太后决定叫于谦指挥军民守城。

在京城面临危急的紧要时刻，于谦毅然担起守城重任。他一面调兵遣将，加强京城和附近关隘的防御；一面整顿内部，逮捕了一批瓦剌的奸细。

有一天，朱祁钰上朝，于谦要求宣布王振的罪状，朱祁钰不敢做主。宦官马顺是王振的同党，见大臣们不肯退朝，就吆喝着想把大臣赶走。这下激怒了大臣，有个大臣冲上去揪住马顺，大伙拥上去一阵拳打脚踢，把他当场打死了。

朱祁钰见朝堂大乱，想躲进内宫，于谦拦住他说："王振是这次战争失败的罪魁祸首，不惩办不足以平民愤。只有宣布王振的罪状，大臣才能心安，百姓才能和我们同心协力守住京城。"

朱祁钰听了于谦的话，猛然醒悟，当即下令抄了王振的家，惩办了王振的同党。这时，人心才渐渐安定下来。

也先生俘明英宗后，没有把他杀死，而是把他当人质，不断骚扰边境。

于谦认为国家没有皇帝人心容易涣散，于是请太后正式宣布朱祁钰为皇帝，明英宗改称太上皇。太后准奏，于是朱祁钰即位称帝，史称明代宗，又叫景帝。

也先见明朝决心抵抗，就以送明英宗回朝为借口，大举进犯北京。

这年十月，瓦剌军打到北京城下，在西直门外扎下大营。

于谦召集将领商量对策，大将石亨说："我军兵力太弱，应把进城外的军队全部撤到城里，然后关上城门。日子一久，也许瓦剌就自动退兵了。"于谦说："敌人这样嚣张，如果我们向他们示弱，只会助长他们的气焰。我们一定要主动出兵，给他们一个迎头痛击。"

接着，于谦分派将领带兵出城，在九门外摆开阵势。

于谦亲自率领一支人马驻守德胜门外，叫城里的守将把城门全部关起来，表示有进无退的决心。他还下了一道军令："将领上阵，丢了队伍带头后退的，斩将领；士兵不听将领指挥，临阵脱逃的，由后队将士督斩。"

将士们被于谦的勇敢精神和坚定态度所感动了，一个个斗志昂扬，誓与瓦剌军决一死战。

这时，各地的明军已接到于谦的命令，陆续开到北京救援，城外的明军一下子增加到二十二万人。

十月十一日，瓦剌军逼近北京。也先将军队布置在西直门以西，于谦果断地派兵迎击，打败了也先的先头部队，夺回被俘军民一千多人。同时，于谦又派人率军在深夜袭击敌营，以疲惫敌军。

十月十三日，瓦剌军乘风雨大作之机进攻德胜门。于谦命大将石亨在城外民房内埋伏好勇士，然后派遣小股骑兵佯败诱敌。也先果然中计，亲率大军穷追不舍。等也先军进入埋伏圈后，于谦一声令下，明军纷纷一跃而起，痛击敌人。只见神机营火器齐发，火箭飞蝗般射向敌军。明军前后夹击，也先部队大败而归。在这一次战斗中，瓦剌军受到沉重打击，也先的弟弟勃罗、平章卯那孩等人也中炮而死。

十月十四日，瓦剌军又改攻彰义门。于谦命令守军将城外街巷堵塞，在重要地带埋伏神铳手、短枪手，又派兵在彰义门外迎战。明军前队用火器轰击敌军，后队用弓弩压阵，击退了瓦剌军的进攻。

各地百姓被于谦组织起来抗击瓦剌军，也先在进攻北京的过程中到处遭到军民的抵抗和袭击。

也先屡战屡败，唯恐后路被截断，便于十五日深夜挟持明英宗由良乡(今北京市房山东北)向紫荆关撤退。

经过五天激战，于谦守住了北京，保住了明朝。

十一月八日，瓦剌军全部退到塞外。慑于明军的凌厉攻势，次年八月，也先放明英宗回国，恢复了与明朝的臣属关系。

戚继光抗倭

出自《明史·列传第一百》

明世宗时，有一批日本海盗经常在我国东南沿海一带骚扰。他们勾结中国的土豪、奸商到处抢掠财物，杀害百姓，闹得沿海一带不得安宁，人们把这些海盗叫"倭寇"。倭即倭瓜的"倭"，因倭寇身材矮小，所以中国人称之为"倭寇"。

明世宗嘉靖三十二年（公元1553年），在汉奸汪直、徐海的勾结下，倭寇集了几百艘海船在浙江、江苏沿海登陆，分成多股抢掠了几十个城镇。江浙沿海的明朝官吏和将士不敢抵抗穷凶极恶的倭寇，见了倭寇就逃。

倭患越来越严重，明世宗急派熟悉沿海防务的老将俞大猷前去抗倭。俞大猷一到浙江就打了几个胜仗，但不久浙江总督张经被奸臣赵文华陷害，俞大猷也被牵连坐了牢。结果，沿海防务无人指挥，倭寇又猖獗起来。于是，朝廷把山东名将戚继光调到浙江率军抗倭。

戚继光，字符敬，世袭登州卫指挥佥事，性格豪放，志气不凡，在防备倭寇进犯山东的战斗中功勋卓著。

明世宗嘉靖三十四年（公元1555年），朝廷升戚继光为参将，由山东调往浙江，镇守宁波、绍兴、台州三府，抵御倭寇。

到浙江后，戚继光立即检阅当地军队，竟发现军中恶习泛滥，一点没有战斗力，根本不可能打败倭寇。于是，戚继光决定张榜招兵，另建一支新军。不久，他便组建了一支由义乌农民和矿工组成的新军，共有三千人。

戚继光对这支军队进行了严格训练，还建立了严酷的军法：如果作战不力而战败，主将战死，所有偏将全部斩首；偏将战死，手下所有千总全部斩首；千总战死，手下所有百总全部斩首；百总战死，手下所有旗总全部斩首；旗总战死，手下所有队长全部斩首；队长战死，手下士兵如无斩获，十名士兵全部斩首。

戚继光还制定了极高的赏格，斩获倭寇有重赏，每献上一个

倭寇首级赏银四十两。

为此，只要一上战场，全军无不死战，直到获胜或战死，而且对倭寇基本上是全部斩杀，一个不留。

戚继光明白，如果只有严酷的军法和极高的赏格，而没有精良的火器，要想打败倭寇那些亡命徒也是不可能的。于是，戚继光发明并研制了一大批火器，如"水底龙王炮"等。这种火炮将火药装入防水的牛脬中，用香点火做引信，用羊肠通火线，用羽毛做浮标，放在浮于水面的木板上面，出其不意地轰击敌船。南方是水乡泽国，倭寇多习水性，常驾船进掠。戚继光针锋相对，为贼船制造了这个克星。

戚继光精通兵法，懂得士兵不经过严格训练是不能上战场的。他根据南方沼泽地区的特点，创造了一种特殊的阵法，亲自教兵士使用各种长短武器。经过他的严格训练，这支新军百战百胜，"戚家军"的名气很快就在远近传开了。

倭寇在哪里骚扰，戚家军就打到哪里。倭寇在陆地上待不住了，被迫逃到海船上。戚继光用大炮轰击倭寇，倭寇的船纷纷起火，大批倭兵被烧死，剩下的掉到海里淹死了。

倭寇见到浙江防守严密，不敢再来侵犯。第二年，他们又到福建沿海去骚扰。福州守将抵挡不了，忙向朝廷告急，朝廷便派戚继光率军前去援救。

戚继光率军赶到宁德后，侦察到敌人的巢穴设在宁德城外的横屿岛上。那儿四面是水，地势险要。倭寇在那儿扎下大营，当地明军不敢攻打他们。

戚继光亲自调查了横屿岛的地形，知道通往小岛的水路既不宽又不深，心里便有了数。当天晚上潮落时，戚继光命令士兵每人随身带一捆干草来到海边，把干草扔在水里，铺出了一条路来。戚家军踏着干草铺成的路神不知鬼不觉地冲进倭寇大营，经过一场激烈的战斗，盘踞在岛上的两千多个敌人全部被歼了。

戚家军攻下横屿后，再接再厉，乘胜进军牛田。到了牛田附近，戚继光传下命令说："远道而来，人马疲劳，先就地休整一下再说。"

这些话很快传到敌人那里，他们以为戚家军真的暂停进攻了，防备也就松懈下来。就在当天晚上，戚继光率领全军向牛田发起了总攻。倭兵毫无防备，仓促应战，禁不住戚家军猛攻猛冲，落荒而逃。倭寇头目率领残兵逃到兴化，戚家军连夜跟踪追击，歼灭了溃逃的敌人。

天色发白时，戚家军开进兴化城，城里的百姓这才知道附近的倭寇已被戚家军消灭了。大家兴高采烈，纷纷杀牛携酒，到军营犒劳戚家军。

万历八年（公元1580年）四月，戚继光出任蓟州、永平、山海关等处的总兵官，成了一名独镇一方、统兵十多万的大帅。

李时珍和《本草纲目》

出自《明史·列传第一百八十七》

李时珍，字东璧，蕲州（今湖北蕲春）人。祖父、父亲都当过医生，父亲李言闻对药草很有研究。

李时珍从小深受父亲影响，好读医书，常跟小伙伴上山采药。他认识各种药草，不但知道它们的名称，还知道什么药草治什么病。

在李时珍生活的那个时代，做医生是被上层社会看不起的，因此李言闻总想让李时珍通过读书出人头地。

李时珍在父亲的督促下刻苦读书，在14岁那年考中了秀才，给家庭增了光。后来，他又参加举人考试，由于没有背景，考了三次都没有考中。别人都替他可惜，但李时珍并不在意。他不羡慕污浊的官场，他的理想是做一名替百姓治病的好医生。

李时珍一心一意地跟父亲学医，进步很快。一年，他的家乡发生了一场大水灾，水退以后疫病流行，没钱的百姓缺医少药，处境十分可怜。李时珍家里虽不宽裕，但他们父子俩都是古道热肠的人，极其同情穷人。穷人找他们看病，他们悉心医治，不计报酬，有时还搭上草药。老百姓见他们医术高明，救苦救难，有求必应，热心地治病救人，都很感激他们，称他们为活菩萨。

李时珍为了研究医术，读了许多古代医书。我国古代很早就有了医书，汉朝时有人写过一本《神农本草经》。在以后的一千多年里，又出了许多新的医书。李时珍常替王公贵族看病，王公贵族家里藏书很多，李时珍常利用为他们看病的机会向他们借医书看。这样一来，在继承前代医术的基础上，李时珍的学问越来越大，医术也越来越高明了。

李时珍的名气越来越大，被他医好病的人到处说李医生好。不久，附近州县的患者也赶来请李时珍看病了。

有一次，楚王的儿子得了抽风病。楚王府虽然也有医官，但谁都未能治好楚王儿子的病。这孩子是楚王的命根子，楚王急得团团转，像热锅上的蚂蚁，束手无策。这时，有人告诉楚王说："蕲州有个神医叫李时珍，只有找他来才能治好这种病。"楚王一听，立即派人把李时珍请

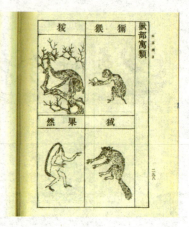

到王府。李时珍来到王府，看了看病人的脸色，又按了按脉，便知道孩子的抽风病是肠胃病引起的。李时珍给孩子开了一个调理肠胃的药方，叫人快去抓药。楚王的儿子服药后，抽风病很快就全好了。

楚王十分高兴，再三挽留李时珍在楚王府住下，将其待为上宾。不久，明世宗嘉靖皇帝降诏征求名医。楚王为了讨好皇帝，忙把李时珍推荐到北京太医院去做了一名太医。

明世宗嘉靖皇帝在位四十九年，从不过问朝政，一心躲在后宫尽情享乐。他担心自己一旦撒手人寰，便再也不能享受眼前的一切。于是，他不停地修道炼丹，千方百计地寻找长生不老之药。

太医院里的太医大多是骗人的方士，整天帮助皇帝做道场，炼金丹，搞得乌烟瘴气。李时珍是位有真才实学的正直医生，哪能看惯这些。他在太医院勉强坚持一年，将里面的藏书看完后就辞职回乡了。

在回家的路上，李时珍顺便游了许多

名山，采了好多药草，进一步研究各种草木的药用性质。

李时珍在长期行医采药过程中积累了大量的资料，从中发现古代医书上的记载有不少是错误的。另外，千百年来，人们又陆续发现了许多古书上没有记载过的药草。于是，他决心编写一本全新的药书，以便治病救人。

辞官回乡后，李时珍在行医之暇，花了将近三十年时间，参考了八百多家著作，三易其稿，终于撰写了一部医药名著——《本草纲目》。在这部书里，李时珍一共记录了一千八百九十二种草药，以草药之名为纲，以注释为目。此外，他还收集了一万多个药方。

《本草纲目》写成后，刚要上呈朝廷，李时珍就去世了。不久，明神宗万历皇帝降诏修国史，购求四方书籍。李时珍的儿子李建元将《本草纲目》献上，万历皇帝认为此书极好，立即下令刊行，颁布天下。

《本草纲目》为发展我国医药科学作出了巨大贡献，一直流传至今，已被译成日文、德文、英文、法文、俄文、拉丁文等多种文字，在世界医药界占有极其重要的地位。

张居正改革

出自《明史·列传第一百零一》

张居正字叔大，明世宗嘉靖四年（公元1525年）生于江陵。

张居正自幼聪明绝顶，15岁时即正成了一名诸生。明代称考取秀才入学的生员为诸生。

湖北巡抚顾璘看了张居正写的文章后，十分惊奇，赞扬道："真是国家栋梁之材啊！"

不久，张居正考中举人，顾璘解下自己的犀角带赠给他说："你将来会佩玉带，这犀角带是不配你的。"

嘉靖二十六年（公元1547年），张居正考中进士，改为庶吉士（庶吉士是官名）。明太祖洪武初年，选拔进士到六部及翰林院学习。进六部者称观政进士，进翰林院者称庶吉士。张居正深受朝中前辈器重，不久升任编修。

张居正面长，眉清目秀，胡须至腹。勇于任事，以豪杰自许，以天下为己任。城府沉深，人莫能测。

嘉靖皇帝死后，明穆宗即位，张居正因才能出众受到明穆宗的崇信。明穆宗在位六年后死去，太子朱翊钧即位，这就是明神宗万历皇帝。明穆宗临死前，命张居正等三人为辅政大臣。

明神宗即位后不久，张居正成了首辅。张居正根据明穆宗的嘱托，像老师教学生一样循循善诱地辅导年仅10岁的明神宗。

张居正编了一本图文并茂的历史故事书，名为《帝鉴图说》，每天给明神宗讲解。明神宗还是个孩子，看到这本书极为高兴，每天兴致勃勃地听张居正讲故事。

有一天，张居正讲完汉文帝到细柳劳军的故事后，对明神宗说：

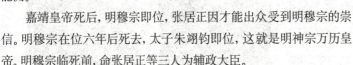

"陛下应当注意武备。现在太平日久，武备越来越松弛，不能不注意啊! 只有像周亚夫那样治军有方，严阵以待，才能克敌制胜啊。"明神宗连忙点头称是说:"周将军真是好样的。"

又有一天，张居正给明神宗讲了宋仁宗不喜欢用珠玉做装饰品的故事。明神宗听完就说:"对呀，做君王的应该把贤臣当宝贝，珠玉有什么用呢? 又不能当饭吃。"

张居正见10岁的孩子能说出这样的话，便很高兴地说:"自古明君重视粮食，轻视珠玉。因为民以食为天，百姓靠粮食生活。珠玉这类东西饿了不能充饥，冷了不能御寒，只能令人玩物丧志啊。"

张居正对明神宗教育十分严格，明神宗把张居正当作严师看待，既敬他，又惧他。在太后和大宦官冯保的支持下，朝中大事全由张居正做主。

张居正是一个能干的政治家。他掌握实权后，大刀阔斧地在军事、政治、经济几方面进行了整顿。

那时，沿海的倭患虽然已经解决，但北方的鞑靼贵族还不时侵入内地，对明王朝造成很大的威胁。张居正把抗倭名将戚继光调到北方镇守蓟州(在今河北北部)后，戚继光在山海关到居庸关的长城上修筑了三千多座堡垒。戚家军号令严明，武器精良，多次击败入侵的鞑靼。后来，鞑靼首领俺答表示愿意和好，要求通商。张居正奏明朝廷，封俺答为顺义王，一面和鞑靼通商往来，一面在边境练兵屯田，加强军备。在以后的二三十年间，明朝和鞑靼之间没有发生战争，北方各族人民的生活安定多了。

当时，黄河年久失修，河水常常泛滥，大批农田被淹，影响农业和运输。张居正任命专治水利的潘季驯督修黄河。潘季驯修筑堤防，堵塞决口，使黄河不再泛滥，运输通畅，农业生产得到恢复和发展。

由于明朝朝政腐败，大地主兼并土地，逃避税收，一些豪强地主越来越富，国库收入却越来越少。张居正下令丈量土地，经过清查，查出了一批被皇亲国戚、豪强地主隐瞒的土地。这样一来，人人按地交税，国家收入增加了。

在丈量土地之后，张居正又把当时各种名目的赋税和劳役合并起来折合成银两征收，称为"一条鞭法"。经过这种税收改革，既防止官吏营私舞弊，增加了国库收入，农民的负担也相对减轻了。

张居正花了十年时间进行改革，使腐败的明朝政治有了转机。国家粮仓堆满了粮食，足够十年之用。

由于张居正的改革触犯了豪门贵族的利益，他们对张居正早已恨之入骨了。

张居正为国事日夜操劳，积劳成疾；而明神宗长大后却闲着没事干，让一些小太监陪着取乐。有一天，明神宗喝醉了酒，无缘无故把两个小太监打得半死。太后知道后，把明神宗狠狠责备一顿，还叫人拿出《汉书·霍光传》叫明神宗读。原来，西汉霍光辅政时，昌邑王刘贺因胡作非为被太后和霍光废掉了。张居正的地位就像当年的霍光一样，明神宗想到这里，吓得浑身哆嗦，跪在太后面前求饶。

几天后，张居正做主把一些引诱明神宗胡闹的太监全部赶走，太后还让张居正代明神宗起草了"罪己诏"，即皇帝责备自己的诏书。这件事发生后，明神宗对张居正又怕又恨。

明神宗万历十年（公元1582年），张居正因病去世了。明神宗亲政后，一向对张居正改革不满的大臣纷纷攻击张居正和支持他的大太监冯保。

第二年，明神宗把张居正生前的官爵全部撤掉，还抄了冯保的家。

在冯保家中，抄出好多白银和各种奇珍异宝。明神宗想张居正执政十年，家中的白银和奇珍异宝也一定不会少。出于贪心，他竟下令抄了恩师兼贤相张居正的家。张家儿孙十几人被关在屋子里活活饿死，大儿子被拷打后自缢而死。

明神宗还废除了张居正的所有改革措施，刚有一点转机的明王朝开始走下坡路，六十一年后便灭亡了。

徐光启引进西方科学

出自《明史·列传第一百三十九》

徐光启，字子先，嘉靖四十一年（公元1562年）生于上海。

万历二十五年（公元1597年），徐光启考中乡试第一名，七年后又考中了进士。

徐光启出生前，上海沿海一带曾遭倭寇杀掠，倭祸十分严重。徐光启小时候常听父亲谈起当地人民英勇抗倭的故事，心里滋长起爱国的激情。

徐光启参加科举考试路过南京时，听说在这传教的欧洲传教士利玛窦经常讲西方科学知识，南京的一些读书人都喜欢跟利玛窦结交。徐光启一听大喜，经人介绍认识了利玛窦。利玛窦讲的科学道理都是他过去在古书上没有读过的，使他对西方科学产生了浓厚的兴趣。

利玛窦传播科学知识是为了传教，是想得到中国皇帝的支持。那时候，明朝不让教士到北京传教，利玛窦便请地方大臣在明神宗面前帮他说话。他还特地到北京通过宦官马堂的门路送明神宗圣经、圣母图，还有几只新式的自鸣钟。

明神宗不懂得圣经，也不知道圣母是什么人，但对新式自鸣钟很感兴趣，便命令马堂把利玛窦带进宫来。

明神宗接见利玛窦时，让利玛窦谈谈西洋的风俗人情。明神宗赏给利玛窦一些财物，让他留在北京传教。有了皇帝的支持，利玛窦同朝廷官员接触起来就方便多了。

过了几年，徐光启考中进士，也到了北

京，在翰林院做官。他认为学习西方科学对国家富强有好处，就拜利玛窦为师，向他学习天文、数学、测量、武器制造各方面的科学知识。

有一天，徐光启到利玛窦那儿去学习，利玛窦跟他说："西方有一本数学著作叫《几何原本》，是古代希腊数学家欧几里得写的一本重要著作，可惜要翻译成汉文很困难。"徐光启说："既然有这样的好书，不管怎样困难，我们也要把它翻译出来。"

此后，徐光启每天下午一离开翰林院就赶到利玛窦那儿，跟利玛窦合译《几何原本》。翻译时由利玛窦讲述，徐光启笔译。那时还没有人译过国外数学著作，要把原作译得准确极其困难。徐光启逐字逐句地反复推敲，花了一年多时间修改，终于把前六卷《几何原本》翻译成中文了。

除了《几何原本》，徐光启同利玛窦还和另一个西方传教士熊三拔合作，翻译过测量、水利方面的科学著作。

后来，徐光启又在研究我国古代历法的基础上，吸收了当时欧洲在天文方面的最新科学知识，对天文历法的研究达到了很高的水平。

徐光启不但爱好科学，还十分关心民间疾苦。父亲去世时，徐光启回上海守丧。那年夏天江南遭遇一场水灾，大水把稻、麦都淹了。水退之后，农田颗粒无收。徐光启为此事心急如焚。他想："如果不补种点别的庄稼，百姓来年春天拿什么度荒呀！"恰在这时，有个朋友从福建带来了一批甘薯秧苗，徐光启就在荒地上试种起甘薯来。不久，甘薯长得一片翠绿，十分茂盛。于是，他特地编了一本小册子，推广栽种甘薯的办法，让大灾之年也能有吃的，本来只在福建沿海种植的甘薯移植到江浙一带。

明末，北方努尔哈赤崛起，杨镐统率的四路大军在萨尔浒几乎全军覆没，满朝文武大臣闻讯，十分震惊。大臣齐集宫门，呼吁明神宗增加兵力，调拨军饷，抵抗后金。时任翰林院官员的徐光启一连上了三道奏章，说要挽救国家危局，只有精选人才，训练新兵，并表示愿意参与练兵。明神宗听说徐光启熟悉军事，就批准他到通州去练兵。

徐光启满怀希望，想尽快练好新兵，加强国防。不料朝廷各个部门十分腐败，练兵衙门成立已经一个月了，但徐光启要人没人，要饷没饷，闲得没事干。后来，徐光启好不容易领到一点军饷，到了通州，在检阅招来的七千多新兵时，发现大多是老弱残兵，能够勉强充数的只有两千人。徐光启大失所望，只得请求辞职。

明神宗死后，他的儿子明光宗朱常洛即位，当年就病死了。明神宗的孙子朱由校即位，这就是明熹宗。

徐光启又被召回到京城做官。他看到后金的威胁越来越严重，便积极主张多造西洋大炮。为了这件事，徐光启同兵部尚书发生了矛盾，结果被排挤出朝廷。

徐光启回到上海，已经是60多岁的老人了。他本来对研究农业科学很有兴趣，回家后便在自己的田地上亲自做试验。后来，他把研究成果写成一部书，即闻名中外的《农政全书》。在这本书里，徐光启对我国的农具、土壤、水利、施肥、选种、嫁接等农业技术都有详细的记载，人们称之为我国古代农业百科全书。

明熹宗天启三年（公元1623年），徐光启又以原官被起用，不久升任礼部右侍郎。

天启五年（公元1625年），大宦官魏忠贤的党羽弹劾他，他又被罢官闲居。

崇祯元年（公元1628年），徐光启被召回朝廷后，为了救国，又重申练兵之说。

崇祯皇帝担心国家储备不足，让廷臣献上有关屯田、盐政的好计策。徐光启上奏章说屯田在于开垦荒地，盐政在于严禁私人贩卖。皇帝褒奖采纳，提升为他尚书。

崇祯皇帝因为日食推测没有得到验证，想加罪于台官。徐光启上奏说："台官观测天文与气象，是以郭守敬的历法为依据的。元朝时就曾预测应当发生日食而没有发生，郭守敬尚且如此，就不要怪罪台官了。臣听说历法久了必有误差，应该及时修正。"崇祯皇帝听从他的话，降诏让西洋人龙华民、邓玉函、罗雅谷等人推算历法，由徐光启担任主管。

崇祯四年（公元1631年）正月，徐光启进献《日躔历指》一卷、《测天约说》二卷、《大测》二卷、《日躔表》二卷、《割圜八线表》六卷、《黄道升度》七卷、《黄赤距度表》一卷、《通率表》一卷。这年十月初一发生了日食，徐光启又上呈观测天象的四条理论，辨别时差的方法最为详细周密。

崇祯五年五月，徐光启以兼任东阁大学士，入内阁参与机务。不久加授太子太保，进入文渊阁。

第二年十月，徐光启去世，被赠少保。

徐光启引进西方科学，在中国产生了深远的影响，为中华民族崛起立了大功。

"三不要老爷"苏观生

出自《明史·列传第一百六十六》

苏观生字宇霖,于明神宗万历二十七年(公元1599年)生于广东东莞。

苏观生自幼家贫,但他人穷志不穷。他穷则思变,8岁开始勤奋读书,30岁时做了一名诸生。

明代称考取秀才入学的生员为诸生,即入县学或府学继续读书。

崇祯皇帝选拔人才时,参议杨一凤上疏保荐苏观生。因为苏观生家贫,没有盘缠,无法到达北京。于是,杨一凤之子为苏观生奉养老母,还为他准备好行李和盘缠。

苏观生进京后,被任命为无极县知县。无极县刚刚经过战乱,城池残破,城内已经无人居住。苏观生上任后,鼓励百姓回城。由于他勤政爱民,每天只吃两餐麦饭,一心一意为百姓谋福利,逃亡者渐渐回城,过上了安定的日子。

后来,因为替百姓平反冤案,苏观生得罪了上级,竟遭诬陷。苏观生大怒道:"我不要官,不要钱,不要命,其奈我何!"因此,人们都称他"三不要老爷"。

苏观生离任后,百姓为了纪念他,为他立了一座碑。

崇祯十五年(公元1642年),苏观生出任监纪参赞,后升任永平府同知。次年,升任黄州知府。后来,苏观生改调山东登莱道,管理天津水师。

苏观生为官清廉,为人耿直,做官八年,家中没有一两银子,年迈老母还要依赖他人资助才能维持生活。

崇祯十七年(公元1644年)三月,京城陷落,崇祯皇帝自缢。苏观生率铁骑数百渡江南归，清兵追之不及。

当年五月，福王朱由崧在南京即位，史称明安宗，改次年为弘光元年（公元1645年）。苏观生升任郎中，到苏州催饷。虽掌管钱粮，但他囊中不存一文。

次年五月，南京被清军攻破，福王被斩。苏观生南走杭州，谋划抗清。恰逢唐王朱聿键来到杭州，苏观生前去拜谒。唐王与语大悦，遂联舟进入福建。六月，苏观生与郑芝龙、郑鸿逵兄弟拥立唐王朱聿键为帝，史称明绍宗，年号隆武。

苏观生官拜翰林学士，又升任礼部右侍郎。

隆武帝设储贤馆，分十二科，招四方贤士，令苏观生负责统领储贤馆。

苏观生有美德，多文才，隆武帝拜他为东阁大学士，令其参与机务。苏观生尽心竭力辅佐隆武帝，多次力劝隆武帝出师北伐。

隆武帝朱聿键原为明朝唐王，是明太祖朱元璋的九世孙。朱聿键的祖父老唐王深爱次子，竟暗中把长子（朱聿键之父）和朱聿键囚禁起来，想活活饿死他们。那时，朱聿键年方12岁，多亏有人暗中送饭，父子在牢中才得以活过十六年。眼看就要熬到头了，朱聿键的父亲不幸被争位的弟弟毒死。不久，老唐王病死，作为嫡孙，朱聿键在朝廷恩旨下袭封唐王，杀了叔叔，为父亲报了仇。崇祯自杀后，弘光继位，怕朱聿键争位，让他前往广西平乐府居住。朱聿键愀然上路，刚行至杭州，弘光朝即告灭亡。

潞王朱常芳闻讯，在众人拥戴下于杭州自称监国，也就是代理皇帝。三天后，清军杀到，潞王与属下未做任何抵抗即献城投降。前一日，朱聿键恰巧离开杭州。

由于身世坎坷，隆武帝和弘光帝迥然不同。他爱护群臣，乐于纳谏，甚至同意招安李自成大顺军余部共同抗清。同时，针对南明军杀害剃发平民一事，他严令禁止说："兵行所至，不可妄杀。有发为顺民，无发为难民。"这一圣旨使百姓欣欣鼓舞，奔走相告，纷纷来投。

隆武帝虽为英明之主，却一直为郑氏兄弟所架空。以郑芝龙、郑鸿逵为首的郑氏家族成员都是海盗出身，数十年横行福建、广东、浙江沿海一带，亦商亦盗。郑氏于崇祯初年受招安后，趁天下大乱，一直忙于拓展地盘，扩充实力。郑芝龙等人拥戴隆武帝实际上是认为奇货可居，朝中一切实权都掌握在郑氏家族手里。他们目中无君，卖官鬻爵，大

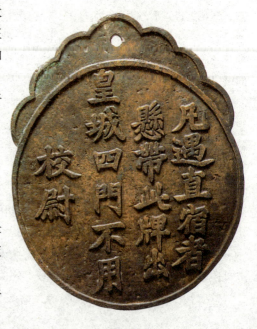

肆搜刮百姓，其蛮横雄暴程度甚至超过弘光朝的马士英。

隆武帝不甘心受制于人，要亲自率军北伐，中兴明朝，但总领大军的郑芝龙理也不理。苏观生见郑氏无心为国，便劝隆武帝赴赣州经略江西、湖广，隆武帝命苏观生先行一步为他探路。隆武二年（公元1646年），苏观生赴赣州征兵，因粮草不继，不能出师。

不料，郑芝龙早已暗中与清兵约降，闽北各关隘均已无人把守。清军在浙江等地势如破竹，先后攻下绍兴、东阳、金华、平州，很快便攻下了浙闽通道仙霞关。

隆武帝决定取道汀州去江西，以便整军北伐。不料在汀州略为歇息时，化装成护驾明军的清军赚开城门，将隆武帝乱箭射杀，同时遇难的还有皇后曾氏和尚未满月的皇子。

此时，隆武帝之弟朱聿鐭侥幸从福州逃往广州。同年十一月，苏观生与大学士何吾驺、布政使顾元镜、侍郎王应华等人拥立朱聿鐭为帝，改元绍武。苏观生被封为建明伯，执掌兵部。

朱聿鐭一即位，就和同月称帝于广东肇庆的桂王朱由榔争夺正统地位，双方攻战不已。同年十二月，清将李成栋乘唐、桂两王自相残杀之机，从福建攻入广东潮、惠地区，当地官员纷纷降清。李成栋用他们的印信按时向朱聿鐭报告民情，使朱聿鐭不知潮、惠已落入清军之手。十二月二十五日，绍武帝正和苏观生等人在国子监视学时，清兵杀死广州东门守兵，策马冲入城中。此时，适逢大军西征，与永历军交战；宿卫禁军一时也召集不全。情急之下，绍武帝化装外逃，不幸在城外被清兵所获，关进府院。李成栋派人送食物和饮水给绍武帝，绍武帝铁骨铮铮，坚拒说："我若饮你等一勺水，何颜见先人于地下！"晚间，趁守兵不备，绍武帝用衣带自缢而死。

苏观生提笔在墙上大书道："大明忠臣义士固当死！"书毕，毅然上吊自杀，为国殉节。